国家文化产业资金支持媒体融合重大项目

职业教育教学改革融合创新型教材 · 市场营销

Shangye Moshi Chuangxin

商业模式创新

周胜芳 卢红辞 主编

章凡华 史册 潘伟琪 高光照 副主编

东北财经大学出版社 大连
Dongbei University of Finance & Economics Press

图书在版编目（CIP）数据

商业模式创新/ 周胜芳，卢红辞主编．—大连：东北财经大学出版社，2024.8

（职业教育教学改革融合创新型教材·市场营销）

ISBN 978-7-5654-5132-4

Ⅰ.商…　Ⅱ.①周…②卢…　Ⅲ.商业模式-职业教育-教材　Ⅳ.F71

中国国家版本馆CIP数据核字（2024）第039449号

东北财经大学出版社出版

（大连市黑石礁尖山街217号　邮政编码　116025）

网　　址：http://www.dufep.cn

读者信箱：dufep@dufe.edu.cn

大连永盛印业有限公司印刷　东北财经大学出版社发行

幅面尺寸：185mm×260mm　字数：311千字　印张：14.5

2024年8月第1版　2024年8月第1次印刷

责任编辑：张旭凤　赵宏洋　责任校对：赵　楠

封面设计：原　皓　版式设计：原　皓

定价：45.00元

教学支持　售后服务　联系电话：（0411）84710309

如有印装质量问题，请联系营销部：（0411）84710711

前言

就财经商贸大类专业的学生而言，步入社会之前了解市场局势和商业特征，从诸多的商业案例中培养商业嗅觉和灵敏度，对今后的求职与就业有非常大的帮助。尤其是职业院校的学生，更需要通过理论的学习和实战演练来提升商业敏锐性。

21世纪不仅仅是企业和企业的竞争，也不只是商业模式的直接竞争，更是自身企业参与组建的一条产业价值链，和对手企业参与组建的另一条产业价值链的竞争。成功与否，有时候不仅关乎企业自身的发展，更关乎这条产业价值链是否健康、良性。

本书从商业模式的定义开始讲起，之后分别从商业模式的起源、新商业模式的产生展开，进而从把握企业定位、价值主张设计、重构业务结构、加强资源整合、优化盈利模式和竞争优势保持机制等多个角度，较为全面地介绍了当前新商业模式的现状和创新之处，并列举了一些典型案例。这些商业案例，有助于从多视角培养在校学生的商业敏感性，促进就业或创业。

本书是“商业模式创新”课程的配套用书，编者在学习当前多位学者理论的基础上，参考了相关书籍，并结合了自身的教学实战经验。与其他教材相比，本书的编写设计特色主要体现在：①课前设计了知识目标、能力目标、素养目标和知识导图，便于教师和学生清楚每章的学习目标和脉络；②每章设置了“案例导入”“实例分享”栏目，以拓宽学习视野，为学习者提供多元化的知识和实战经验；③每章都编写了“素养园地”，贯彻落实党的二十大精神进教材，使学习者在潜移默化中更好地理解商业职业道德、社会责任等在商业中的体现，树立正确的价值观和职业观。

“商业模式创新”是一门集知识性、创新性于一体的高阶课程。本书不仅有对商业模式的系统介绍，更有大量可供学习和思考的案例，以及适合情景推演的素材，有利于锻炼运用所学理论及方法解决商业难题的能力，从中感悟企业经营的风险与收益。

本书是校企合作的结晶，由温州科技职业学院周胜芳、卢红辞起草大纲并担任主编，温州科技职业学院章凡华、史册、潘伟琪、高光照共同担任副主编，浙江能源集团煤炭资源管理部门卓海弟经理在书稿编写过程中给予了大量的支持和帮助。

本书的编写得到了学校领导和多位老师的积极支持和密切配合，在此表示衷心的感谢！同时，还要特别感谢东北财经大学出版社张旭凤主任及其同事的大力支持和帮助！本书的编写也参阅了有关文献资料及部分企业提供的匿名案例，在此一并表示诚挚的谢意！

由于作者水平有限，书中难免会有疏漏和不足之处，敬请批评指正。

卢红辞

2024年6月

目录

第一章　绪论

【学习目标】

1. 知识目标

◎了解商业模式的定义

◎熟悉商业模式的内涵

◎熟悉商业模式历史发展过程

◎熟悉商业模式与管理学科的关系

◎熟悉商业模式要素

◎掌握商业模式研究对象

2. 能力目标

◎能够简单概括一家企业或一个行业的商业模式

◎能够初步分析企业商业模式的可行性

3. 素养目标

◎培养学生的创新意识

◎培养学生能够透过现象看本质的思维方式

【知识导图】

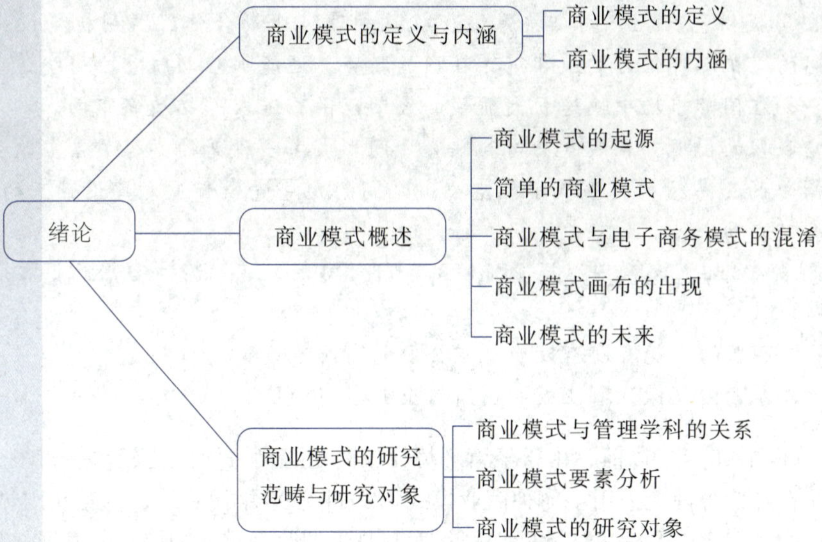

第一节 商业模式的定义与内涵

案例导入 航空联盟模式

在乘坐飞机的时候，我们常会听到诸如本航空公司是某一航空联盟成员企业的说法。三大航空联盟集中了全球60%以上的运力：一是星空联盟（Star Alliance），有28家盟友航空公司，其航班涵盖1 329个国际机场，年旅客量逾数亿人次，中国国际航空公司正是加入了这个航空联盟；二是天合联盟（Sky Team），有19家盟友航空公司，其航班涵盖516个候机室，年旅客量达5.16亿人次；三是寰宇一家（One Word），有13家盟友航空公司，其航班涵盖1 000多个目的地。

航空公司在加入这些航空联盟后，能够为乘客特别是常客提供更加优质的服务，乘客可以在同一家航空公司购买多段由联盟不同成员承运的航班，也可以在一家航空公司的柜台办理值机、中转、行李托运等一系列服务。联盟成员可以共享包括贵宾室、值机柜台等在内的机场设施。除了以上福利，航空公司加入航空联盟后，通过"代码共享"（code-sharing），可以提高航线上座率，节约成本，提高运营效率。航空联盟不仅可以为航空公司提供包括统一的订票系统、收益管理、地勤合作、共用机场设施、协调航班、共同的飞机零部件订购或租赁等在内的服务，还能够帮助航空公司绕过复杂的航空市场壁垒，在国际市场中快速扩大航线的经营范围，进入并拓展新市场。

航空联盟的出现，在航空公司和乘客之间形成了一种新的竞合关系，改变了传统航空市场简单的交易结构，降低了航空公司之间的无序竞争和重复建设带来的交易成本，同时提升了交易价值。

资料来源：魏炜，李飞，朱武祥.商业模式学原理［M］.北京：北京大学出版社，2020.

思考：

1.航空联盟的出现有没有改变航空公司的商业模式？

2.结合本案例，探讨商业模式创新对企业有何价值？

在20世纪90年代以前，由于经营环境比较稳定，商务实践比较单一，很少有人关注成功企业在经营管理上采用了何种商业模式。20世纪90年代到现在，互联网热潮的兴起、营商环境的动态化以及竞争的不断加剧，尤其是近期数字化转型的蓬勃发展，使得无论是学者、经理人还是咨询专家都把商业模式看成组织生存、加速成长和盈利的核心要素。

中国股票市场创业板对上市企业提出"两高六新"标准，其中一个"新"就是指"新商业模式"。而风险投资专家评价企业的三大标准分别为市场空间、商业模式和管理团队，商业模式在其中占据核心地位。美国管理协会的一项统计研究表明：企业的新商业模式开发投入在创新总投资中的占比不到10%，而与之形成对比的是，60%的美国创业成功企业依托的是商业模式创新。种种现象让人们意识到，商业模式是企业获得成功的重要基础，是企业快速发展的核心要素，也是评价与甄别企业优劣的关键标准。

毫无疑问，商业模式已经成为经理人成长工具箱里一种重要而有效的工具。企业经理、创业者或者各种机构的领导者都认识到，懂得商业模式的基本要素并且了解如何使这些要素共同发挥作用是至关重要的。无论是何种行业、领域和地区的组织，也不管其规模如何，商业模式都可以为其提供不容小觑的价值。商业模式不仅适用于营利性组织和非营利性组织，还可以应用到学术机构和政府部门。只要组织存在，商业模式就会扮演重要角色。

一、商业模式的定义

有观点认为，商业模式就是企业赚钱的方式；也有观点则进一步将商业模式描述为清楚说明各公司如何通过价值链定位赚钱；不乏有观点将商业模式描述为在一个公司的消费者、联盟、供应商之间识别产品流、信息流、货币流和参与者主要利益的角色与关系；还有观点认为，互联网商业模式是公司利用互联网长期获利的方法，是一个包括各个组成部分、连接环节以及动力机制在内的系统。有的学者将商业模式与管理学知识体系联系起来，认为商业模式涵盖战略层面、营运层面和经济层面三个层次，从而把商业模式的范畴定义为：①怎样创造价值；②为谁创造价值；③竞争力和优势来源；④与竞争对手的差异；⑤怎样赚钱；⑥时间、空间和规模等。种种观点，不一而足。不难看出，一方面，商业模式的研究引起了人们的兴趣和关注；另一方面，对商业模式的认知和理解是一个不断演进的过程。以上关于商业模式的定义，特别是当其与网络经济相关时，商业模式被直观、狭义地等同于盈利模式，即企业如何盈利。然而实际上，盈利模式仅仅是商业模式的一个构成部分。

本书认为，商业模式是从事业务活动的利益相关者的交易结构。这个定义涉及三个基本概念。第一，业务活动。企业从事的主要活动分为业务活动和管理活动两大类。业务活动是企业从事的直接增值的活动，包括研发活动、生产活动、销售活动等，由相应的工作流、信息流、实物流和资金流组成。管理活动则是为了驾驭业务活动、实现业务活动的目标而进行的活动。商业模式研究的是业务活动的选择和安排问题。第二，利益相关者。企业的利益相关者包括外部利益相关者和内部利益相关者。外部利益相关者指企业的顾客、供应商、其他合作伙伴等；内部利益相关者指企业的股东、企业家、员工等。商业模式为企业的内外部各种利益相关者提供了一个联结各方交易活动的纽带。第三，交易和交易结构。商业模式中的交易是利益相关者基于自身需求，将拥有的资源切割重组后再配置的活动。各利益相关者将拥有的资源切割重组所形成的交易结构，就构成了商业模式。

二、商业模式的内涵

(一) 商业模式是以某种行业为前提

这里所说的“行业”可以理解为某种商品或者服务市场的整体。行业，是比“向谁卖什么”这种严密的市场定义更宽泛的概念，指的是一个实际的竞争空间。比如说，卖电脑与把电脑包装成解决用户的某种需求而存在的东西，在“卖什么”这一点上，两者是不同的。因此，严格来讲，这两者所面向的市场，其定义是不同的。但是，如果向用户出售电脑，且面对同一个用户，其中一种方法没能把这台电脑卖出去，从这点来讲，这两种方法之间就形成了一种竞争关系。

另外，行业也是企业的一个移动壁垒，不同行业的内部竞争差异很大，某一企业要想马上进军其他行业是很难的。所以，商业模式的意义在于，让我们知道在企业竞争中，应采取怎样的商业策略。

商业模式理论认为，一个行业的企业很难参与到另一个行业中去。例如，美国通用电气公司一直从事制造业，想进入金融业基本上是不可能的。虽然商业模式是对提供价值和顾客部分的再定义，不过是为了在行业内部竞争中获得优势而采取的机制。比如赛车，为了赢得比赛，赛车手会考虑该怎么跑赛道，但是他绝不会考虑去参加其他比赛。再如军事，为了赢得战争，作战方会考虑在战场上调整作战位置，但是绝对不会想着去改变战场。

但是，各行业之间的资源共享，有时能够使各行业进入同一个良性循环；或者，共享某一商业要素的生命周期，可以为各行业提供一个放之四海而皆准的商业模式，从而帮助各行各业的企业在竞争中取胜。

因此，商业模式可以不分行业，同一个商业模式能在不同行业被灵活运用。商业模式与专注于市场选择的传统战略论是不同的，它可以被不同的行业所采用。即便不是自己公司所在行业的商业模式，也有可能适用于自己公司。

(二) 目的是在竞争中取胜

商业模式的另外一个重要性质是，它是为了在竞争中取胜而构建的。一家公司里有许多机制，商业模式关注的是能让公司在竞争中处于优势的机制，甚至这个机制最好能使公司一直处于优势地位。也就是说，这个模式要么难以被其他公司模仿，要么即便被模仿也无法被超越。

商业模式是能使公司在竞争中产生优势的工具。我们在探讨有效的商业模式时，应将其与竞争对手和行业标准联系起来讨论。首先我们要讨论的是，在与主要竞争对手和行业标准的商业模式进行比较之后，如何构建出一个有优势的商业模式。例如，在谈论生产销售一体化以及定额制这些商业模式时，我们都是将其与行业标准及主要对手的供应链和收入模式相比较来进行论述的。另外，在竞争对手采用同样商业模式的情况下，如何保持优势呢，即优势的可持续性如何。构建商业模式是为了在竞争中取胜，在竞争中取胜带来的是利润上升和利率最大化，即它是一个可以盈利的机制。正因如此，以提高商业机能和业务本身为目的的业务流程重组、各种规则制定等，以及基于这些规则维持企业机能的财务等机制不能被称为商业模式。

（三）好商业模式的标准：高价值创造，低价值耗散

对不同的企业而言，其所具备和所能调动的资源能力是有限的，因此，企业所能涉足的市场（包括客户和产品）和商业模式将是一个有限可选集，从中找到市场空间和商业模式效率共同作用最大的组合，实现价值空间最大化，将是最优的选择。

价值空间的来源包括两种：价值创造和价值耗散。所谓价值创造，指的是与传统商业模式所处的商业生态相比，市场（包括客户和产品）空间扩大了。设计新商业模式的价值是获得一个新的增量市场空间（可以是定性的增加，如增加了某种新的价值；也可以是定量的增长，如把某种价值极大地扩大了）。反映在商业模式的效率上，高价值创造意味着高交易价值。

所谓价值耗散，指的是在一个既定的市场空间里面，相当一部分价值并没有分配给焦点企业及其利益相关者或者同类商业模式的商业生态参与者。换言之，市场空间通过一种无序的方式分配，最终参与的各利益相关者所获得的回报总和（主要指经济利益回报）远远低于所获得的市场空间总和，不在同一数量级。高耗散意味着利益相关者所创造的价值很大一部分耗散在交易成本上面。反映在商业模式的效率上，高价值耗散意味着高交易成本。

因此，按照价值创造和价值耗散的高低，我们可以把商业模式分为四大类，如图1-1所示：高创造，高耗散；高创造，低耗散（好的商业模式）；低创造，高耗散；低创造，低耗散。

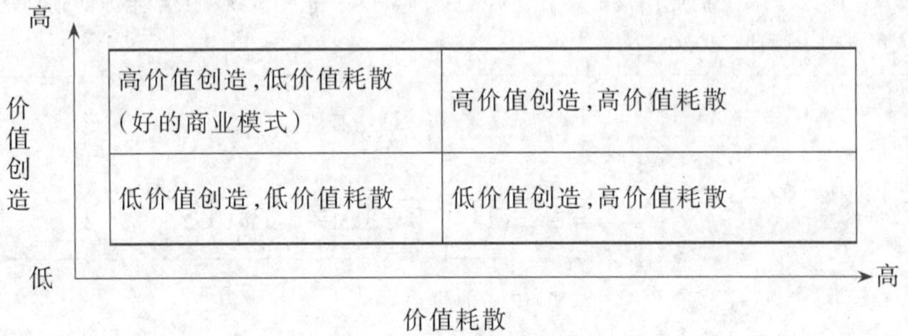

图1-1　商业模式分类

需要说明一点，由于商业模式对企业价值有乘数作用，因此绝对的价值创造和价值耗散高低是没有意义的，只有两者相对而言的高低才具有指导意义。好的商业模式的标准是：高价值创造，低价值耗散。在这种商业模式下，企业及其利益相关者会创造巨大的交易价值，而且，交易成本的耗散能够较好地得到控制。企业及其利益相关者至少在中短期能够获得较好的发展。

事实上，垄断在短期内同样可以实现高价值创造、低价值耗散。但是，从长期而言，垄断的高价值创造、低价值耗散是以其他利益相关者的低价值创造、高价值耗散为代价的。垄断通过资源独占、不平等竞争极大地破坏了创新。在对资源和价值的分配上，垄断不利于商业生态系统的可持续发展。因此，我们认为，为了保持长期的商业生态和谐，必须加上一个价值评判：价值共享。故而，新商业模式的标准是：高价值创造，低价值耗散，价值共享。

（四）商业模式好坏还与落地实施密切相关

商业模式不是一张图，也不是盈利性的展示。一个伟大的商业模式需要落地实施。创业者或经理人都必须将商业模式地图付诸实践，用一系列活动和流程将组织的资源利用和转化起来。好的商业模式如果落地实施没做好，就成了差的商业模式。这就是风险投资者十分看重创业团队的原因。优秀的落地实施可以补救一个普通的商业模式或“带它起飞”；糟糕的落地实施通常会以组织的失败告终，无论其商业模式本身有多好。

实例分享1-1　跃迁公司商业模式落地实施失败

2013年，旧金山的一群创业者创立了跃迁公司（Leap Transit）并进行了试运营。这是一个私人交通出行系统，目标用户群体是湾区日益增长的年轻中产科技员工。该公司的商业模式是采用一种差异化的公共交通运行方式，费用较高，专门服务于那些不愿意开车通勤的群体。这个创新看起来非常合理，尤其是在这么一个高人口密度和高财富聚集的都市区域。公司获得了来自拥有丰富经验的投资人250万美元的投资，并于2013年开始提供服务。但这个商业模式实施得并不好。交通是一个法规繁多的行业，因为车辆不符合残疾人保障法规的要求，公司被立即关停，2014年一直处于停业状态。2015年，该公司重启服务，却一直无法保持确定的路线，也无法建立稳定的用户群体。因为运营许可的问题，加州政府又一次关停了该公司。跃迁公司于当年年底宣告破产。

资料来源：博克，乔治.商业模式工具书（实战版）[M]. 王重鸣，浙江大学全球创业研究中心团队，译.北京：人民邮电出版社，2020.

第二节　商业模式概述

案例导入　蜜雪冰城——年入百亿的“雪王”

蜜雪冰城的创业史也相当励志，1997年，品牌创始人张红超还是学生，他在读书期间为了减轻家里负担，租下一间门面取名寒流刨冰，专售各种冷饮，也就是蜜雪冰城的前身。创业的过程并不顺利，因为城中村改建，小店先后经历了4次搬迁，每次都是刚建好店面就被拆除。但张红超并没有放弃，门店也从几平方米扩大到60多平方米，并正式更名为蜜雪冰城。

2007年，蜜雪冰城有了第一代加盟商，2013年，蜜雪冰城开始建奶茶原材料产业园以及物流供应链。从杯子、水果到奶茶粉，蜜雪冰城茶饮70%的原材料均来自自家生产线。2014年，蜜雪冰城突破千店。可以说，蜜雪冰城打造了从饮品到原材料生产供应的奶茶商业帝国。

(1) 精准的产品定位

品类定位有助于占据细分市场，蜜雪冰城使用“冰淇淋与茶”的品类定位，区别于茶饮市场的其他品牌。此外，蜜雪冰城明确了自己“高质低价”的错位竞争法则，与市场上价格越来越高的茶饮品牌形成鲜明的行业壁垒。蜜雪冰城在行业中制造了消费升级与消费降级的消费冲突，在不少品牌给消费者洗脑“消费升级”而纷纷提价，使消费者不得不为“消费内卷”买单的时候，蜜雪冰城坚持低价策略，获客逻辑是薄利多销。

(2) 走量式加盟

华经产业研究院报告显示，2021年我国现制茶饮门店约39万家，蜜雪冰城品牌境内门店数量2021年年末约2万家，约占现制茶饮门店总数的5.13%。一方面，蜜雪冰城不从加盟商的经营收益里提成，仅象征性收取加盟费。在省会城市、地级城市、县级城市开一家店的加盟费分别为11 000元/年、9 000元/年、7 000元/年。另一方面，由于采用加盟模式，所以蜜雪冰城不需要背负门店成本。如今，蜜雪冰城加盟门店覆盖全国大部分省市，海外超过千家。

(3) 自建供应链

表面卖奶茶，实则供应原料。从经营模式来看，蜜雪冰城本质上是一家供应链企业，以卖食材和包装等产品为主，因此门店越多收入越高。在蜜雪冰城的营收构成中，69.89%来自食材，这也是其最主要的收入来源，其次来自杯子、包装袋、吸管等包装材料，约占17.19%，6.72%来自设备设施，3.5%来自营运物资及其他，1.89%来自加盟商管理。

据蜜雪冰城的官网介绍，蜜雪冰城各个加盟门店的核心茶饮原料均来自蜜雪冰城自建的工厂，庞大的门店数量和原材料需求量使其具备了可以低价购入原材料的能力。相对于依赖店铺流量的茶饮销售，直接卖原料给加盟商，确实是一笔稳赚不赔的生意。截至2022年3月，蜜雪冰城已经建立起252亩智能制造产业园和130 000平方米全自动化生产车间。

(4) 仓储物流

有了原材料的自产，物流问题如何解决？蜜雪冰城在河南、四川、新疆、江苏、广东、辽宁等22个省、自治区设立仓储物流基地和分仓，建立了基本覆盖全国的物流运输网络，从而保证工厂所生产的原料可以及时配送到全国2万多家门店。这是国内所有奶茶品牌望尘莫及的。

(5) 话题营销

连锁业的命门——标准化不仅限于员工制服和出餐步骤，还包括门店营销。在缺少生动品牌形象的年代，蜜雪冰城在街头揽客需要燃烧店员所有的热情，因此蜜雪冰城在相关的话题营销和活动营销方面也是赚足了热度和眼球。

“2021年打卡唱歌免单”活动就是一个经典的话题营销事件（让很多人克服社恐在门店又唱又跳）。虽然一些人并没有获得免单，并且为此有人专门向分公司咨询，相关工作人员解释说该活动只是部分地区门店自发开展的，并非官方统一活动。其实，此时是不是官方统一活动已经不那么重要了，因为蜜雪冰城赚足了一波热度，相关的话题阅读量超过3亿，持续霸榜热搜，视频播放量也达9.7亿，可以说是一次相当成功的事件营销。

（6）重视品牌IP

和那些街头小店不同，蜜雪冰城的品牌精神和IP意识非常强。从最初较土的门店装饰到创始人花大价钱请专业团队设计品牌形象和主题曲就可以看出，蜜雪冰城不仅希望自己的产品能够卖出去，还希望消费者在购买产品的时候能够拥有更多“体面”，这也是品牌在传播上持续发力的原因。经过几代的视觉优化，蜜雪冰城的审美已经朝着当下流行的方向靠拢，但价格方面依然非常贴近人们的生活。

星巴克说自己卖的不是咖啡，而是社交空间，这只是一个比喻，但蜜雪冰城卖的却真不是茶饮料而是原材料。原来，产品价格低廉仍然能够赚得盆满钵满，靠的是门店的规模效应，庞大的门店规模也是蜜雪冰城自身供应链体系能够持续高效运转的基础。蜜雪冰城的商业模式并不是直接向消费者销售产品，而是向加盟商销售制作各类现制饮品和现制冰淇淋所需的食材、包装材料、设备设施、营运物资等产品并提供加盟管理服务。最终，蜜雪冰城以价格亲民、迅速扩张、自产自销的策略打造了奶茶帝国。

资料来源：然若.河南张氏双雄坐拥500亿，干出中国最大茶饮帝国［EB/OL］.［2024-01-11］. https://www.sohu.com/a/751234570_121164127；佚名.奈雪卖20它卖3元，蜜雪冰城为何能年入百亿［EB/OL］］.［2022-10-02］. https://baijiahao.baidu.com/s?id=1745571123967140569&wfr=spider&for=pc; 佚名.魔性主题曲火出圈，卖着3元冰淇淋、8元奶茶的蜜雪冰城怎么赚钱［EB/OL］.［2021-06-20］. https://baijiahao.baidu.com/s?id=1703082378199312164&wfr=spider&for=pc.

思考：

1.蜜雪冰城的商业模式是怎样的？

2.该案例给你带来什么启发？

一、商业模式的起源

“商业模式”的起源可以追溯到大约60年前。20世纪60年代，管理学者试图解构商业运营的方方面面，而这是由一些关于管理和战略的重要学术问题所推动的。那时，他们研究的问题如下所示：

·“在没有充分信息的情况下，经理们是如何做出决策的？”

·“为什么同行业的公司看起来很相似，但又不完全一样？”

·“为什么有些公司的表现总是好于其他公司？”

·“为什么变革帮助了一些公司，却伤害或摧毁了其他公司？”

一些学者开始探索他们是否可以创造“商业模式”。他们的这些努力是为了使用软件来模拟一个组织的所有活动，主要目的是在一个完全合理的框架内解释管理决策。这为一些决策作出的过程提供了深刻的洞察角度，比如定价，但这些努力没有发展成为一门研究商业模式的科学。

到了20世纪70年代，管理科学的学术领域发生了戏剧性的变化。决策和商业成果研究重新聚焦于认知、战略、组织行为和社会心理学的框架。在20世纪90年代末之前的学术文献中，很少有人提到商业模式，针对商业专业人士的出版物也是如此。例如，在20世纪70年代，《哈佛商业评论》只有6篇文章提到了商业模式，而在20世纪80年代也只有11篇文章提到了商业模式这个词。直到20世纪90年代末，商业模式的概念一直处于休眠状态。

二、简单的商业模式

20世纪90年代，学者和商界人士对企业和创新的看法发生了变化。如果将这一变化完全与互联网的发展联系起来是很容易的，但却具有误导性。

早期有关商业模式的概念的使用通常被简化为企业如何创造价值的类比。著名的例子之一就是“剃须刀和刀片”的销售模式。这是用来描述一些企业如何廉价销售甚至赠送一种产品（剃须刀），以便刺激对必须定期反复购买的补充产品（一次性剃须刀片）的长期需求。

管理者和学者开始使用商业模式作为企业创造价值的独特方式的简写。在1993年《哈佛商业评论》的“观点专栏”讨论中，摩立特（Monitor）公司的创始人之一鲍勃·鲁里（Bob Lurie）指出了区分好战略想法和好执行措施的挑战。他表示：“宜家经营得不错是采用了并非很有创意的商业模式，如果不那么熟练运用，很可能会失败。”

十年以后，这种商业模式已经在管理实践领域站稳脚跟。商业模式已经成为一个流行语。埃森哲的战略变革研究所（前身为安徒生咨询公司）发布了一份指南，试图找出每一种可能的商业模式，其中包括“剃须刀和刀片”模式以及其他33个模式。它们被巧妙地分为“价格模式”和“创新模式”等类别。该报告还提出了一种“变革模式”的变体，为研究商业模式提供了一种最早的动态方法。

三、商业模式与电子商务模式的混淆

20世纪90年代末，互联网技术的发展和部署对社会和商业产生了无与伦比的影响。这也把商业模式的研究和实践搞得“一团糟”。

正如学者们可能会说的那样，“商业模式”是一个“艺术术语”。它进入管理实践后指的是公司层面的价值创造，同时包含某些高级运营模式。但显然它在不同的背景下对不同的人意味着不同的东西。互联网和所谓的“电子商务”的出现，让刚刚开始的关于商业模式的讨论陷入了混乱。

“电子商务模式”的概念是一种基于互联网的商业框架，类似于20世纪60年代的“商业的模式”框架。其主要关键的不同之处在于，这些模式主要关注交易，因为互联网促进了交易的发展，且使交易成本只有正常成本的一小部分。金钱、信息和货物的交换都大大减少了人的参与。

当然，这些模式大多应用于主要或完全基于网络或其他电子界面运营的新企业或新业务部门。例如，这些企业包括内容提供商、直接面向客户的集成商和价值网集成商。这些模式可以清楚地描述特定的交易，将其分解为子组件，并以其他方式对其进行重构。经理人和学者们生成了一组交易，这些交易被组织并归类为一组有限的“原子”电子商务模式。

当然，问题在于对于部分或全部活动都是通过互联网实现的组织来说，如何区分电子商务模式和商业模式是一个问题。电子商务模式已成为一个相对专业的话题，通常在拥有重要物理基础设施的大型组织转向支持互联网的活动和运营时应用。

互联网泡沫破灭了，但商业模式却变得更加强大。商业模式并不是网络公司独有的，每个有生存能力的组织都有一种能够创造价值的商业模式。然而，我们仍然不能明确定义商业模式。究竟什么是商业模式？有没有一个明确的商业模式列表？商业模式可以分成几种类型？是不是有些商业模式表现得比其他模式更好？为什么？

可以说，关于商业模式的最重要的学术研究是由拉斐尔·阿米特（Raphael Amit）教授和克里斯托夫·佐特（Christoph Zott）教授进行的。2001年，他们在一个顶级管理杂志上发表了第一篇关于商业模式的研究文章。他们问了一个看似简单的问题：为什么电子商务似乎比其他业务创造了更多的价值？他们的答案是：新的商业模式。特别是，他们还澄清了商业模式是一种思考企业如何创造价值的新方式，并为商业模式提供了第一个，也可以说是最具逻辑一致性的定义。

在他们撰写的“电子商务中的价值创造”一文中，阿米特和佐特为研究商业模式这一重要的新概念铺平了道路。他们说：

我们的研究结果表明，没有一种单一的创业或战略管理理论可以完全解释电子商务的价值创造潜力。相反，我们需要整合已有的关于价值创造的理论观点。为了实现这样的集成，我们提供了商业模式结构作为未来电子商务价值创造研究的分析单元。商业模式描述了交易内容、结构和治理的设计，以便通过开发商机来创造价值。

阿米特和佐特认为，商业模式是公司用来创造价值的交易的设计，包括内部交易和外部交易，实际上就是公司在交换信息或资产时所做的一切。这是一个非常具有说服力的定义，因为它非常精确且全面。随后的对商业模式的解释没有一种比这个更有说服力。

然而，他们的工作有两个不足。首先，这个定义并不明确，而且有点难以纳入简单、实用的管理工具中。其次，阿米特和佐特的关键研究利用了互联网繁荣时期的数据，他们引用的大量“价值创造”并没有在互联网泡沫中幸存下来。例如，他们介绍了三家创造非凡价值的公司，当互联网泡沫破裂时，这些公司的总价值至少缩水了80%。拥有“创新”的商业模式并不足以保证长期的价值创造。

自那篇文章以来，数百位学者撰写了数千篇关于商业模式的有同行评议的研究论文。在谷歌学术网中搜索“商业模式”会产生50多万个结果，将其限制为文章标题中有“商业模式”时仍然会产生超过12 000个结果。到目前为止，对于商业模式到底是什么，或者确切地说如何严格地研究或衡量它，研究者们还没有达成明确的共识。

尽管阿米特和佐特的定义很好，但它却并不符合创业者和管理者对商业模式的看法。经理们认为商业模式是三个关键组织要素的汇聚：资源、交易和价值创造。对于管理者来说，商业模式将组织的设计与组织的创造或面临的机会联系起来。

四、商业模式画布的出现

商业模式实践中最重要的进步之一来自亚历山大·奥斯特瓦德（Alexander Osterwalder）在《商业模式新生代》（Business Model Generation）一书中提出的商业模式

画布。

商业模式画布是用于思考商业模式的实用管理工具。基于与数百名经理、创业者和学者的讨论，奥斯特瓦德开发了一套相对简单的商业模式元素，并为绘制这些元素作出了一套美观的设计。画布确定了9个商业模式元素：客户细分、价值主张、渠道通路、客户关系、收入来源、核心资源、关键业务、重要合作、成本结构。

商业模式画布是商业模式研究向前迈出的重要一步，原因有三。首先，它合理且有效地整合了学者们关于商业模式的研究。其次，它为组织对特定商业模式的思考和讨论提供了一种有效的视觉机制。最后，它强调，设计、评估和改变商业模式的一个关键问题是如何将这些元素结合在一起，而不仅仅是明确元素是什么。

五、商业模式的未来

就像所有的商业流行语一样，“商业模式”已经从一个新的、令人兴奋的东西演变成了更平凡、更简单的东西，不久新的流行语将会出现。商业模式将是商学院教授的又一个成熟框架，由顾问使用，由风险资本家分析。商业模式画布的成功带来了类似工具（如精益画布等）的出现。这些工具可以为评估创业机会提供一个有价值的参考。

商业模式工具的价值并不嵌入工具本身。使用该工具并不能保证获得成功，商业模式工具的好处是帮助使用者澄清假设、思考组织要素协同工作的结构化过程。

在接下来的几年里，学者们将发表更多关于商业模式的研究文章。所有这些都可能是有用的。一方面，从某种意义上说，它将进一步了解组织如何探索和利用机会；另一方面，其中大部分可能会与实践脱节，在实践中，创业者和管理者要在有限的时间和资源内就新想法作出艰难的决定。此外，对商业模式的理解往往过于狭隘，以至于研究结果要么与大多数组织无关，要么实际上不可能使用。一些领域（如信息技术）的技术变革速度很快，再加上发表管理研究文章的时间相对较长，这意味着关于商业模式的学术研究在发表时往往是过时的。我们希望随着时间的推移，商业模式研究将变得更加实用和有效。

你可能会问：“这一切对我意味着什么？”

在创办新企业或建立成长型公司时，商业模式是一个重要的工具。商业模式分析为评估新机会提供了一个简单而有效的框架。探索一家企业的商业模式有助于识别关键问题并收获低成本的实验数据，以测试机会的有效性。

如果管理的是家族企业或生活方式型企业，商业模式仍然非常重要。在许多情况下，家族企业的管理者从未明确考虑过组织的商业模式。这些企业的管理者可以从商业模式分析中获益良多，因为这将有助于探索导致公司最初成功的潜在假设。大多数公司不可能一直停滞不前，而如果想利用新的机会就需要改变。

大公司、非营利基金会、教育机构或其他非商业组织的高级经理，仍然可以从商业模式中受益。每个组织都有自己的商业模式，高级经理可以构建、测试和评估商业模式。商业模式是衡量组织运营是否可行的关键指标。这类组织的管理者通常不会考虑商业模式，这意味着分析可能会产生意想不到的、令人大开眼界的结果。

新的商业模式随时会出现。创新的商业模式往往伴随着大规模基础设施的重大变化。技术、社会和法律框架的变化会引发新的价值创造机会，要获得这些新的价值来源，通常需要全新的商业模式结构。

实例分享 1-2　字节跳动的商业模式

字节跳动的商业化变现，从变现资源挖掘的视角来看，可以分为两个变现方向：流量资源变现和技术资源变现。

流量资源变现业务主要是指高度依赖流量的业务，包括广告服务平台（巨量引擎）、C端业务（包括直播、电商、游戏、教育、医疗等）。

技术资源变现主要是指面向B端输出技术产品及服务，主要包括企业增长平台（如火山引擎）、企业协作平台（如飞书）。

从这两个变现方向来看，字节跳动复现了互联网巨头（比如国内的腾讯、阿里巴巴，国外的亚马逊等）的主流商业化演进路径，即在聚集规模流量后，首先进行流量变现（通过广告及各个C端增值业务），然后进一步挖掘技术溢出价值（大数据、人工智能、云计算等增值应用形态），火山引擎就是源于技术溢出的变现平台（可类比阿里云）。

字节跳动得益于旗下产品庞大的流量基数，以信息流广告起家迅速完成商业化。环顾当下，字节跳动俨然成为广告行业的一艘巨擘，但并非稳坐钓鱼台。

无论是基于战略需求考量，还是基于用户体验优化，字节跳动坚决发力搜索，并于2020年11月份全线上线了搜索广告业务，包含的平台有抖音、头条、西瓜等。至此，字节跳动完成了“信息流广告+搜索广告”的双引擎。而环顾竞争对手，百度、腾讯也将两者作为互联网广告业务的标配，市场竞争依然十分激烈。

资料来源：木一.字节跳动是怎么做到商业化的？[EB/OL].[2021-04-01]. https://www.sohu.com/a/458441310_114819.

第三节　商业模式的研究范畴与研究对象

案例导入　“相互保”背后的商业模式分析

“相互保”是由蚂蚁保险与信美人寿通过支付宝蚂蚁保险平台推出的一款重大疾病保障保险产品。在“互联网+”与“保险互助”的双重光环下，“相互保”在短时间内吸引了2 000万人加入，成为现象级的保险产品。

与传统商业保险相比，“相互保”的商业模式极具特色。芝麻信用在650分以上的蚂蚁会员参保不需要提前支付保费。参保与退保不需要经过复杂的人工服务与审核环节，通过手机简单操作即可完成，退保的损失也不大。参保后客户可享受30万元的重大疾病保额，包括恶性肿瘤在内的100余种大病保障。一旦患病，客户可一次性领取保障金，其他参保成员分摊保障金费用。与传统商业保险在投保时计提管理费不同，“相互保”在发生赔付时才收取管理费，费用比例为每期保障金的10%，无赔付发生则不收取管理费，每月公示拟赔付案件，用于大病赔付的比例高，流程公开透明，再加上支付宝平台的流量优势和品牌优势，产品一经推出就取得了巨大的市场反响。

然而，这款寿险产品在上市41天后匆匆下架。究其原因，是其商业模式本身存在长期的风险隐患，规模一旦扩大，风险很容易失控。因为投保没有传统商业保险的人工服务和审核过程，存在恶意骗保、带病投保的风险隐患。同样，分摊费用不高，退保不会产生很大的损失，也为后期可能出现的退保埋下风险隐患。尽管“相互保”的寿命周期很短，产品本身存在不足，但其爆发式的增长，反映了这一新的商业模式在保险市场上的竞争力。

资料来源：龚保儿.相互保动荡41天！横空出世与骤然离场带来的行业与社会思考［EB/OL］.［2023-12-06］. https://baijiahao.baidu.com/s?id=1619062890933996030&wfr=spider&for=pc.

思考：

1.“相互保”的商业模式有哪些优势？

2.你认为“相互保”是否应该下架？

3.从“相互保”的下架思考商业模式创新应当遵循怎样的规律？

商业模式与传统的管理学科如战略、营销、组织、财务的研究视角和方法截然不同，随着商业模式创新引发的现象越来越多，建构一门全新学科以区别于现有学科，厘清并解释商业模式创新现象，探寻商业模式设计逻辑，提炼设计工具并指导创新实践，成为商业实践和理论研究的一致要求。而这一切，都有赖于对以下3个问题的回答：第一，什么是商业模式，即商业模式的定义及其与其他学科的区别和联系，这是商业模式的内涵问题；第二，如何描述商业模式，即商业模式的构成要素，这是商业模式的外延问题；第三，如何设计商业模式，即商业模式的创新工具，这是商业模式的实践应用问题。这3个问题是构建商业模式学科的基础性问题。

一、商业模式与管理学科的关系

（一）战略与商业模式

战略是企业实现长期目标的方法。企业战略选择包括加强型战略（如市场开拓、市场渗透、产品开发）、一体化战略（如前向一体化、后向一体化、横向一体化）、多元化战略（如相关多元化、不相关多元化）、防御型战略（如收缩/重组、剥离、清算）、支持型战略（如合资、兼并/合并、收购）。在研究内容方面，战略理论的关注点主要在市场、产品、产业价值链定位等企业内部要素对外部环境的调适与反馈。商业模式更注重利益相关者的利益诉求以及交易结构和交易价值的增值。商业模式的关注点超越了价值链的范畴，而且有关内部利益相关者的交易参与和交易结构的形成，是战略理论完全不具有的视角；即便是供应商和物流方等外部利益相关者，在商业模式里的定位和职能也与战略理论差异很大。

战略和商业模式都会用到定位的概念，但含义是完全不同的。战略中的定位主要关注为谁、提供什么产品，关注具体的客户及其需求；而商业模式中的定位则主要关注如何满足需求，更关注满足利益相关者的需求的方式。因此，诸如选择怎样的客户群体、用什么产品来满足这个群体的需求等，属于战略问题；而诸如是企业自己研发、生产产品，还是外包生产，则属于商业模式问题。

在战略决策中，隐含的前提是市场需求，需要大致确定目标客户群体。而商业模式并没有隐含前提；相反，商业模式是从整个商业生态的交易结构出发，探寻通过结构性优化获得增值空间。因此，先定战略而后定模式，会很大程度地限制商业模式的设计选择集；反过来，先定商业模式，确定好利益相关者和交易结构后再定战略，则有更多切实可行的战略选择集，能够为战略制定提供现实基础，更容易找到企业创新的解决方案。

（二）价值链理论与商业模式

迈克尔·波特（Michael Porter）提出的价值链理论将企业内外价值增加的活动分为基本活动和支持性活动。基本活动涉及企业生产、销售、进料、发货、售后服务。支持性活动涉及人事、财务、计划、研发、采购等。基本活动和支持性活动构成了企业的价值链。假如企业做专业化，分离价值链的不同环节，就变成了通常说的“产业价值链”。价值链理论基于一个既定的产业划分，选择了行业和产业，似乎就自然而然地确定了价值环节，企业所要制定的决策只是根据内外部条件，对价值链环节进行选择。

商业模式并非局限在价值环节的既定选择之中。尽管当前的产业价值链具有其存在的合理性，但是从商业模式的角度看，按照业务活动以及利益相关者拥有的资源能力的权利，对产业价值链乃至延伸的产业生态进行重新梳理和拆分，也就是重新定义产业链的交易活动和交易对象，可以实现原有产业价值链的变革与创新。价值链理论是以活动为中心，商业模式理论则是以利益相关者为核心。同样的价值链活动可以由不同的利益相关者实施，其交易结构也可以截然不同。当今的商业世界，不同产业、不同行业的交互空间越来越大，跨界的交易活动越来越多样化，用既有产业价值链的视角已经难以表达和发现更多的创新机会，而商业模式设计则可以创造新的交易活动。在商业实践中，许多“跨界颠覆”的案例就是商业模式突破产业隐性边界的具体体现。此外，虽然价值链的基本活动有前后时序的潜在假设，但是随着交易活动的拓展、交易方的增多，很多活动的时序已经不是固定的，而是可变的、多样的，这些都属于商业模式研究的范畴。

（三）管理模式与商业模式

罗伯特（Robert A. Anthony）和维贾伊（Vijay Govindarajan）在《管理控制系统》（Management Control System）一书中提出战略实施框架，其实质上是管理模式的理论体系。该理论框架认为管理模式反映了企业的执行机制，分为战略、组织结构、管理控制、企业文化、人力资源管理和业绩6个要素，管理学的不同子学科属于该体系的不同方面（如图1-2所示）。战略决定企业的发展方向，是企业实现长远目标的方法和途径。组织结构是按照战略的要求，确定企业内部的职责分工与协同关系。管理控制指的是企业中的管理流程以及相应的制度和方法，常见的有战略规划流程、经营计划流程、预算管理流程、新产品开发流程、销售管理流程、风险管理流程等。企业文化是企业内部员工共同的价值观和行为准则。人力资源管理则是那些与人力资源的招聘、培养、选拔、考核和激励等相关的工作。业绩是战略实现的结果。以上管理模式中的要素，都属于企业“内部”要素，在管理执行中大多采用计划指令的方式进行资源配置和行动协同，以经营目标的分解和考核作为员工激励的外在驱动力。

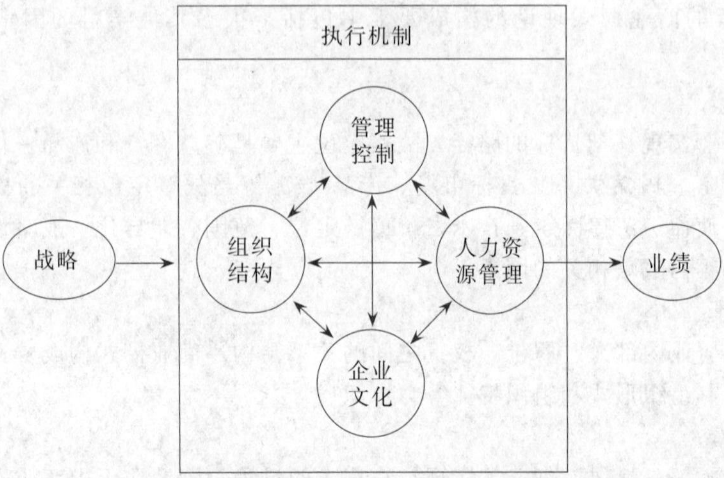

图1-2 《管理控制系统》一书提出的战略实施框架

商业模式首先把企业活动分为两类：业务活动和管理活动。商业模式的研究对象是业务活动，管理活动是为了驾驭和驱动业务活动所开展的活动。因此，业务活动决定了管理活动。商业模式与管理模式的关系是：首先，商业模式设计决定了需要的管理能力以及对应的管理模式；其次，管理模式是对商业模式执行的有效加强和互补。

商业模式没有明确的企业“内”“外”的概念，管理模式的研究对象——管理者和员工，属于商业模式中的内部利益相关者。在设计业务活动的时候，商业模式考虑的重点并不是执行和控制，而是业务活动、资源能力、相关权利的分拆与重构，以期达到最大的交易价值。在商业模式设计中，首先考虑的是业务活动中的角色、角色间的关系以及业务的构型等，其次要保障交易的有效运行，则需对管理模式范畴内的组织、控制、人力资源、企业文化等要素提出要求。

简而言之，商业模式是研究企业是怎样运转起来的，反映了企业的运行机制，是企业的基础结构。企业如同一辆车，商业模式研究的是不同类型的车的发动机、底盘、车身等的结构和配置不同，其使用功能、应用场景、车辆效率也不同。管理模式看重的是企业目标的确定和业绩的达成，类似于驾驶车辆的目的地、路线选择、驾驶风格、驾驶水平和交通规则，确保车辆安全、准时到达。因此，商业模式设计应该先于管理模式设计，商业模式调整优化可以从企业定位、业务系统、关键资源能力、盈利模式、现金流结构这五方面的任何一个或多个方面着手，每个方面的调整都会引起或者要求管理模式进行必要的调整和优化。而管理模式的优化，则能够保证商业模式创新设计得到强有力的执行。

二、商业模式要素分析

在商业模式的概念内涵上，商业模式是研究“交易结构”的学科；而在概念外延上，则需要明确商业模式的系统、独立的构成要素，并且把混杂其间的其他学科的构成要素排除在外。只有这样，才能构建更加坚实和长期的商业模式理论基础。到目前为止，很多学者的商业模式理论的构成要素中包括了很多其他学科的因素，需要认真甄别。

（一）战略要素

战略是企业实现长期目标的路径，战略定位主要是确立客户和产品。很多学者的研究关注目标顾客、顾客关系、目标市场、产品/服务等与战略定位相关的构成要素。有些学者还关注使命、法律因素、技术、价值链定位、范围、差异化、战略性控制、持续性、全球核心等与战略相关的因素。

（二）组织要素

组织是指企业内部人、职位、权责之间的关系结构。商业模式构成要素中与组织有关的部分主要有组织形式和组织特征等。

（三）营销要素

营销是指了解、抓住或创造、实现客户需求的过程。营销在不少商业模式构成要素模型中都有所涉及，主要表现为价值主张、顾客价值等。

（四）运营要素

运营和企业经营过程密切相关，主要体现为计划、组织、实施、控制等流程。学者们对运营要素的关注集中在过程、关键流程、协调事项、基础设施管理、公司管理、商业流程模式等。

（五）财务要素

财务具有组织企业财务活动（投资、融资、营运资金）、处理财务关系等管理职能，商业模式构成要素中涉及财务的有财务生存模式、成本结构等。

综上所述，在商业模式的概念外延上，很多学者提出的构成要素涉及战略、组织、营销、运营、财务等。

三、商业模式的研究对象

从商业模式研究的要素来看，剔除与其他学科重叠的要素，商业模式的研究对象就是被研究企业即焦点企业与各利益相关者的各种交易，其构成至少包括3方面内容：交易主体、交易方式、交易定价。由于商业模式着眼于研究“交易结构”问题，因此交易内容（交易什么）应属于战略（选择）问题而非商业模式问题，不在研究对象范围内。

（一）交易主体

交易主体指的是与谁交易，即“利益相关者”，它是具备独立利益诉求、有相对独立的资源能力、与焦点企业存在交易关系的行为主体。一般包括外部的客户、供应商、渠道、合作伙伴、代工厂家、研发机构、金融机构等，内部的独立部门，以及介于内部和外部的加盟商、直营店等。是否界定为利益相关者，最重要的衡量指标就是相对独立性——是否独立参与了交易。

（二）交易方式

交易方式是指企业与利益相关者以怎样的方式交易，如租赁、授权、信息处理、提供产品还是服务、相互之间签订什么样的合约等。同样的交易内容，如果交易方式发生改变，企业价值可能会产生巨大差别。比如，现款交易和按揭交易，对房地产企业来说其交易价值有着天壤之别。很多学者把信息流结构、生产模式、市场模式、客户界面等与交易方式密切相关的因素也列为商业模式的重要构成要素。

（三）交易定价

交易定价是指企业与利益相关者如何就价值进行分配，即企业的收入、成本结构，具体包括四个方面：第一，定向，即价值的流向是怎样的、收入从谁那里获取、成本支付给谁、哪些成本由其他利益相关者承担等。第二，定性，即收支计价的方式，是按照时间计价、按照使用量计价，还是按照价值增值比例计价等。第三，定量，即价格高低的确定。第四，定时，即提前支付、分期付款还是分段支付等，定时不同，现金流结构就不同，交易效率也会不同。

不同学者对交易定价的表述存在差异，有的学者通盘考虑收支，如盈利模式、利润模式；有的学者只关注收支的一个方面，如收入模式、收入来源等；有的学者关注定价模式。此外，还有学者关注收入是否具有可持续性，认为与交易定价相关的包括成本来源、收入来源和可持续创收三个构成要素。一些观点把交易定价或盈利模式与商业模式画等号。

（四）整个交易结构

有些学者将商业模式视为整个结构，把商业模式看成一个活动系统，将其分为活动系统内容（企业应选取什么活动）、活动系统结构（这些活动应如何连接和排列）和活动系统治理（该由哪些人和哪些部门管理这些活动）三个要素。

实例分享1-3　嘉兰图设计：从固定到分成

创立于2000年的嘉兰图公司拥有国内最大的工业设计师团队之一，过去在工业设计项目的收费方式上，沿用固定收费的盈利模式：每个设计项目按照工作量、难度不同，收取几十万元至上百万元的设计费。固定收费是设计行业的行规，已沿用多年，但目前这种模式的弊端彰显无遗。

由于采取固定收费，市场的失败风险完全由客户承担，设计师避免了承担设计成果失败的市场风险；然而，设计费是客户的成本支出，客户自然要千方百计地压低设计成本。这样一来，一方面，单一的盈利模式使工业设计市场竞争激烈，设计费一降再降，而同期的设计师人工成本等设计公司的成本却逐年上升，企业生存环境恶化。另一方面，一个好的设计能够给客户带来巨大的商业利益，然而即使设计给产品带来了很大的附加值，在现有的定价模式上，这也与设计公司和设计师毫无价值关联，其价值无法充分体现在定价上。

自2009年起，嘉兰图在它的新产品——老年手机上尝试了新的盈利模式，且初战告捷，一举跳出了恶性循环的项目价格竞争，更获得了大量的客户。嘉兰图采用的是先设计出老年手机，申请专利，然后将设计授权给需要它的客户，根据客户的实际产量收取授权费。这样，嘉兰图就和客户共同承担了设计失败的风险，也共享了设计成功的收益。由此，设计的价值得到了充分的体现，客户支付的价格也有了可靠的计量方法。嘉兰图则通过老年手机某个关键原件的供应量有效地掌握了客户产量。

仅仅老年手机这一个项目，嘉兰图当年就获得了近1 000万元的授权收入，是原来几十万元到几百万元的项目收入的数倍。嘉兰图从固定收费转向分成收费，打破了设计行业多年的行规，实现了盈利模式的华丽转身。

资料来源：魏炜，李飞，朱武祥.商业模式学原理［M］. 北京：北京大学出版社，2020.

素养园地

“好邦客”车行逻辑

1.“好邦客”是什么

在国内，有这么一家车行，将国外的汽车银行俱乐部与中国民间的互助会两种形式混合，凭借“比租车更便宜，比买车更方便”的理念，帮助工薪族实现了用车的梦想。这个车行开在长沙，名叫“好邦客”。

“好邦客”庞大的潜在消费群体是想拥有座驾、无奈囊中羞涩的工薪族。他们只要办理入会手续，到指定银行缴纳15 000元保证金并办理储蓄卡就可以成为会员，按正常程序享受租车服务并按使用时间、所付费用累计积分。积分达到一定程度就可从“好邦客”拿走一辆相应型号和相应新旧程度的车辆。“好邦客”还以托管、储蓄等方式吸纳二手车。二手车储户存入车辆后即为“好邦客”会员，可以随时使用“好邦客”的任何车辆。二手车储户在托管车辆托管期满后可以按约定取回车辆，享有托管收益，获得车辆使用费30%的现金返还。

凭借20万元的启动资金，“好邦客”现已成为知名度较高的地方特色车行，它成功的关键就在于用少量的资金撬动了汽车租赁、汽车销售和二手车交易的联动消费市场。

2.“好邦客”模式如何搭建

第一步：联合银行

“好邦客”的成功在于首先联合了商业银行。当它们仅仅有20万元资金的时候，就开始了与银行的谈判，“好邦客”给银行开出的诱惑条件是：第一，“好邦客”将20万元作为风险保证金，合作期内永远放在银行，不动用；第二，“好邦客”的会员开户时，每个会员交纳15 000元开户保证金存入银行，一直不动用；第三，“好邦客”的每个会员都在银行办一张储蓄卡，由银行在“好邦客”服务中心安装柜员机，委派两名工作人员在“好邦客”监督刷卡。“好邦客”会员租车消费后，会员的消费款刷卡转入“好邦客”的账户之后，由银行监控，未经银行同意，“好邦客”无权动用，该笔资金原则上用来偿还到期的银行开出的承兑汇票。

“好邦客”只有一个条件：银行定期向“好邦客”的汽车供应商（即汽车工厂）开具半年至一年的银行承兑汇票。此模式能化解银行的风险，一切商业活动和资金流向均在银行的掌控之中，而且银行有两大收益：一是增加了银行的存款余额；二是开具承兑汇票有一定的手续费和利息收入。于是，银行成了“好邦客”模式的积极推动者。

第二步：联合汽车生产厂

“好邦客”与上海大众、广州本田等汽车生产厂谈判，“好邦客”让银行开具6个月至1年的银行承兑汇票，并且银行承兑到期前的正常贷款利息由“好邦客”支付。汽车生产厂一算，也没吃亏，而且现在的生意竞争激烈，也就爽快地答应了。

第三步：服务消费者

就凭“比租车更便宜，比买车更方便”的理念，相对来说，说服消费者就要容易得多。没有大张旗鼓地宣传，“好邦客”在《长沙晚报》做了一个开业的广告，开业第一天就来了几千人，办好了500多个入会手续。

第四步：管理内部

“好邦客”管理自己就是制定从入会、租车、送车、验车、刷卡转账、过户手续办理等一整套的规章制度和服务手册，并在实践中加强流程控制。

通过这四个步骤，“好邦客”形成了具有特色的商业模式，创造了巨大的财富。

资料来源：李天保.“好邦客”车行逻辑［J］. 商界（中国商业评论），2007（2）.有删改.

通关练习

一、知识简答

1.什么是商业模式？

2.商业模式的发展可以分为哪几个阶段？

3.商业模式与战略、价值链、管理模式有何区别？

4.商业模式由哪些要素构成？

二、实践操作

请你挑选一家知名企业，试着分析该公司的商业模式。

第二章　认识新商业模式

【学习目标】

1. 知识目标

◎了解数字化发展的历史

◎掌握新商业模式的含义、作用与基本类型

◎掌握构建新商业模式的方法

2. 能力目标

◎培养运用新商业思维思考的能力

◎培养新商业模式的管理能力

3. 素养目标

◎树立科学管理的意识

◎培养正确的管理观念

◎ 强化商业意识

【知识导图】

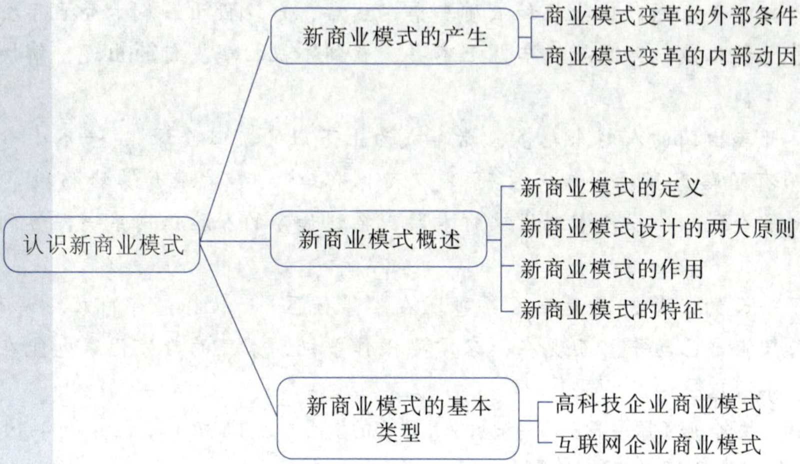

第一节 新商业模式的产生

案例导入 服不服？看看那些被数字化改变的生活方式

“从前的日色变得慢，车，马，邮件都慢，一生只够爱一个人。”十几年前，过着慢生活的人们不知道数字化是什么，十几年后，快节奏的生活让人无法想象离开了数字化生活要怎么继续。那些习以为常的生活习惯，不知不觉间发生了怎样的巨变？

以前，叫醒我们的不一定是梦想，有时是鸡鸣，更多的是闹钟；后来，手机和我们一起起床。现在，智能手环叫醒我们的同时，还顺带告诉我们睡得好不好。

以前，起床洗漱后，一边准备早餐，一边等待当天的报纸，或是打开电视看新闻；现在，起床之前，就可以在手机上订好早餐，一边等待送餐，一边用手机浏览早间新闻。

以前，工作日的上午，有人上班，有人上学，有人送孩子，人们大多走到最近的车站挤公交，当时车上还有售票员和纸质车票；然后，自助投币和刷卡登上了公交车的舞台，但没带卡和零钱，再宽敞的车也上不去，直到手机扫码支付的出现，解决了这种窘境之难。

后来，开车出门的人越来越多，堵车成为上下班的“必修课”，一不小心就开到易堵路段。而有了路况显示屏，车主可以“未卜先知”，尽量避开易堵路段。到了办公室，可别忘了签到，从签到本到指纹打卡器，再到如今的人脸识别系统，签到越来越省时省事儿。

结束了一天的工作，一大堆家务事还在“等候区”。以前，有的家庭请家政代劳，而大部分人只能自己动手。而现在，只需要操作手机，家里的数字化家电能在到家前就搞定不少家务活儿……

资料来源：佚名.服不服？看看那些被数字化改变的生活方式［EB/OL］.［2024-04-19］. https：//www.sohu.com/a/228873503_180794.有删减.

思考：

你的生活和父辈的生活相比发生了什么样的变化？这个改变的根源是什么？

通过商业模式变革而产生新商业模式是商业生态系统主体的外部条件和内部动因共同作用的结果，变革是适应，是生存的必然途径；变革也是进化和创新，是发展的不二法门。企业总是在不断变革中循序渐进，即在生存中求发展，在发展中求生存。以下介绍新商业模式产生的外部条件和内部动因。

一、商业模式变革的外部条件

（一）宏观经济环境的动态性改变

宏观经济环境是指宏观经济运行的周期性波动等规律性因素和政府实施的经济政策等政策性因素，主要是指经济的发展阶段和发展水平、经济制度与市场体系、收入水平、财政预算、贸易与国际收支状况等。宏观经济环境的动态性是指上述几个因素呈现动态变化，它们通过相互影响和作用，引起宏观经济的动态调整，最直接的反应便是经济增长速度发生变化。宏观经济环境会引起企业经营环境的改变，从而影响企业的商业模式。

改革开放40多年来，我国经济社会发展取得了举世瞩目的成就，创造了"中国经济奇迹"，成为全球第二大经济体。我国改革开放与全球化快速发展阶段重叠，尤其是加入世界贸易组织后，我国成为全球化的受益者。但在现阶段，战略机遇和风险挑战并存，不确定、难预料的因素增多。随着外部环境发生深刻变化，企业获取全球先进技术、人才、管理经验和进入世界市场的难度明显增加。

与此同时，我国在2011年劳动年龄人口达到峰值，在2022年人口总量出现自1961年以来的首次下降，引起广泛关注。我国人口负增长时点偏早、速度偏快，且长期趋势难以逆转，这将导致经济增速下降、劳动力加速减少、传统发展模式受到冲击等经济社会问题，当然，我们也要看到，人口减少将为我国高质量发展和现代化建设带来一系列积极的影响。

（二）技术革新的加速发展

技术革新也叫技术改革，是指生产技术上的改进和改良，如生产工艺规程、机器设备部件等的发明、改进和改良，它与制度改革一起被认为是人类社会和经济发展的动力。每一次重大的技术革新都对宏观经济环境、社会政治制度和商业模式造成极其深刻的影响。技术革新不仅会改变国际和国内市场运行的方式和节奏，同时也会改变企业的生产经营模式和管理状态，促使商业模式不断变革。近年来信息技术日新月异的发展，不仅带来了经济全球化进程的加速，推动了知识经济的迅速崛起，而且还倒逼传统型企业不得不通过信息技术进行转型升级，深刻地调整经营方式、商业模式，提高企业的生产和运作效率，以适应经济环境的不断变化。在这个过程中，技术革新既是宏观经济环境、社会政治制度和商业模式变革的原因，也是推动力量。技术革新的速度越快，宏观经济环境、社会政治制度和商业模式变革的速度就越快。因此，商业模式变革频率在一定程度上取决于技术革新的频率，即技术革新越频繁，企业的商业模式就越不稳定。具体来看，技术变革主要从以下3方面影响了企业，从而引起商业模式的创新。

1.数字化技术颠覆了生活方式

随着各种服务类App和第三方移动支付平台的迅速发展，数字化渠道已成为企业和消费者沟通的重要渠道，数字化消费成为主流的生活方式。人们不但习惯了通过数字化渠道来查询、购买商品，也习惯了通过数字化渠道与企业沟通、咨询、获得服务及支持等；与互联网发展初期截然不同的是，中国人越来越习惯于为数字化虚拟产品和服务付费。消费者选择了数字化生活，意味着很多事情都在发生改变。

请你试着回答以下问题：

- 你有多久没去超市了？
- 你每天睁眼后第一件事做什么？
- 你每天有多少时间在浏览微信朋友圈？
- 你每天睡觉前做什么？
- 你每天坐地铁的时候在干什么？
- 你主要在哪里购物？
- 你现在还经常用现金支付吗？

随着消费者购物方式的改变，企业也需要进行相应的变革来适应新的消费习惯，具体可以从以下3个方面作出改变。

第一，企业必须转变品牌的内涵。在数字化时代，互联网和社交媒体具有明显弱化广告效应的作用。如今的消费者能更快速地获取各类商品信息和客户评价，进行品牌转换也越来越容易，因此，消费者“变心”很方便。据调查，有40%的消费者在过去的一年里进行过品牌转换，其中超过半数是由于消费者不满现有品牌的糟糕体验。品牌忠诚度降低使那些完全想靠品牌和声誉吸引新客户、想靠品牌忠诚度获得溢价的企业遭遇困境，品牌必须实实在在地提升产品性价比和客户体验。

第二，企业必须重视数字化渠道营销，因此企业的广告和营销思路必须发生改变。传统的广告和营销，基本上是以企业为中心，向外辐射到消费者，在工业时代，营销渠道多以电视、报纸、户外广告媒介为主。当人们的生活越来越多地依赖于自己手中那块小小的“屏幕”之后，企业通过传统广告渠道显然不能达到以往的效果了。企业必须注重数字化渠道，注重消费者的参与度。某社交媒体营销平台提供的数据显示，脸书上有效用户产生的内容比品牌生成的内容的参与度高出6.9倍。

第三，企业必须提供无缝的线上线下品牌体验。如今，消费者同时生活在虚拟和现实中，消费者经常会在线上和线下切换、评估和比较，75%的城市消费者在购买大件物品之前，会比较线上和线下的价格，而一半以上的消费者会亲自去实体店评估产品。企业不能忽视任何一个渠道，必须致力于在线上和线下两个渠道给消费者提供无缝体验。企业很难像以往那样一步步控制消费者的整个购物决策过程，在数字化时代，消费者的购买行为更加动态化、便捷化、持续化。换句话说，现在的消费者时时刻刻都处在购物过程中，而且更加自由、更加开放。消费者可以轻易改变主意，也可以随时随地购买。在数字化时代的购买模式中，“评价”成了最重要的核心，这给企业的营销带来了新的挑战。

2. 数字化技术重构了产业链条

数字化技术改变了商业活动的基本要素。基础的产业链离不开4个“流”：物流、资金流、信息流、商流。而数字化技术的不断普及，使得物流、资金流、信息流、商流发生了根本的改变。

（1）物流：菜鸟网络的创建提高了物流效率

阿里巴巴集团成立了菜鸟网络平台，把各个物流公司的数据都集中于一个平台，通过大数据的挖掘和分析，全面提升物流的效率。例如，运用大数据算法，天猫平台上的大量商品可以根据消费趋势，提前在全国各地分仓布货，消费者的订单可以从距离最近的仓库发出。这种智能供应链给企业带来非常大的价值，通过天猫和菜鸟网络提供的智能供应链，联想智能电视在全国数十家经销商和上千家零售店都无须备货，仅需少量的安全库存，几乎完全摆脱了库存和资金压力。很难想象，如果不是阿里巴巴集团这种电商巨无霸，谁可以把这样的事情做成？如果不出意外，菜鸟网络将有希望成为中国物流领域的巨无霸，其体量不会低于阿里巴巴集团。

（2）资金流：移动支付的普及提高了资金流效率

移动支付不仅激发了共享经济的蓬勃发展，对整个中国的商业体系也产生了重大影响。电商和移动支付彻底打破了传统商业的空间属性，商业的竞争从对空间的竞争转移到了对时间的竞争。在当下的社会里，资金可以在任何地点、任何时间完成交割。商业的重心完全放到了消费者身上，实体店在哪里不重要，重要的是，当消费者的需求产生的时候，企业是否能抓住并且满足其需求。

（3）信息流：产品信息数据化的发展提高了信息流效率

从商品信息数字化进程来看，产品信息数据化改革始于消费者和消费品，然后延伸到工业品，最后到工厂内部。美团平台的CEO王兴曾据此提出了——互联网上下半场的概念。上半场是围绕着消费品和消费者端的数据化，下半场则是工业品及供应侧的数据化和智能化。目前我国针对消费者的信息平台已相对成熟，极大地提高了消费品的信息交流效率。但针对企业端的平台还不多，也不成熟，除了阿里巴巴的1688、慧聪网等少数几个通用的平台之外，行业的垂直平台成功的还很少，但也有无数的尝试者，如科通芯城、找布网、找纽扣网、轴承网、船舶网等。当互联网下半场改革正式完成即当工厂内部的信息真正实现数据化之后，C2B（消费者到企业）将真正成为现实，未来的工厂将能针对消费者的个性化需求进行柔性生产。

（4）商流：互联网购物的创新提高了产品流通的效率

产品生产出来之后最终到达消费者那里，必须要有第三方的协助，这个第三方就是渠道。在互联网技术发展之前，传统的产品流通极其依赖空间，空间渠道商占据了比较重要的位置。随着城市化进程的加速，城市人口越来越多，中心区域的土地越来越贵，地租越来越高，商家之间的竞争也就变成了对空间场所的争夺。

而以互联网购物为核心的电商是零售商业的一次巨大革命。这次革命的本质彻底改变了近百年来沿着城市中心的“空间”去竞争的商业模式，空间是有限的，而互联网却是无限的。互联网使产品流通渠道发生了彻底的改变：一是对空间的依赖大大降低；二是渠道的价值和意义也大不相同了；三是企业和渠道的关系也发生了改变，从而极大地提高了产品流通的效率。

3.数字化技术改变了传播媒介

数字化技术改变了传播媒介给新商业模式的产生提供了发展机遇，企业通过购买广告版面和广告时间来垄断媒体，通过垄断媒体来主导消费者的喜好。以前，只要广告重复的次数足够多，就能在消费者心中留下深刻的印象，因此不管消费者多么讨厌某些广告“暴力”，就是逃不脱。

而到了数字化时代，这种媒体的垄断被打破了。互联网相当于无数个媒介，任何一个企业都不可能垄断所有媒体。互联网是一个消费者可以自主选择开始、自主选择结束甚至自主选择内容的媒介，因此互联网是一个无法被“统治”的媒体。主导互联网的是用户，是信息的接收者，而不是媒体的所有者，也不是信息的发布者！

以往，消费者只是单纯的信息接收者，现在摇身一变成了媒介信息和内容的生产者和传播者，企业以往广播式的制造热点新闻、热门商品的模式行不通了，现在企业得追在消费者后面跑，说不定什么时候消费者自己就会搞出一个热点新闻。比如，有个女教师想辞职，写了一句话“世界那么大，我想去看看”，结果这句话却出乎意料地迅速走红了。单向、生硬的广告在数字化时代的效果越来越不明显了。这个时代，消费者只能被影响，却无法被主导。企业必须学会适应这个无中心化的、社交化的时代，这就要求企业创新商业模式，学会经营粉丝，学会与粉丝互动，学会制造引爆点让粉丝自动自发地传播。因此，一些善于与消费者互动，善于让消费者参与的品牌开始浮出了水面……

实例分享 2-1　新营销风头渐盛

锤子科技以极富参与感的形式调动起了用户的积极性，不论是“天生骄傲”，还是“漂亮得不像实力派”，总之在传播的过程中占尽了风头。从“逃离北上广”到“丢书大作战”，新世相的一次次营销活动刷爆朋友圈，成为大众争议的焦点事件，引发大众狂欢。

2017年年初，一杯小小的喜茶上演了一出犹如多米诺骨牌般的营销连锁反应剧。作为一款网红茶饮，其火爆可以说是在网络媒介环境下，由网络推手、传统媒体以及受众心理需求等利益共同体综合作用的结果……

资料来源：作者根据相关资料整理而成.

（三）商业文化愈显突出

21世纪是商业文化的世纪，只有那些把商业文化深入骨髓的人才能把事业做成功。商业文化作为一种社会文化现象，是随着商品交换的产生而产生，与商业实践相适应、相始终的，是在商业实践中都必然遵循的具有一定内涵的价值观念、精神风貌和思想境界。中国的商业文化主要包含4个方面：一是诚信之道，即待人以诚，处事以信，在现代体现为联系世界经济的信用体系；二是和合之道，“礼之用，和为贵”，用礼让来实现和谐、和睦，将此作为解决矛盾的原则和方法是在商业活动中处理人际关系应有的态度；三是仁恕之道，即“推己及人”，换位思考有助于形成双赢的格局；四是美情之道，“美”是一种情操，一种修养，一种气质，一种品位，是真、善、美的和谐统一，是“文质”的外在显现，“情”是情谊、友情，是仁爱的一种表现，是发自内心的真正情感的流露，美情之道即美和情完美地结合汇聚到商业的一切活动中。

（四）消费体验开始流行

“体验式消费”在家电、手机等产品领域早已盛行。一些经营商家推出的“免费试用”“先消费后买单”等促销手段都是其具体的体现。实践表明，“体验式消费”在推动家电、手机等产品的销售上发挥了积极的作用，促进了传统行业商业模式的变革。消费者已超越单纯的实用性层次，购买行为多来自身心的感受和体验。“体验式消费”这一模式的含义是，现今的消费者不仅重视产品或服务给他们带来的功能和利益，更重视购买和消费产品或服务过程中所获得的符合自己心理需要和情趣偏好的特定体验。在产品或服务功能相同的情况下，体验成为关键的价值决定因素，往往是消费者作出购买决策的重要依据。“体验式消费”的另一层含义是，人们对纯体验性消费的需求与日俱增，“花钱买刺激”已经成为一种消费时尚，人们的全部收入中用于休闲、娱乐等方面的开支比例也呈不断加大之势。种种迹象表明，消费者变得越来越感性化、个性化、情感化，他们的需求重点已由追求实用转向追求体验。

二、商业模式变革的内部动因

引起企业进行商业模式变革的内在驱动力是传统商业模式的弊端逐渐显现，企业无法适应新的外部条件，这迫使企业主动进行商业模式变革。传统商业模式是与新商业模式相对应的，传统商业的发展经历了近百年的时间，商业模式也非常丰富，有专业商店、百货店、超级市场、便利店等。最基本的传统商业模式就是“店铺模式”，具体点说，就是在具有潜在消费者群体的地方开设店铺并展示产品或提供服务。传统商业模式的弊端也很明显，具体表现如下：

第一，传统商业模式在生产制造方面有弊端。在传统商业模式中，制造商直接面对的并不是消费者，而是中间商、零售商，所以生产商并不能获得消费者对于产品的评价、建议、改进需求等一手信息，生产具有一定的滞后性。

第二，传统商业模式在运输环节上有弊端。从生产商到中间商再到零售商最后到消费者的售货模式，明显不再能满足现代生活的需要，因为这种传统的模式与从生产商直接到消费者的无店铺模式相比，造成了很多人力、物力和财力上的浪费。就拿水果销售来说，按照从前的销售模式，水果要从很远的产地运到中间商再到零售商，在这个运输过程中，容易造成巨大的浪费，有的水果品种甚至无法被运输到产地以外的地方。

第三，传统商业模式在成本上有不足。生产运输上的弊端使交易成本增加，最终导致由于产品价格高而竞争力下降，不利于企业发展。

第四，传统商业模式在销售方面有不足。随着人们时间观念的增强及社会老龄化，越来越多的人不愿意采用传统的购物方式买东西。因为传统的购物方式既花费时间又花费精力，而且并不一定能够买到满意的商品。传统的销售不仅在消费者方面不讨好，而且由于需要一大批线下销售人员，无疑增加了销售成本。如上所述，传统商业模式有着无法避免的弊端，已无法适应当前的企业外部环境，企业需要主动进行商业模式变革。

第二节 新商业模式概述

案例导入 新农业的微商模式

微商模式已经成为新农人常用的农产品销售渠道。同时，微商模式采用的就是代理批发。

此模式的核心建立在代理商渠道上，通过代理商渠道走量的方式，帮助农产品销量快速上行。

当然，农产品微商模式还有3个关键点：

(1) 供应链保障。完善的农产品供应链保障是十分必要的。农户应在确保代理商推广之后有充足的产品供应，从而使之能快速送达用户。

(2) 品牌溢价。微商模式可以通过个性化品牌打造为农产品升级，帮助农产品提高知名度和美誉度，从而形成品牌效应。

(3) 包装设计。微商模式需要研究用户，其中包装设计就是重要一环，必须要考虑用户体验，设计上有个性化包装，能发生互动，增加用户黏性。

比如，张大发卖樱桃。张大发借助微商模式卖樱桃，通过搭建营销团队、提高品牌信任度、解决用户体验，短短15天就实现销售81 282箱樱桃，营业额高达1 036万元。

资料来源：佚名.新农业的8大新商业模式［EB/OL］.［2023-08-10］. https://baijiahao.baidu.com/s?id=1575312062041641&wfr=spider&for=pc. 有删减.

思考：

1. 请你为张大发的樱桃包装设计一下互动用语。

2. 谈谈你身边遇到的农产品微商案例。

一、新商业模式的定义

在给新商业模式下定义前，我们要先了解商业模式的内涵。迄今为止，关于商业模式的真正含义，理论界没有形成统一的权威解释，大致归纳一下，商业模式的定义可以分为三类。

第一，盈利模式论。此种理论认为商业模式就是企业的运营模式、盈利模式。埃森哲公司的王波、彭亚利（2002）认为，对商业模式可以有两种理解：一是经营性商业模式即企业的运营机制；二是战略性商业模式，指一个企业在动态的环境中怎样改变自身以达到持续盈利的目的。迈克尔·拉帕（2000）认为，商业模式就其最基本的含义而言，是指做生意的方法，是一个公司赖以生存的模式，一种能够为企业带来收益的模式。他认为，商业模式规定了公司在价值链中的位置，并指导公司如何赚钱。

第二，价值创造模式论。此类理论认为商业模式就是企业创造价值的模式。阿米特和左特（2000）认为，商业模式既是企业创新的焦点，也是企业为自己、供应商、合作伙伴及客户创造价值的决定性来源。彼得罗维奇等（2001）认为，商业模式是一个通过一系列业务过程创造价值的商务系统。阿福亚赫和图西（2000）提出，应当把商业模式看成是公司运作的秩序以及公司为自己、供应商、合作伙伴及客户创造价值的决定性来源，公司依据它使用资源、超越竞争者和向客户提供更大的价值。周永亮（2002）认为，企业的商业模式是企业将人才、技术、品牌、外部资源等诸要素巧妙而有机地融合在一起，并为企业创造价值的独有运营模式。钱志新（2008）认为，商业模式是企业市场价值的实现模式，如果把企业比喻成一个“黑箱子”，一侧输入的是经营资源，另一侧输出的是企业价值，实现中间价值转换的就是商业模式。刘玉芹和胡汉辉（2010）认为，商业模式是为实现顾客价值而进行价值创造的过程。

第三，体系论。此类理论认为，商业模式是一个由很多因素构成的系统，是一个体系或集合。马哈迪温（2000）认为，商业模式是对企业至关重要的三种流量——价值流、收益流和物流的唯一混合体。托马斯（2001）认为，商业模式是开办一项有利可图的业务，是涉及流程、客户、供应商、渠道、资源和能力的总体构造。翁君奕把商业模式界定为由价值主张、价值支撑、价值保持构成的价值分析体系，是提供了企业经营创意构思和决策的一种思维方法。罗珉、曾涛和周思伟（2005）认为，商业模式是一个组织在明确外部假设条件、内部资源和能力的前提下，用于整合组织本身、顾客、供应链伙伴、员工、股东或利益相关者以获取超额利润的一种战略创新意图和可实现的结构体系及制度安排的集合。李振勇（2009）认为，商业模式是为实现客户价值最大化，把能使企业运行的内外要素整合起来，形成一个完整的、内部化的或利益相关的、高效率的、具有独特核心竞争力的运行系统，并通过最优实现形式满足客户需求、实现客户价值，同时使系统达到持续盈利目的的整体解决方案。

综上，这三类理论是从不同的角度论述了商业模式的内涵。盈利模式论从企业运营的角度切入，认为商业模式就是企业如何适应环境变化、合理配置内部资源实现盈利的方式，比较浅显易懂。价值创造模式论主要从价值创造的视角来考察商业模式，认为商业模式是企业创造价值的决定性来源。体系论强调了商业模式的综合性。无论以上哪种定义，其实都为了回答同一个问题，即企业“做什么，如何做，怎样赚钱”。由于体系论研究的视角更宽泛、更全面，能够从各个维度更系统地诠释商业模式的实质，因此本书采用袁新龙和吴清烈（2005）两位学者的观点，将商业模式概括为一个系统，其由不同部分以及各部分之间的联系及互动机制组成。它是企业能为客户提供价值，同时企业和其他参与者又能分享利益的有机体系，即商业模式是从事业务活动的利益相关者的交易结构所构成的体系。它包括对业务活动的描述、对利益相关者的描述以及对交易结构的描述。而新商业模式指的就是进入信息化时代后，经过创新形成的适应当前数字化时代的新型商业模式，即新商业模式是指适应数字化时代的从事业务活动的利益相关者的交易结构所构成的体系。

二、新商业模式设计的两大原则

新商业模式是对传统商业模式的创新，需要对传统商业模式进行重新设计。新商业模式设计有两个重要原则：客户价值最大化和盈利方式清晰化。

(一) 客户价值最大化

客户价值既是企业存在的起点，又是企业的归宿。而商业模式研究的是企业如何盈利。因此，有的人容易走进一个非此即彼的误区，为了企业多盈利而欺骗客户，或者是伤害客户价值。这样的商业模式，也许能在短时间内获利，但必不能长久维持。好的商业模式一定是给客户价值加分的，让客户价值最大化，可以是让客户获得更多价值而愿意多付费给企业，也可以是让客户能低成本地获得企业的产品和服务；而不好的商业模式则是给客户价值减分的，可能是利用人性的弱点让客户不知不觉付出更多不必要的费用。

(二) 盈利方式清晰化

商业模式设计在本质上揭示的是赚钱的模式，当我们设计商业模式时，一定要回答企业如何赚钱，以及即使现在不能赚钱，未来应该如何赚钱。好的商业模式一定要能赚钱，并且是持续赚钱。企业能否持续盈利是判断其商业模式是否成功的唯一外在标准。反过来，如果没有明确且清晰的盈利方式，就一定不能算好的商业模式。

三、新商业模式的作用

新商业模式对企业至关重要，其作用体现在如图2-1所示的四个方面。

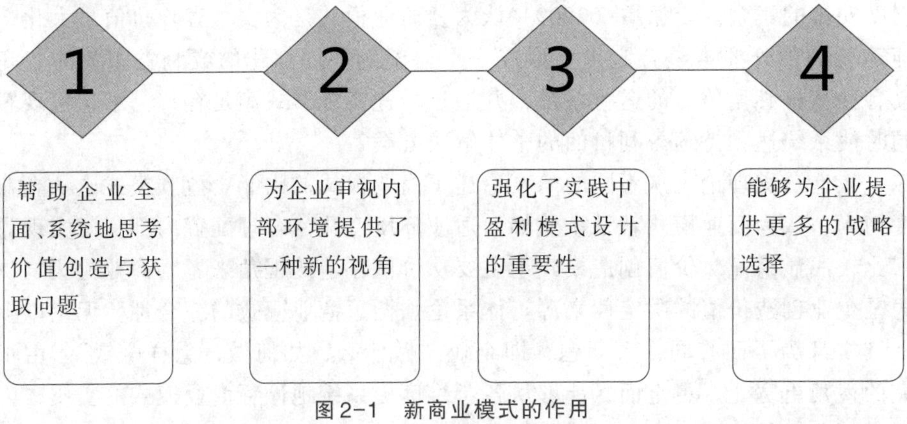

图2-1 新商业模式的作用

首先，新商业模式研究能够帮助企业全面、系统地思考价值创造与获取问题。“逻辑”是战略必须考虑的内容，而在新商业模式内涵中，“逻辑” 更是占据了核心地位。新商业模式作为计划工具的最大优势就在于，把注意力放在了如何把系统的构成要件整合成一个整体来运行这个问题上。在实践中，叙述性测试是为判断新商业模式是否可行必须进行的检验之一。

其次，新商业模式概念为企业审视内部环境提供了一种新的视角。新商业模式不仅着眼于外部需求，而且侧重于描绘企业的价值创造、传递和获取方式，因此为企业分析和评估内部环境提供了一种更加全面的视角。在分析中，新商业模式不仅有助于企业明确自己与其他企业之间的分工和联系方式，还有助于企业从中识别和确定关键的资源和流程。因此，企业不但可以通过新商业模式来界定自己的业务或经营边界，而且还能把其他企业的价值创造与获取纳入自己的视野，从而明确自身的核心优势。可见，与价值链分析相比，新商业模式分析的内容更加丰富，不仅有助于企业从更加宏观的视角来观察和发现自己的优势和劣势，并且有利于企业更容易发现自身存在的战略问题。从这个意义上讲，新商业模式为战略分析提供了一种新的工具。

再次，新商业模式概念强化了实践中盈利模式设计的重要性。从价值获取的角度看，传统的战略理论认为企业凭借战略资源就可以获取竞争优势，但相关解释侧重于经济学视角，缺乏实践可操作性的足够支撑。

最后，新商业模式分类研究能够为企业提供更多的战略选择。类型研究是新商业模式研究的重要组成部分，并且该研究提炼总结出了不少针对不同行业的新商业模式类型，甚至一些具有一定普适性的新商业模式类型，可供企业在设计自己的新商业模式时参考。如果企业在实践中能够灵活变通，那么就能实现新商业模式创新。综上所述，新商业模式类型研究能够服务于不同的企业、不同的目的，对企业确立新商业模式事前的规划设计、事中的调整创新以及事后的总结提炼，都具有重要的参考价值。

四、新商业模式的特征

新商业模式的作用与其具有的特征密不可分，新商业模式的具体特征有如下4个方面。

第一，新商业模式是从整体角度考虑企业的一种工具。思考新商业模式的一个有效办法是在分析外部现实和内部活动的时候，对所希望实现的财务目标有个总体的认识。

第二，新商业模式不是机械化的。其中涉及的有些内容如关于历史盈利状况的数据是可以量化的，但也有许多状况是不可量化的，需要针对不同的内容进行不同方式的研判，必须评估那些不可量化的因素，比如趋势的性质和效果、新法规的影响、周期性变化与结构性变化之间的区别、业内有些对手相对更加成功的原因及其对客户群构成的威胁，还必须将事实与假设区分开来，用大量事实来检验作出的假设，这不仅包括外部现实，还包括企业的能力。

第三，新商业模式必须通晓各组成部分的相互关系。新商业模式的全部价值要通过连接其所有组成部分来实现。应用新商业模式来分析企业，要求细致地审视企业的所有部分，并在制定决策、执行行动计划的时候认清它们彼此之间的关系。这就对企业在量化和非量化的判断、讲究实效、诚实的理智、可靠的信息来源以及准确预测和判断风险等方面提出了一定的要求。

第四，新商业模式是动态的，不是静止的。几乎可以肯定的是，需要数次返工才能一开始就把模式做对。之后，还需要定期进行检验，当认定外部环境和企业的内部能力已经出现变化时再不断更新。但是，只要坚持对企业的新商业模式采取实事求是的态度，则无论对该模式的哪些部分进行修订，它都能保持前后的一致性。

第三节 新商业模式的基本类型

案例导入 万达的“减重”模式

2017年的万达注定会被载入中国商业的史册，在不到一年的时间内，一家公司从重资产转型为轻资产，而能做到这种地步的，估计也只有军人出身的王健林了。

2016年第4季度，万达商业与中信信托、民生信托、富力集团等签订90个万达广场共1 050亿元的投资合同。自2017年2月以来，万达集团密集收回万达广场项目公司的注册资本金。在已建成的万达广场中，至少有84家万达广场项目公司的注册资本金减少，累计减少了401.63亿元。2017年7月19日，万达、融创中国、富力地产宣布了总数达637.5亿元的交易方案，其中富力地产以199.06亿元收购万达77家城市酒店全部股权；融创中国以438.44亿元收购万达13个文旅项目的91%股权，并由交割后项目承担现有全部贷款约454亿元。2017年8月9日深夜10时52分，万达酒店发展有限公司公布重大资产重组计划，将万达酒店管理公司和万达文旅集团注入香港上市公司，交易总金额达到了70.5亿元。

至此，王健林在不到一年的时间内完成了上千亿元资产的大腾挪。这一系列的动作背后有条非常清晰的主线——轻资产战略。

资料来源：万达公司2016年报、2017年报。

思考：

万达的商业模式转型跟传统商业企业的商业模式转型有什么区别？

新商业模式的类型较多，我们主要学习具有典型代表性的高科技企业及互联网企业的新商业模式。

一、高科技企业商业模式

高科技企业的商业模式属于一种新商业模式。一般来说，高科技企业商业模式为研发-销售的一种高风险、高盈利商业模式。因为高科技企业所从事的大多数为一般企业较少涉及的高技术领域，其研发成本高，同时也面临研发失败的风险，与之相对应的就是研发成功后的垄断优势以及由此给企业带来高利润。高科技企业种类很多，我们试图以轻资产企业作为分析主体。

轻资产企业顾名思义就是企业以较低的资产来运营。轻资产企业商业模式一般将产品制造和零售分销业务外包，自身则集中于设计开发和市场推广等业务。市场推广主要采用产品明星代言和广告的方式。轻资产商业模式可以降低公司的资本投入，特别是生产领域内大量的固定资产投入，以此来提高资本回报率。一般来说，典型的轻资产商业模式的特点是轻资产、重运营，即以很少的投入资金通过互联网等媒体首先迅速壮大起来，然后通过扔掉庞大的、笨重的上游制造业和下游物流业，专注于中间销售、产品质量和品牌建设等环节。

轻资产商业模式的首要突出特点是轻资产，同时还具有门槛低、公司运转方便等特点。轻资产商业模式中的核心内容是对资产的运营，这是一种以价值为驱动的资本战略，是网络时代与知识经济时代企业战略的新结构。企业在某些方面可以“轻”，但是稍有不慎就会满盘皆输。对于轻资产商业模式的运营，需要包括以下一系列的要素，如图2-2所示。

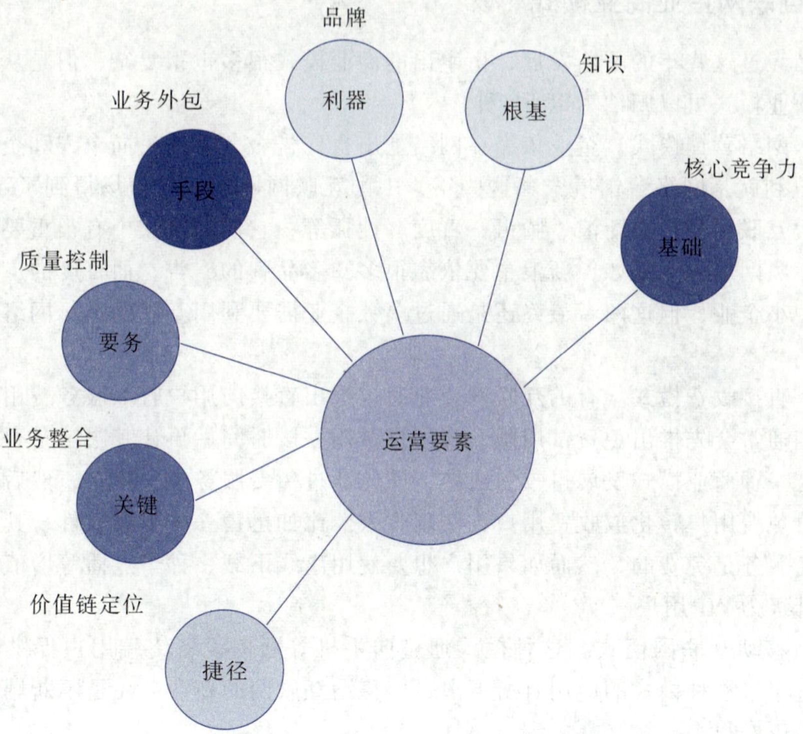

图2-2　轻资产商业模式的运营要素

第一，轻资产运营的基础：核心竞争力。企业只有精准地知道自身的核心竞争力所在，才知道怎么去专注、怎么去放弃、依托什么去运营、运用什么手段去进行市场扩张。光明乳业作为较为成功的轻资产企业，正是因为具备了突出的营销能力和品牌优势，同时得到了市场甚至竞争对手的认同，才成功实现了低成本扩张和轻资产运营。

第二，运营轻资产的根基：知识。只有以智力资本作为基础，企业才能够在市场运营中运用杠杆，以小博大。任何企业的研发能力、管理能力、创新能力、营销能力、公关能力、文化能力、整合能力等归根结底都属于知识。

第三，运营轻资产的利器：品牌。品牌是形态上的无形资产，它不出现在公司的资产负债表上，却能够集中体现企业的核心竞争力，是最具价值的轻资产。

第四，运营轻资产的手段：业务外包。要实现轻资产运营就必须实行业务外包。

第五，运营轻资产的要务：质量控制。由于业务外包不能亲自全面控制产品质量，企业对供应商的选择进行严格把关就很重要。

第六，运营轻资产的关键：业务整合。轻资产运营的过程中包含着大量复杂的业务外包，因此业务整合就显得尤为重要了。

第七，运营轻资产的捷径：价值链定位。之所以能实现轻资产，主要还是基于价值链定位，企业应对价值链上的一切资源加以整合和利用。

二、互联网企业商业模式

互联网经过这些年的不断发展，衍生出的商业模式很多也很复杂，但是从整体上来说，这些商业模式可以归纳为以下4种：

第一，网络营销模式。企业依靠在网络上出售广告服务，通过向个人和企业收取费用来实现盈利就是网络营销模式。这些年，中国互联网网络广告市场得到了飞速发展。特别是几大互联网公司如新浪、腾讯、百度、搜狐等，它们的收入中有很重要的一部分是来源于互联网广告。例如，新浪主要依靠很多知名品牌的广告，而百度的广告主要来源于很多中小企业，但这两者最终还是通过多数企业需要利用互联网进行网络推广来获得利润。

第二，直接收费模式。有的互联网企业通过推出直接向用户收取服务费用的应用来盈利，它们通常会先推出免费试用版，当用户试用一段时间后再让其决定是否购买此应用。其中有一种商业模式发展得较为成熟，即先通过免费服务吸引用户，然后通过增值服务将部分免费用户转化成收费用户，实现收入。比如迅雷——下载软件，其针对普通用户的普通服务是免费的，然而如果用户想要使用离线下载、种子点播等增值服务，就需要付费升级为VIP用户。

第三，移动互联网模式。这种模式通过向手机等通信设备终端用户提供服务而收费。尽管近年来这种模式的应用有所下滑，但移动互联网的新业务还是不断崛起，其中隐藏的机会依然很大。

第四，电子商务模式。这种模式是指在网络环境和大数据环境中，企业通过各类电子商务平台进行商务运作并实现盈利。电子商务平台的类型较多，传统的电子商务平台可以简单分为B2B、B2C和C2C。其中B2B平台指的是企业对企业的平台，企业与企业间可以通过这类平台进行产品、服务和信息的交换，常见的有阿里巴巴等平台。B2C平台是指企业针对个人开展电子商务活动的平台，平台可以帮助企业或商家节省租金和销售费用，同时企业可以通过动态监测商品点击率、购买率、用户反馈等信息，随时调整商品的进货计划，减少积压。C2C指的是个人对个人进行电子商务的平台，主要从会员费、交易提成、广告费等板块进行盈利，常见的有天猫、京东、淘宝、唯品会等。而新型的电子商务平台主要包括社交媒体类电商平台及O2O平台。社交媒体类电商平台层出不穷，主要通过内容驱动成交。平台受众通过共同的兴趣爱好聚集成社群，通过自己或他人发表的高质量内容吸引海量用户访问，积累粉丝，然后引导用户进行裂变和成交。这类平台解决了消费者购物前选择成本高、决策困难等相关痛点，常见的有抖音、小红书等平台。O2O平台指的是线上引流线下消费的平台，这类平台在线上发布商家信息，消费者在线上筛选服务并支付，线下进行体验，常见的有美团外卖、携程旅行等。各种类型的电商平台出售的商品和服务种类多样，这是一种强劲有力的商业模式。

其实，总体来说，互联网企业的商业模式虽然变化无穷，但万变不离其宗。此外，我们还应该意识到：不是说简单获利就是好的商业模式，只有可持续盈利的发展模式才是好的商业模式。比如说，你在路上捡到50元钱，这肯定不能算作一种商业模式，而应该是一种侥幸。从这个角度来说，在中国取得成功的互联网公司，其商业模式大致都在上述4种模式内，而这4种商业模式之间也有着密切的联系，在一定的条件下可以相互结合加以利用。

无论新商业模式如何发展，都只是企业的发展方向，更多时候制约企业发展的是服务和商品本身。在确定商业模式的基本方向之后，我们更应该从模式过渡到实践，不应该空谈商业模式，与其空谈模式，不如多花点时间在目标客户身上，深入挖掘客户的需求，打造出更加符合用户需求的好产品，这样商业模式自然而然地会被客户接受。因此，在新商业模式上，企业与其去研究别人已经拥有的成功模式，还不如从当下做起，一步一个脚印，脚踏实地地做好每一个环节，创造属于自己的新商业模式传奇。

素养园地

华润集团的产融结合新模式

2013年“华润系”动作频频：华润创业整合乐购中国，华润雪花收购金威啤酒、茅台啤酒，华润电商呼之欲出，华润停车场业务上市也进入倒计时……作为“子弟兵”的华润银行深圳分行也表现出后起之秀的姿态，实现国内供应链金融发展史上又一次里程碑式的跨越。

第一，产融结合模式：融资、融智、融商。华润依据商业化的原则推动产融结合，通过对价值链的深刻洞察，借助金融服务的梳理，最终提高了行业价值链的创造能力。不仅是融资，也是融智、融商。根据华润的战略构想，入股银行就是要顺应宏观经济形势的要求，基于多元化实体经济的特殊优势，打造开放式的、有华润特色的金融平台。华润银行依托“华润系”延伸出来的产业链条，成为中小企业便利的融资平台。

第二，以产融协同为核心的“一轴两翼三渠道”核心路径。“一轴”是指以华润产业资源为轴心，积极推动产融结合，努力建立专业专长；“两翼”中的一翼是指建立核心客户群体，积极发展负债业务和中间业务，另一翼是指积极开拓及支持中小企业金融服务，着重发展资产业务，实现资产负债业务均衡发展，比翼齐飞；“三渠道”是指银行物理网点、电子银行和华润集团既有的客户群体、销售网络这三种渠道，华润集团通过“三管齐下”，实现交叉销售，突破发展瓶颈。华润银行将与华润集团各产业专家密切合作，促进产融协同从产品研发进入推广和营销阶段，即将开办的高级产融协同班将负责培养产融复合型专家，华润将打造出中国第一支专业的产融协同队伍。

第三，华润基因："产融结合+供应链金融"发展新模式。华润银行有别于其他股份制银行或者城商行，其定位于"产融结合"的差异化经营路线，并依托华润产业集群构建"一轴两翼三渠道"的战略规划，探索"产融结合+供应链金融"的差异化业务发展新模式。线上化供应链金融系统是华润实施产融结合战略的重点举措，也是华润打造核心竞争力的关键项目之一。通过供应链金融全流程"一站式"服务，华润集团将实现核心企业、授信客户、物流监管方和银行的多方对接，推进银行流程优化和创新，给客户带来更优质的服务体验。

资料来源：作者根据相关资料整理而成.

通关练习

一、知识简答

1.什么是新商业模式？

2.商业模式设计的两大原则是什么？

3.什么是盈利模式论和价值创造模式论？

4.简述新商业模式的作用。

5.简述新商业模式的特征。

6.互联网企业商业模式包括哪几种？

二、实践操作

选择一个国产品牌，以小组为单位，结合该企业实例，分析该品牌现有的商业模式，以及该企业可以如何进行新商业模式设计，如何进行转型，建议分角色进行探讨。

第三章　把握企业定位

【学习目标】

1. 知识目标

◎了解企业定位的含义

◎掌握企业定位的五大模式

◎准确把握企业定位的战略工具

◎掌握企业常见的定位方法

◎掌握企业定位的基本步骤

2. 能力目标

◎能够分析新形势下产业选择的规律

◎能够明确价值链与企业竞争的关系

◎能够深入分析现有企业定位的基本规律

3. 素养目标

◎培养学生市场竞争的意识，找准自身定位

◎培养学生正确的市场价值观，树立风险防范意识

◎培养学生创新商业模式的运营思路

【知识导图】

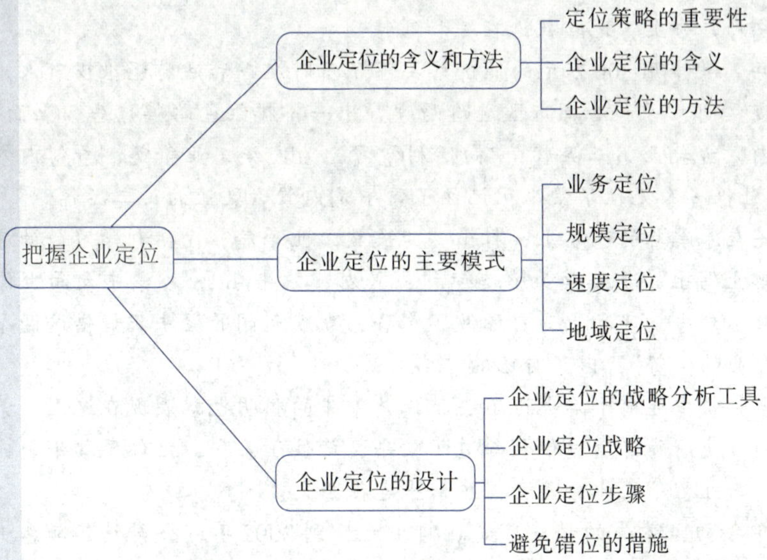

第一节 企业定位的含义和方法

案例导入 蒙牛集团成功的定位策略

牛根生在1999年创立蒙牛集团，后用短短8年时间，使蒙牛集团夺得全球液态奶冠军、中国乳业总冠军。蒙牛集团被世界视为中国企业顽强崛起的标杆。蒙牛集团的产业链上联系着百万奶民、千万股民、数亿消费者。无论是在中国近代企业财富排行榜还是节能减排最佳企业名单中，顾客对蒙牛集团的信任度排名都是靠前的。

蒙牛集团形成了一套具有蒙牛特色的、完善的、科学的管理制度、激励机制和管理理念，具有稳定的、更具市场发展前景的销售网络和一支过硬的、熟悉业务的经营管理队伍，可以说蒙牛集团是近代企业中十分成功的。

（一）蒙牛初期的品牌定位

1999年年初，蒙牛刚成立，力量非常弱小，资金只有一千多万元，这在乳品行业实在是微不足道。当时内蒙古乳品市场的第一品牌是伊利，蒙牛还名不见经传。同时，蒙牛的生存环境非常恶劣，所以牛根生放低了姿态，避免和伊利直接冲突。

在2000年前后，蒙牛提出了“创内蒙古乳业第二品牌”的创意。蒙牛首先把这个创意用在户外广告上，地点就选在呼和浩特。

2000年，蒙牛用300万元的低价格买下了当时在呼和浩特还很少有人重视的户外广告牌。一夜之间，呼和浩特市区道路两旁冒出一排排红色路牌广告，上面写着：“蒙牛乳业，创内蒙古乳业第二品牌”“向伊利学习，为民族工业争气，争创内蒙古乳业第二品牌!”这让很多人记住了蒙牛，记住了蒙牛是内蒙古乳业的第二品牌。

蒙牛还在冰淇淋的包装上，打出“为民族工业争气，向伊利学习”的字样；蒙牛在有的广告牌上写上“千里草原腾起伊利、兴发、蒙牛乳业”。蒙牛表面上似乎为伊利和兴发免费做了广告，实际上为自己做了广告，默默无闻的蒙牛正好借这两个内蒙古无人不知的大企业的“势”，出了自己的“名”。

虽然当时蒙牛连前十名也进不去，但是蒙牛的聪明也就表现在这里：蒙牛通过把标杆定为伊利，使消费者通过伊利知道了蒙牛，记住了蒙牛，记住了蒙牛是内蒙古乳业的第二品牌，而且留下的印象是：蒙牛似乎也很强大。

1999年年初，蒙牛的销售额是0.44亿元，到2002年，公司销售额飙升至21亿元，增长了46.7倍；之后又以1947.31%的成长速度在“中国成长企业百强”中荣登榜首，并连续三年创造中国乳业“第一速度”，在中国乳制品企业中的排名由第1 116位上升至第4位，创造了在诞生1 000余天里平均一天超越一个乳品企业的营销奇迹！“蒙牛现象”被称为“西部企业，深圳速度”。

（二）合理的市场定位

蒙牛乳业在与其他乳业的竞争过程中，找到了适合自身的发展规律和优势，它与“超级女声”活动进行系统整合，一方面有效针对需要影响的目标消费人群，另一方面也将“超级女声”的品牌影响很好地注入了酸酸乳这种产品。酸酸乳针对的消费者人群，不屑将价格作为购物的第一考虑因素，他们强调“我就喜欢”，从这个角度而言，蒙牛酸酸乳在产品设计、目标市场人群锁定、产品线中的角色与地位等方面都考虑得比较清楚，做到了“谋先”。其成功在于通过示范效应“创造”了消费者的需求，把握住了市场经济的规律。

（三）目标市场的细分

蒙牛乳业将酸酸乳的目标消费群体定位在12岁至24岁的女孩，并选择首届“超级女声”季军张含韵作为形象代言人；发布以“酸酸甜甜就是我”为号召的广告，充分表达了个性、前卫的广告诉求，彰显了消费者的个人魅力与自信。该广告在以中央电视台为主、各地卫视为辅的电视广告中迅速铺开。

（四）明星效应——“蒙牛”获胜法宝

从2005年开始，蒙牛借助参与“超级女声”这一活动强势拓展旗下蒙牛酸酸乳的市场，一举取得成功。他们花巨资买下冠名权，并推张含韵为代言人在电视台强势“轰炸”，还在其约20亿份产品外包装上发布“超级女声”比赛信息，甚至投入约8 000万制作相关的灯箱、车身、媒体广告等，这一系列耗费近1亿元的“超级女声”策略就是为了拓展蒙牛的酸奶市场。从实际效果来看，随着“超级女声”活动的不断深入，蒙牛酸酸乳逐渐被年轻女性所认知和接受，企业的销售额、市场占有率不断提高。蒙牛决策层智慧地选择了赞助这一活动，并有效利用明星效应塑造了自己的品牌。

资料来源：佚名.蒙牛企业定位成功的案例分析.［EB/OL］.［2024-05-23］. https://www.docin.com/p-2297229008.html.

思考：

蒙牛集团是如何进行定位的？其成功的关键因素有什么？

对企业而言，明确自身定位才是构造大厦的根基，可是现实的情况却是很多企业什么赚钱就做什么。殊不知什么都做的企业反而什么都做不好，因为它们没有给自己一个明确的定位。生活水平的提高导致人们的需求呈现出多元化的特点，市场不断饱和，产品愈加细分化，这使得企业的竞争环境日益激烈，也更要求企业在市场环境中找到自己的合适定位。

一、定位策略的重要性

一个企业的产品不可能满足所有消费者的需求，故企业往往会根据大多数消费者的需求将市场细分，并从中选择符合本企业目标和能力的细分市场作为自己的目标市场。但是，仅仅确定目标市场的顾客群是不够的，关键是怎样才能令消费者喜欢并偏爱企业的产品，乐于购买企业的产品。打动消费者之心是“射箭中靶”的过程，如何“射箭”

关键在于产品定位。所谓产品定位是指企业设计出产品和形象并进行有效的传播和沟通，从而在目标顾客心中确立本产品有价值的、与众不同的地位。

定位策略是企业一项重要的营销战略，也是企业制定各种营销策略的前提和依据。企业的营销策略即企业的产品策略、定价策略、促销策略、分销策略，它将直接影响企业营销目标的实现，而制定这些策略必须以准确的定位为依据。定位准确，各种策略才能发挥最大的作用。倘若企业产品的定位是“高质量”，那么企业就必须设计出性能、耐用性、可靠性都优于竞争对手的产品，制定较高的价格，并在高质量的媒体平台上做广告，选择高端经销商来销售产品。

企业的定位策略还能使消费者迅速注意到企业产品，形成独特的竞争优势。经济越来越发达，许多产品之间的差异性逐渐在缩小，同质性逐渐在增强，单凭质量和价格已很难打动消费者来获得竞争优势。这时，如果企业通过向消费者准确传达定位信息，使企业产品的与众不同之处清晰地呈现于消费者面前，很可能就会引起消费者对产品的注意、偏爱和忠实拥护。

二、企业定位的含义

企业定位是一个相当艰巨的任务。众所周知，市场经常处于变动之中，同时市场又有各种类型，有近似完全竞争的市场，也有垄断性的市场，介于两者之间的细分市场更是林林总总、数不胜数。随着规模、实力的变化，公司的市场地位也在不断地变化，昨日市场的追随者经过几年的卧薪尝胆，可能会成为市场中的领袖，以前市场中的领跑者经历了几年的萎靡不振后也会成为明日黄花。因此，如何让公司的经营战略与市场状况完美匹配起来，是企业定位成功的关键所在。

企业定位是指企业通过其产品及其品牌，基于顾客需求，将企业独特的文化和良好形象，塑造于消费者心目中，并占据一定位置。例如，宝洁公司通过一系列多品牌的清洁洗护用品，塑造了实力强大的、卓越的、超一流的日用工业品生产商的公司形象。又如，丰田汽车公司以一系列高端、中端、低端品牌产品和卓越的品质与服务，在消费者中形成了实力强大的高端、中端、低端世界级品牌汽车生产提供商的形象。

实例分享3-1　王老吉精准定位获得巨大成功

近些年，王老吉凉茶成为国内饮料市场的明星，在短短几年的时间内，市场从广东、浙江沿海发展到全国，销量从最初的1个多亿发展到50个亿，王老吉的成功正是定位理论释放的威力。

凉茶是广东特有的一种地域性的草本清火饮料，其销售模式主要以凉茶连锁店为主，黄镇龙是凉茶连锁店的第一品牌。王老吉采用易拉罐装，主要在商超渠道销售，一直宣传“传统、健康”的概念，销售额长期徘徊在1亿左右。

在顾问公司的帮助下，王老吉重新定位，跳出广东区域的市场局限，将产品定位为“预防上火的饮料”，并加大餐饮渠道的铺货力度。“怕上火，喝王老吉”的概念被广泛传播后，王老吉迅速抢占了“预防上火饮料”的空白，产品销售节节升高。

资料来源：作者根据相关资料整理而成.

企业定位的意义如图3-1所示：

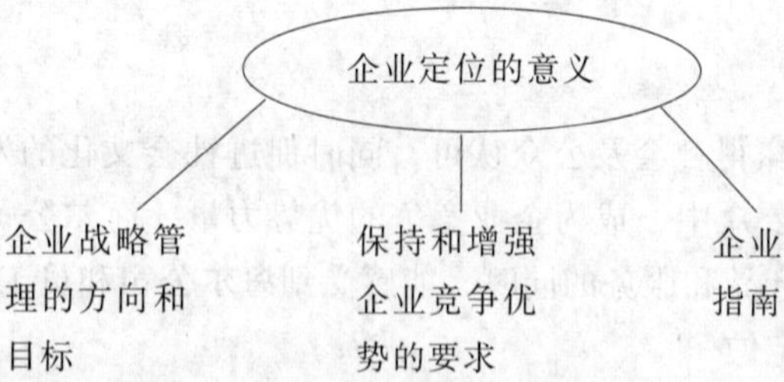

图3-1　企业定位的意义

第一，企业定位是企业战略管理的方向和目标。明确的企业定位有利于企业进行战略管理，同时，企业定位还为企业管理者在决策过程中提供目标，使企业不至于在纷乱的市场中迷失自己。因此，企业需要理性地表达自己的发展方向和经营宗旨。如果企业在发展过程中逐渐迷失了自己的定位，那么企业的战略管理就会漫无目的，最终使企业的经营决策无所适从，一塌糊涂。因此，制定明确符合企业实际情况的定位，是保证企业可持续发展的前提。

第二，在动态的竞争环境中，企业定位是保持和增强企业竞争优势的要求。当今的企业竞争是动态的、不确定的，企业处于一个周期较短的经济大环境中，这要求企业找准并强化定位，为企业战略管理奠定扎实的基础。目前，我国企业的竞争手段还比较初级，战略趋同严重，最常见的是价格战。这种策略不但压缩了行业利润，降低了企业产品创新能力，更可怕的是行业的蛋糕越做越小，处于行业价值链中的所有企业都跟着遭灾，恶化了企业的生存环境。在这种情况下，如果企业能够根据自身的核心能力和市场变化做好战略定位，推行差异化策略，避开战略趋同和恶性竞争，使自己在竞争中能有独立的发展思路，减少短期环境变化对企业战略的影响，那么就很有可能会保持和提高企业的竞争优势。

第三，企业定位是企业发展的指南针。目前，经济环境的变化使许多企业面临着二次创业的问题，企业的二次创业要求企业重新审视自我，明确自己的战略定位，发现战略管理的重点。企业只有找准方向和定位，才能最大限度地集中资源，高效利用资源，从重点进行突破，有所为而有所不为，使企业在发展中突破。

三、企业定位的方法

企业定位是在综合环境、领导、企业文化等因素的基础上形成的企业营销战略的一部分，是企业营销定位的最终阶段。企业定位是在分析企业环境和消费者需求的基础上，从企业特色入手，为企业树立良好的形象并建立优势，从而使得企业及其产品或服务能够获得消费者的认可。企业定位的方法主要有以下几种：

（一）根据产品特色定位

产品是企业和消费者联系的纽带，独具特色的产品可以使企业在消费者心目中留下良好的形象。日本丰田公司的汽车经济耐用，德国宝马公司的汽车豪华大气，这些独具特色的汽车产品都在消费者中留下了良好的口碑，不仅为企业赢得了良好的形象，也为企业竞争赢得了优势。

（二）根据企业文化定位

优秀的企业文化能够赢得社会及公众认可，同时促进社会文化的发展。企业文化可以使企业深深地融入社会及公众中，成为企业竞争的优势力量。海尔公司的一句“真诚到永远”让消费者在享受海尔产品和服务的同时，能感受到海尔公司和员工的一片服务热情。

（三）根据企业杰出人物定位

企业的杰出人物包括企业创始人、重大技术发明人及获得重大荣誉者等，他们都是企业的杰出代表。美国福特汽车公司的创始人老福特在企业的发展过程中为企业做出了重大贡献，他的一句“福特要造老百姓买得起的车”的名言更是成为福特公司的经营宗旨，而他本人也成为了福特公司的形象代表。

（四）利用公共关系手段定位

由于受到营销环境的影响，企业在营销活动中很可能会用公共关系手段进行公关营销。第二次世界大战时期，由于运输困难，美国可口可乐公司就与军方达成协议，利用军用运输飞机将可口可乐运到前线，让每一个士兵都能喝到可口可乐。这一做法不仅使得可口可乐销量大增，而且使得可口可乐的品牌深入人心。

实例分享3-2　“脑白金”产品定位的方法与营销策略

脑白金的广告颇有争议，但其市场销售屡创佳绩。这背后，反映了史玉柱对我国经济社会发展状况以及国民心理的判断。脑白金的主要购买者是25岁到45岁的中青年，主要消费者是中老年人。从产品本身的功能出发，根据中老年人已出现的睡眠、肠道、衰老等问题，脑白金提出“润肠通便、改善睡眠”的理性诉求，推出“年轻态”概念。而后，脑白金引导受众接受借脑白金表达感情这一观念，使脑白金作为馈赠礼品的角色更加鲜明。在地域方面，脑白金定位于中大城市。

一、定位方法

1.产品差异定位法和利益定位法：脑白金从购买者的动机出发，延展消费者对产品功能的认识，差异化提出“礼品”区别于同类保健品。这一利益点避免了消费者单一化地想方设法对产品的原始功用有所诉求，因为这样有可能会引发信任危机。脑白金的差异化定位，使其在市场上占据了竞争优势，赢取了更广阔的策略空间。

2.产品使用定位法：除了可以帮助老年人改善部分健康问题，消费者还可借脑白金传递尊敬长辈、孝敬父母等情感。以礼赠人，倍感亲切。

3.分类定位法：脑白金定位为保健品和礼品。

4.使用者定位方法：脑白金将使用者定位为睡眠和肠胃状况欠佳的中老年人。

二、营销策略

1.产品策略：以“脑白金”命名，给人的印象直观并且会让人有高档次的感觉。以海蓝色为包装主色，市场操作性强。以替消费者解决睡眠和肠道问题为功效基础，售价68元/盒，定位于中大城市中老年人，符合消费者的消费水平。由胶囊与口服液复合而成的产品形态在市面上罕见，有效规避了同类竞争。另外，脑白金的主要成分“松果体素”具有充分的背景依据。

2.市场策略：脑白金定位为保健品中的“健康礼品”，便于开拓销售路线，紧扣消费者渴望永葆青春的需求，创造了“年轻态”的概念，符合中老年人这一目标市场的消费需求。为了拿捏有一定收入但是并不太关心产品实际功效的中青年人群这一目标市场，脑白金不断完善产品的品牌诉求点、知名度及有关要素。

3.广告策略：以大量广告抢占市场空白和竞争制高点是脑白金的重要促销策略。在市场启动期，脑白金基本以报媒为主，辅以科普资料作证。在脑白金的成长期和成熟期，媒体重心则向电视广告转移。电视广告每天滚动播出，不断强化产品印象。脑白金的电视广告分为3种版本，在产品成熟期，有8部专题片。另外，脑白金还选择性地做一些车贴、推拉、墙面广告和横幅等户外广告。

4.公关策略：史玉柱的社会洞察力极强，在脑白金销售走好时，史玉柱“借钱还债”的消息在媒体上占据主动，而在消费者不满意的呼声越来越高时，他及时推出“让老百姓作证”的电视广告片，挽救企业形象。

5.软文策略：脑白金以“追踪消费”模式撰写了“新闻炒作类”“系列功效类”“权威论证类”“季节类”等几种软文，先从阅读量上打开半边大门，而后立足主诉求点，分别从睡眠不足与肠道不好两方面阐述其对人体的危害，指导人们如何减少危害，层层推进，准确击中现代人求美、求新、求年轻的心理。

6.本土策略：脑白金在产品开发期进行了大量调查，并进行了试销。在媒体的选择与宣传形式，产品概念的开发与推广，以及终端如超市、商场的营销管理等方面，脑白金都体现出了符合本土人文状况的策略思想。

7.品牌策略：遵守“721原则”——花70%的精力服务于消费者，把消费者的需求放在第一位；投入20%的精力做好终端建设与管理；只花10%的精力用来处理经销商关系。在战略上实行“卖方市场”向“买方市场”转移。

资料来源：佚名.脑白金案例分析［EB/OL］.［2021-12-09］. https://m.wang1314.com/doc/webapp/topic/21614090.html. 有删改.

第二节　企业定位的主要模式

案例导入　从小红书看电子商务精准营销

小红书于2013年6月挂牌成立，其实际上是一个社区跨境电商平台，由跨境电商福利社区与海外购物分享社区两部分组成，采用的是B2C自营模式。小红书平台创建的主要目的是让人们可以足不出户地购买想要的全球范围内的产品，经过用户创造内容共享到社区平台，把线下顾客的购买欲转到线上。小红书平台传送的产品信息和轻松实现海外购物，在一定程度上激发了消费者购买的欲望。小红书平台与海外品牌商和大型经销商有着紧密的合作关系。小红书平台在深圳和郑州保税区有自己的仓库，供应链的调整与高效率的物流模式不仅可以在一定程度上加快商品的流通，还可以使产品质量得到保证。小红书平台有效解决了顾客跨境购物信息不相符、购物有困难等问题。小红书平台还可以对用户购买行为进行智能筛选，改善消费者的购物体验。小红书平台的精准营销分析包括以下阶段：

1.精准的客户定位

随着我国综合国力不断增强，科学技术不断进步，有的企业通过运用科学技术可以提前预测潜在客户。在我国，很多企业都有自己明确的目标客户群。比如，三只松鼠的客户主要是80后、90后，当然也有其他年龄段的客户，客户的主要诉求就是体验优质的产品。然而小红书平台的主要用户是一二线城市比较爱美、追求美好生活的90后年轻群体。小红书利用大数据把自身目标客户准确定位为80后和90后这部分年轻群体。90后的年轻人具有自己的想法和做事原则，追求精致，比较重视个性化，会享受生活，喜欢精美的商品，并且他们通常都会选择在网上购物，对消费体验感非常重视。小红书App为用户设计了很多小彩蛋。比如，拉到底时会为用户提示“没了，别拉了”；再如，如果出现网络不流畅时会为用户提示“常在网上混，总有卡住的时候”。这些人性化的提示语，使得用户更容易加深对小红书平台的记忆，而且这些提示语具有较强的传播性，促使小红书平台逐渐发展成为深受年轻群体喜欢的网购平台。

2.精准的品牌战略

从2013年到现在，小红书平台的大部分用户是对海外购物感兴趣的女性顾客，而且目标用户规模一直在扩大，其所涉及的内容也越来越广泛。小红书平台通过和厂商合作可以为用户提供高品质的货源，满足广大用户的多元需要。上海的线下小红书实体店在2018年6月挂牌成立，和国外很多美容综合网站达成合作。

目前，电商市场的竞争日益激烈，小红书平台通过各种方式开展精准营销，逐渐形成具有特色的营销方式，获得了良好的效果。

资料来源：张娇，焦朝霞.从小红书看电子商务精准营销［J］. 农家参谋，2019（21）.

思考：

小红书的精准营销有何特点？对其他电商平台又有何借鉴？

一、业务定位

业务定位包括确定市场、目标客户锁定、确定产品或服务内容、明确品牌传播方式以及独特的价值主张。业务定位是一套体系，不是简简单单地卖什么产品以及怎么卖的问题。

业务定位离不开业务发展模式，业务发展模式决定了企业的盈利模式，盈利模式决定了企业的运营模式，而运营模式决定了企业的管理模式，这是一个合理的闭环。

（一）轻资产模式

轻资产模式是一种“低”财务投入、“小”资产规模、“轻”资产形态、“重”知识运用、“高”投资效益的企业发展模式。在这类模式中，企业紧紧抓住自己的核心价值，而把非核心价值业务外包给其他公司。这种模式可以降低公司的资本投入，以此提高企业资本回报率。

实例分享3-3　耐克和美特斯·邦威的轻资产生产

国际鞋业巨头耐克97%以上的生产任务都是在韩国、越南等国家的工厂完成的，耐克并未在国内各地建厂，但同样获得了生产规模的扩大。美特斯·邦威自己不生产一件成衣，产品全部由全国的300多家服装厂代工，销售则通过分散在全国的4 000多家门店来完成。美特斯·邦威的上游即产品供应利用其他社会资源来完成，不但降低了资金占用成本，而且有效利用了社会资源；下游则通过特许加盟模式，降低了自建终端的成本和经营风险。

资料来源：作者根据相关资料整理而成.

（二）重资产模式

重资产模式也称全产业链模式，最早是中粮集团提出来的一种发展模式。重资产模式把企业上下游的市场买卖关系变成企业内部的计划调拨关系，优化了整个产业链的配置。

中粮集团的“全产业链”以消费者需求为导向，从产业链源头做起，经过种植与采购、贸易及物流、食品原料和饲料原料加工、养殖屠宰、食品加工、分销及物流、品牌推广、食品销售等每一个环节，实现食品可追溯，形成安全、营养、健康的食品供应全过程。通过“全产业链”，中粮集团将内部的所有企业纵向打通、横向协同，控制“田间到餐桌”的各个环节和终端出口。控制从种子、种植、收购、物流、收货、加工、包装到仓储、销售等整个生产过程。

在中粮集团的这个模式中，最重要的环节是两头，其中核心是上游的自给。全产业链模式使得上下形成一个利益共同体，从而把末端消费者的需求，通过市场机制和企业计划反馈到处于最前端的种植与养殖环节，使产业链上所有环节都以市场和消费者为导向。

实例分享3-4　雅戈尔的全产业链模式

雅戈尔集团，自1979年从单一的生产加工起步，经过不断努力，迄今已经形成了以品牌服装经营为龙头的纺织服装垂直产业链。品牌服装是雅戈尔的基础业务，雅戈尔服饰公司在全国拥有上百家分公司、500多家自营专卖店，2 000多家商业网点。雅戈尔集团积极向服装产业的上下游拓展，斥巨资构筑了一个集纺织面料、成衣制造和连锁零售于一体的“垂直型”产业链，不但组建了庞大的分销网络，还建立了自己的纺织面料城。

雅戈尔以独特的全产业链模式为支撑，实现了从技术模仿到创新升级，从生产制造型向品牌经营型转变，走出了一条从服装制造到品牌创造者的转型之路。全产业链模式相对来说更安全、可持续，有利于强化企业的控制力。在全产业链模式中，合理的布局提升了企业对产业链中各环节的安全保障能力，尤其是源头控制和全程监管；拥有上游供应链意味着拥有强大的成本优势，这会使企业具有持续、稳定的盈利能力；以客户需求为导向推进产业链技术创新，则有利于企业整体性的技术提升。

资料来源：作者根据相关资料整理而成.

（三）平台模式

在全球价值链重组和整合的形势下，企业通常是两种角色：一种是做产业链的“链主”，为专业化公司提供集成服务，发展成平台型公司，具有定价权和利润分配权，掌控整个产业链的关键。二是成为一家专业化公司，即发展成模块化公司。

平台模式是指企业打造一个舞台，凝聚各利益相关者共同“跳舞”，彼此之间通过相互依存、相互加强的“正反馈关系”，获取核心利益，由平台管理方进行利益分配。平台模式之所以能够生机盎然，是因为参与其中的各利益相关者因此提升了交易价值，降低了交易成本，控制了交易风险。

1.提升交易价值

对终端消费者而言，平台或提供了多种差异化的选择，或提供了“一站式整体解决方案”；而对平台的各个参与者来说，消费者越多，交易价值也就更高。比如，国美、苏宁的家电超市模式，淘宝、京东的电商平台模式，从点到线、到面、到体，网络效应带来协同效应，圈子越来越大，网络越来越多维，数据越来越多，交易越来越复杂，平台逐渐演化成为一个经济生态圈。

2.降低交易成本

与单边市场相比，平台模式降低了搜寻成本，比如，消费者在购物平台可以看到各种品牌和款式的衣服，交易成本被大大降低。

3.控制交易风险

平台规模越大，参与者越多，平台越稳定，不至于出现“少了张屠夫，就要吃混毛猪”的尴尬局面。

（四）模块模式

企业越是专业化，对消费者越有吸引力。很多企业将利润最大化、竞争力最强的业务归为核心业务，并围绕核心业务培育专业化能力，把那些不能提供竞争优势或对利润不能发挥关键杠杆作用的业务外包，这种由内外部资源装配而成的业务模式称为模块模式。

比如，中国化工集团的子公司——中国蓝星公司主要从事锅炉清洗业务，通过卖产品、卖专利、卖品牌三步实现华丽转身，成为世界清洗界的巨人。中国蓝星公司在业内并购了几十家企业，通过资本经营做乘法，进行产业整合，做强做大，不和上游争资源，不和终端争市场，只做中间技术含量高的化工材料。

（五）成本驱动模式

成本驱动模式其实就是成本领先模式，企业通过挖掘资源优势，强调生产规模和产品标准化，以低价打市场。比如，沃尔玛的“天天平价”、纳爱斯雕牌肥皂的“不让家庭主妇掏过多的钱”。传统制造业基本上都是依靠成本优势起家的，低成本做得最出色的是格兰仕，曾被称为“价格屠夫”和“苦行僧”。全球第二大零售商家乐福、英国最大的零售商特易购等纷纷向格兰仕取经。格兰仕的经验哲学是“让客户感动”，并不是为降价而降价，而是在总成本领先的战略下降价，即降价-扩大规模-降低成本-降价-再扩大规模-垄断。

（六）价值驱动模式

企业以自己独有的长处去应对竞争对手的短处，为顾客提供具有独特价值的产品和服务，从而形成某种与竞争对手有区别的优势，这就是价值驱动的思想。在价值驱动模式下，企业不再单纯追求短期的利润最大化，而是将短期商业价值与可持续发展等长期战略价值结合考虑，不断调整和优化投入产出结构，确保资源的有效利用和产出的最大化。

实例分享3-5　星巴克的市场定位

星巴克在20世纪90年代中后期登陆中国大陆市场，定位在曾经“稀少”的中高端人群，起初“曲高和寡”，后来，还是在中国市场，星巴克获得了前所未有的“高歌猛进”。它的成功之处，就在于它是“面对”着消费者，而不是“背对”着消费者。

100多年前，星巴克是美国一本家喻户晓的小说里主人公的名字。1971年，3个美国人开始把它变成一家咖啡店的招牌。

1987年，霍华德·舒尔茨和他的律师，也就是比尔·盖茨的父亲，以380万美元买下星巴克公司，开始了真正意义上的“星巴克之旅”。

如今，星巴克咖啡已经成为世界连锁咖啡的第一品牌。星巴克咖啡已经在全球38个国家开设了13 000多家店。虽然传统意义上“根红苗正”的咖啡并非起源于美国，但星巴克咖啡目前已经俨然是最“正宗”的代名词。1999年1月11日，北京国贸中心一层开设了中国第一家星巴克咖啡店，这意味着星巴克自此开始了美妙的中国之旅。

那么，星巴克在中国是怎样进行市场定位的呢？

一、在中国，星巴克、哈根达斯征服的不仅仅是消费者的胃

在网络社区、博客或是文学作品的随笔中，不少人记下了诸如“星巴克的下午”“哈根达斯的女人”这样的生活片段，似乎在这些地方经常发生着可能影响着人们生活质量与幸福指数的难忘故事：“我奋斗了五年，今天终于和你一样坐在星巴克里喝咖啡了！”此时的星巴克还是咖啡吗？不！它承载了一个年轻人奋斗的梦想；“如果你是一位适龄女子，你所生活的城市有哈根达斯，而你从来没被异性带入哈根达斯，或者已经很久没机会去了，那你就不得不在内心承认，需要有人疼你、宠你了。”此时的哈根达斯还是冰淇淋吗？不！它变成了一个女人心中爱的期待……

这种细腻的感情、美妙的感觉，不仅仅是偶然地在一个消费者心中激起涟漪，而是形成了一种消费共鸣。我们不得不承认，星巴克、哈根达斯的成功与准确的品牌定位不无关系。

二、星巴克的“第三空间”

关于人们的生存空间，星巴克似乎很有研究。霍华德·舒尔茨曾这样表达星巴克对应的空间：人们的滞留空间分为家庭、办公室和除此以外的其他场所。第一空间是家，第二空间是办公地点，星巴克位于这两者之间，是让大家感到放松、安全的地方，是让人有归属感的地方。20世纪90年代兴起的网络浪潮也推动了星巴克“第三空间”的成长。于是，星巴克在店内设置了无线上网的区域，为旅游者、商务移动办公人士提供服务。

其实我们不难看出，星巴克选择了一种“非家、非办公”的中间状态。舒尔茨指出，星巴克不是提供服务的咖啡公司，而是提供咖啡的服务公司。因此，作为“第三空间”的有机组成部分，音乐在星巴克已经上升到了仅次于咖啡的位置，因为星巴克的音乐已经不单单只是“咖啡伴侣”，它本身已经成了星巴克的一个很重要的商品。星巴克播放的大多数音乐是自己制作的有自主知识产权的音乐。迷上星巴克咖啡的人很多也迷恋星巴克音乐。这些音乐正好迎合了那些时尚、新潮、追求前卫的白领阶层的需要。他们每天面临着强大的压力，十分需要精神安慰，星巴克的音乐正好起到了这种作用，确确实实让人感受到在消费一种文化，内心某种也许已经快要消失的情感被唤醒。

三、产品中国化

虽然星巴克在中国的店铺并没有销售星巴克音乐碟片，但星巴克利用自己独特的消费环境与目标人群，为顾客提供了精美的商品和礼品。商品种类从各种咖啡的冲泡器具，到多种样式的咖啡杯。虽然这些副产品的销售额在星巴克整体营业额中所占比例还比较小，但是近年来一直呈上升趋势。在中秋节等具有中国传统特色的节日时，星巴克还推出了“星巴克月饼”等。

所以，“我不在星巴克，就在去星巴克的路上”传递的是一种令人羡慕的“小资生活”，虽然这样的生活不必天天拥有，但没有人不希望“曾经拥有”。这就是品牌定位的魅力！

资料来源：佚名.星巴克的市场定位［EB/OL］.［2024-05-20］. https: //wenku.baidu.com/view/0250c148852458fb770b568f.html.

概括起来，业务定位又可以划分为价值定位、品牌定位、市场定位和产品定位。

1.价值定位

企业要将自己的核心价值传递给客户，就需要确立一个价值定位。清晰的价值定位是业务定位的核心，它决定了竞争对手和自身的竞争优势，是决定企业在市场中能否获得成功的关键性因素。

企业的价值定位最终体现在产品或服务上，产品或服务是传递企业独特的客户价值主张的载体。也就是说，企业产品既具有功能价值又具有精神价值，当然，功能价值和精神价值又包含很多方面。比如，奢侈品既有使用功能，又有体现身份、品位的炫耀功能。

消费者需求是一个笼统的概念，企业需要研究消费者的核心需求到底是什么，产品或服务的哪一种特性和功能激发了消费者的购买动机，这个核心需求和购买动机所反映出来的正是产品或服务的真正价值。确立产品或服务价值的过程就是价值定位。

实例分享 3-6　ZARA 的价值定位

西班牙品牌ZARA的价值定位是“买得起的快速时尚”。这个定位把产品价值的特点发挥得淋漓尽致。ZARA的价格远低于同等时尚程度的其他服装品牌，除了每年2次的店内促销外，几乎不作任何广告。ZARA首创了在时装市场上的快速反应概念。强大的供应链是ZARA能对市场作出快速反应的保证，软件技术也将设计、生产、配送和销售迅速融为一体。ZARA的设计流程十分关注顾客以及最新潮流趋势。

资料来源：作者根据相关资料整理而成.

2. 品牌定位

如果把企业看成一个整体，品牌定位就是企业整体形象在消费者心目中的印象。品牌定位并不是要对产品本身做什么，而是强调对潜在顾客的心理所下的功夫。新时代企业成功的关键离不开攻占顾客心智。同时，企业也要明晰开展品牌定位的目的：一是为了区分竞争对手；二是为了开展整合营销。

根据不同的竞争形势，结合企业经营的实际情况，企业有两种定位方式可以选择：一是心智阶梯无人占据时的抢先定位；二是心智阶梯已被占据时的关联定位、重新定位、逆向定位。见表3-1。

表3-1　品牌定位分类

类型	行动要点	举例
抢先定位	第一种是开创一个大品类；第二种是在某个大品类下开创一个新品类，这是大多数企业的做法	第一种如格力空调、大疆无人机；第二种如万达广场、小米汽车等
关联定位	借助强势品牌，攀附其品牌定位，从而提升自家品牌形象	蒙牛的崛起离不开初创时攀附伊利取得的良好效果
重新定位	既找到与众不同的切入点，又能迎合消费者的观念，即所谓“意料之外、情理之中”	如突出固发功能的洗发水
逆向定位	领导品牌的强势中包含着某些弱点，借助打击这些弱点的方法，避开对手的锋芒	百事可乐——年轻人的可乐；五谷道场方便面——非油炸更健康

3. 市场定位

市场定位的核心战略是STP，即市场细分、目标市场选择、目标市场定位。市场细分是20世纪50年代中期美国营销学家温德尔斯密提出的理论，它是以潜在消费者的某些需求特征为依据来区分不同需求的顾客群体的过程。

比如，水的市场细分有纯净水、矿泉水、电解质水、维生素水、苏打水等；又如，房地产的市场细分有住宅地产、商业地产、工业地产和产业地产等。住宅地产又可以细分为普通住宅、洋房、别墅、公寓。别墅还可以细分为独栋别墅、联排别墅、双拼别墅、叠拼别墅和空中别墅。

市场细分有利于发现市场机会，有利于掌握目标市场的特点，有利于制定市场营销策略，同时也有利于企业对行业市场的深度认知。

目标市场有五种常见的覆盖模式，即集中单一型、产品专业型、市场专业型、选择专业型、市场全面型，见表3-2。

表3-2 对目标市场覆盖模式的说明

目标市场覆盖模式	说明
集中单一型	企业只有一种产品，为一个顾客群服务；目标市场范围小，经营风险大
产品专业型	面向各类型顾客提供一种产品，有利于摆脱对个别细分市场的依赖
市场专业型	向同一顾客提供多种产品，面对的市场较小
选择专业型	选择不同的细分市场，提供不同的产品，进行专业市场细分
市场全面型	为所有的顾客提供不同的产品

细分市场让企业应接不暇，如果想通吃所有市场是不可能的，所以企业要进行目标市场选择，通常来说，有3种市场选择策略：无差异策略、差异性策略和密集性策略。

市场定位是在市场细分、目标市场选择的基础上，确定在该市场上的竞争方式，也就是企业如何拿下已经选择好的市场。市场定位策略有两种：一是避强定位。避免与强大的竞争对手抗衡，向竞争对手尚未涉足的领域发展。例如，甘肃某房地产开发企业由于避开了省内大中城市的竞争而将发展中心放在小城市，逐步成为当地龙头企业，没有任何负债。二是迎头定位。这是“对着干”的策略。比如，百事可乐和可口可乐、奔驰和宝马。

4. 产品定位

产品定位是在完成市场定位的基础上，企业决定用什么样的产品来满足目标消费者的需求，是将市场定位企业化、产品化的过程。产品定位通常包括：产品类别，产品档次，产品构成，产品功能定位，产品线长度、深度和宽度，产品外形及包装决策，产品的卖点及价格策略，产品组合及营销策略。

实例分享3-7　几个知名品牌的定位

"可口可乐"定位于"正宗的可乐"，在消费者心目中牢牢占领着可乐饮料类的领先位置，"正宗的可乐"是什么？有什么特征？谁知道呢？"百事可乐"的"新一代的选择"的定位，同样也是与产品物理功能特征毫无关系，通过该定位，"百事可乐"将"可口可乐"定义为"老"一辈的可乐而走上腾达之路。耐克是当今全球最著名的品牌之一，其品牌定位战略一直不变：人类挑战自我的体育精神。这种精神与耐克产品的物理功能特征毫无联系，但二者的结合再加上表现肯定的"勾"的形象，给予了消费者不尽的联想：挑战自我、超越自我、不断奋进，是值得肯定和尊敬的，耐克为你的勇气喝彩。

资料来源：作者根据相关资料整理而成.

二、规模定位

企业成长不可能是无限度的，也不是在任何规模下都是有效率的，企业应该有边界，企业边界就是企业成长有效的限度或范围。企业边界理论提出企业规模可以由企业生产能力和组织管理能力共同决定，企业规模扩张到了一定的阶段，边际效益是下降的。借用古典经济学IS-LM曲线（如图3-2所示），可以把生产可能性边界和组织可能性边界映射到同一象限，其二者的交点就是企业的最优外部边界。企业的最佳规模可以根据管理成本、交易成本及收益综合确定。

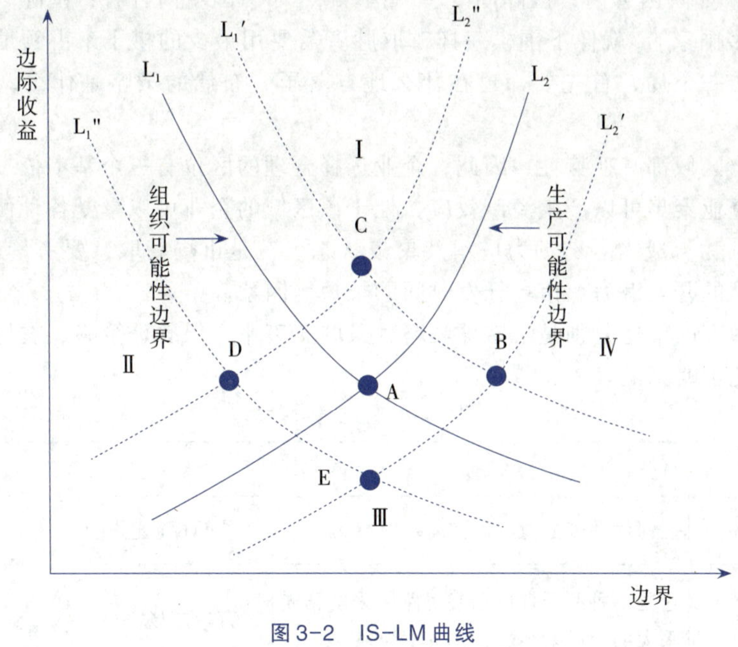

图3-2　IS-LM曲线

三、速度定位

企业的成长与老化同生物体一样，主要通过灵活性和可控性这两大因素之间的关系来表现。企业成长速度V是企业规模Q和企业年龄Y的函数，即V=DQ/DY。当DQ=DY时，企业成长速度最佳。这是任何企业都应追求的成长速度。但是在企业经营实践的过程中，企业成长的速度会经常发生“漂移”，处于动态波动中，而且在实践中大部分企业都是根据经验来决定成长速度的。

企业的成长速度和企业的成长阶段密切相关，不同发展阶段的企业成长速度是不同的。比如，1996年的华为，追求在一定利润水平上的成长最大化。当时的华为必须达到并保持高于行业平均的增长速度和行业中主要竞争对手的增长速度。华为不单纯追求规模上的扩展，而是要使自身变得更加优秀。因此，企业高层领导必须警惕长期高速增长有可能给组织带来的竞争、脆弱和隐藏起来的不足，必须对成长进行有效的管理。

在企业经营实际中，企业成长速度是战略定位中的一个重要部分。企业成长速度可以根据企业战略目标、企业资源能力大小、企业成长阶段和规模、企业盈利水平四个方面综合考虑。

四、地域定位

企业进行地域定位的核心就是企业对发展空间和规模的控制。一般包括：区域内（单一地区），如陕西省内；区际间（单一国家），如中国境内各省；国际（多个国家）；全球化（许多国家）。就像下围棋一样，取胜者需要用最少的棋子来占领最大面积的地盘。企业家布一个局，首先要知道在什么地方落子，布局的策略是什么，这是非常重要的。

任何一个区域都有独特性，因此，企业选择合理的区位有三个基本依据：一是产业集群，大量企业聚集可以产生溢出效应，处于该区域的企业可以享受各种便利。二是区位成本，包括物流成本、劳动力成本及聚集状态。三是市场获取，要考量市场的容量、市场相关产品的开发潜力、市场开发时间的长短等因素。

地域选择五大策略分别是滚雪球策略、采蘑菇策略、保龄球策略、农村包围城市策略、天女散花策略，见表3-3。

表3-3 地域选择五大策略

地域选择策略	说明	案例
滚雪球策略	做深做透根据地后再横向拓展市场	茶颜悦色连锁店
采蘑菇策略	这是一种跳跃性的拓展思路，采蘑菇先采大的，后采小的，先下手为强	万达广场

续表

地域选择策略	说明	案例
保龄球策略	先难后易的市场拓展策略：要占领整个目标市场，先占领整个目标市场中的关键市场，然后利用这个关键市场的巨大辐射效应来影响周边广大的市场	海尔集团的国际“金三角”
农村包围城市策略	先易后难的市场拓展策略：先蚕食比较容易占领的市场，积蓄力量后对重点市场形成包围之势	华为国内市场的拓展和国际化路径
天女散花策略	采用到处撒网、遍地开花的策略，向各个市场同时发动进攻	巨人集团

第三节　企业定位的设计

案例导入　步步高公司的市场定位策略

在20世纪90年代初期，我国的VCD产业十分红火，造就了一大批明星企业，步步高公司就是其中之一。在步步高公司进入这一市场时，在VCD业界发展极兴旺的是爱多公司。该公司聘请电影明星演绎产品广告，一时间，“爱多，好功夫!”的广告词家喻户晓，爱多VCD红极一时。但是，爱多公司也是一个新企业，底子并不太厚。因此，步步高公司一出来，就紧紧盯着爱多公司，聘请了另一位电影武打明星演绎了一段步步高产品广告，台词是“步步高，真功夫!”。步步高公司的广告和爱多公司的广告一起在中央电视台播出。后来，步步高公司的VCD一炮走红，大获成功!

资料来源：作者根据相关资料整理而成.

思考：

1.步步高公司采取的是何种市场定位策略?

2.试分析步步高公司采取这种市场定位策略的设计之妙。

一、企业定位的战略分析工具

企业定位常用的战略分析工具有如下几种：

(一) SWOT分析

SWOT分析（如图3-3所示）是基于内外部竞争环境和竞争条件下的态势分析，

就是将与研究对象密切相关的内部的优势、劣势和外部的机会、威胁，通过调查列举出来，并依照矩阵形式排列，然后用系统分析的思想，把各种因素相互匹配起来加以分析，从中得出一系列相应的结论，而结论通常带有一定的决策性。SWOT分析常常被用于制定集团发展战略和分析竞争对手情况，在战略分析中，它是最常用的方法之一。

(二) PEST分析

PEST分析（如图3-4所示）一般用于企业分析宏观环境的变量因素，具体分析企业所处宏观环境中的经济、政治、社会和技术等因素，并评价这些因素对企业战略制定的影响。进行PEST分析需要掌握大量的、充分的相关研究资料，并且对所分析的企业要有深刻的认识。经济方面的主要内容有经济增长率、财政和货币政策、利率和外汇投资、通货膨胀等；政治方面有政府政策、政府管制、立法、政局等；社会方面有教育水平、生活方式、社会价值观、工作习惯、社会习俗等；技术方面有技术总体水平、技术突破、产品生命周期、技术变化速度等。

图3-3 SWOT分析

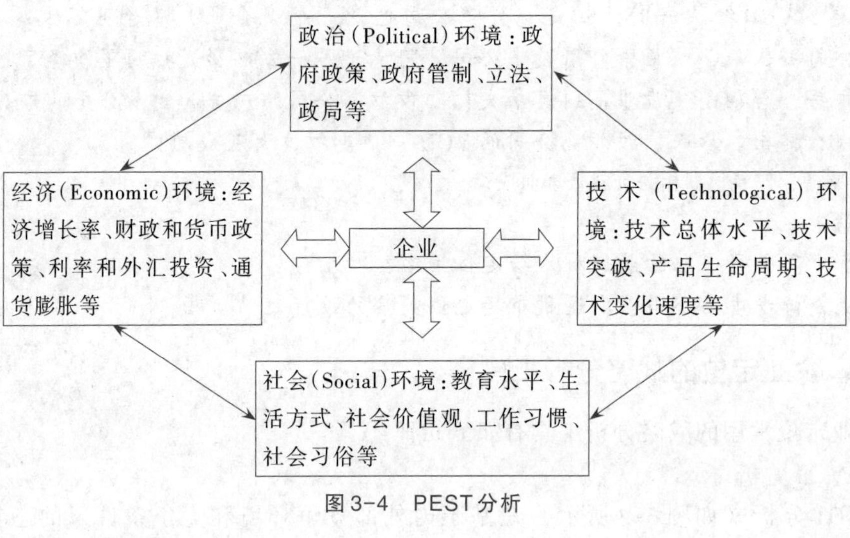

图3-4 PEST分析

（三）五力模型

五力模型（如图3-5所示）用来分析企业所处行业的竞争态势。五力模型确定了企业所处行业的竞争者的五种来源，即供应商、购买者、新进入者、替代品和同业竞争者。企业可以依靠五力模型衡量行业内部不同力量的重要程度，进而确定市场定位战略。无论是国内的企业还是国际企业，无论是生产产品还是提供服务，企业面临的竞争都可以通过这五个方面的竞争的作用力体现出来。因此，五力模型是企业制定竞争战略时经常会用到的分析工具。

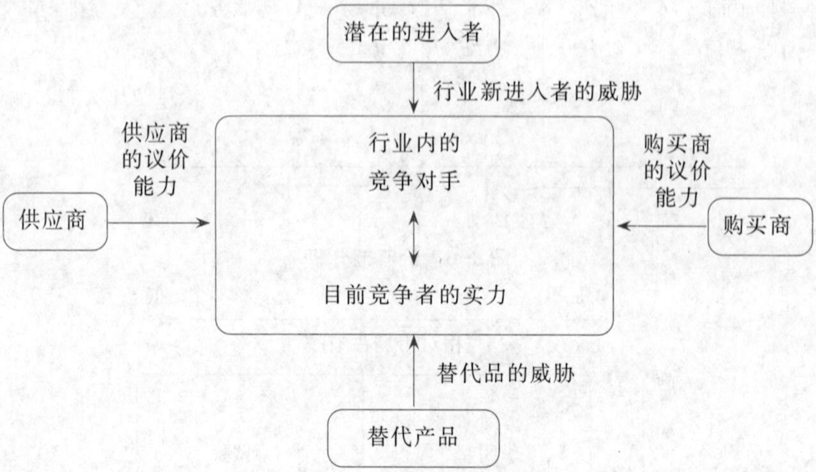

图3-5　五力模型

（四）价值链分析

价值链分析（如图3-6所示）是由美国哈佛商学院教授迈克尔·波特提出来的，是一种寻求确定企业竞争优势的工具。企业有许多资源和能力，如果把企业作为一个整体来考虑，很难准确识别这些资源和能力形成的竞争优势，但是当把企业的活动进行分解，通过考虑单个的活动本身及各活动相互之间的关系，就有可能确定企业的竞争优势。企业依靠价值链分析，可以进一步明确在经营活动中产品或者服务的增值是如何产生的。这些创造价值的过程被串联成一个整体，就形成了企业的竞争优势，进而找出企业业务定位的聚焦点。

（五）波士顿矩阵法

在波士顿矩阵法（如图3-7所示）中，决定产品结构的基本因素有两个，即市场引力与企业实力。市场引力包括整个市场的销售增长率、竞争对手强弱、利润高低等，其中最主要的是能够反映市场引力的综合指标——销售增长率，这是决定企业产品结构是否合理的外在因素。

企业实力包括市场占有率，技术、设备、资金利用能力等，其中市场占有率是决定企业产品结构的内在要素，它直接显示出企业的竞争实力。

销售增长率与市场占有率既相互影响又互为条件：市场引力大，市场占有率高，说明产品发展有良好的前景，企业也具备相应的适应能力，实力较强；如果仅市场引力

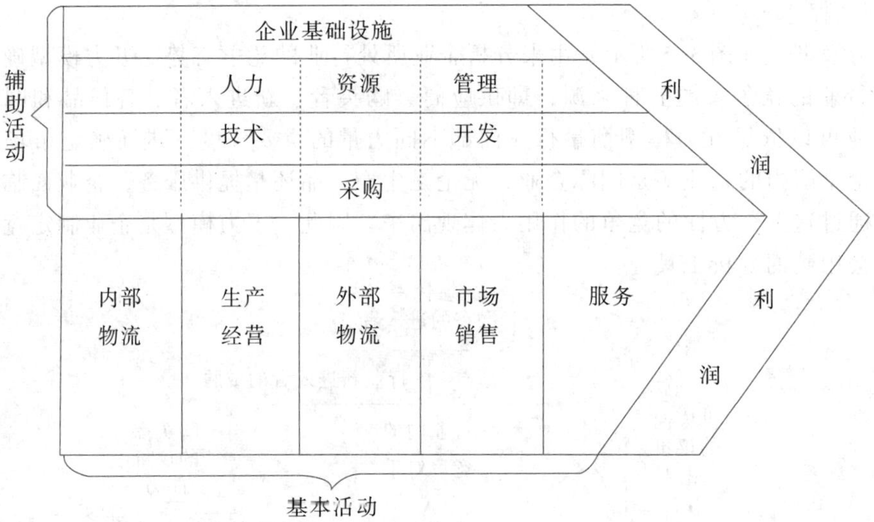

图3-6 价值链分析

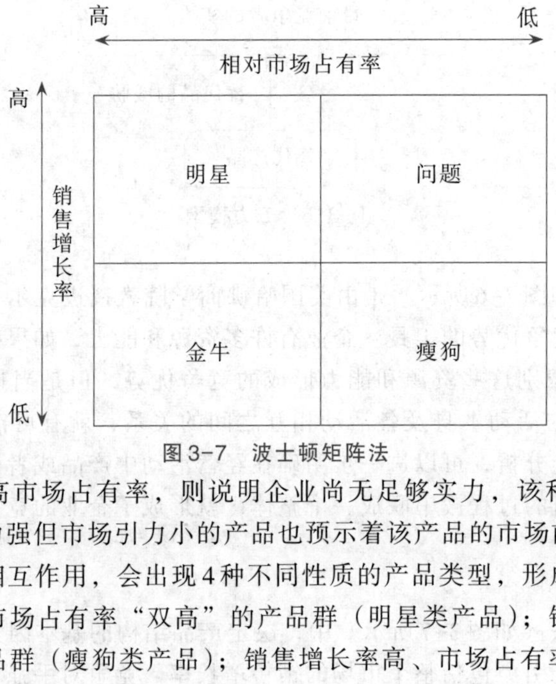

图3-7 波士顿矩阵法

大，而没有相应的高市场占有率，则说明企业尚无足够实力，该种产品也无法顺利发展。相反，企业实力强但市场引力小的产品也预示着该产品的市场前景不佳。

以上两个因素相互作用，会出现4种不同性质的产品类型，形成不同的产品发展前景：销售增长率和市场占有率“双高”的产品群（明星类产品）；销售增长率和市场占有率“双低”的产品群（瘦狗类产品）；销售增长率高、市场占有率低的产品群（问题类产品）；销售增长率低、市场占有率高的产品群（金牛类产品）。

二、企业定位战略

（一）扩张型战略

企业扩张需要考虑4大定位：产业定位、核心竞争力定位、运营模式定位、时机定位。其中，产业定位是最重要的问题。企业欲进入一个新的行业，就涉及产业定位问题，这就是“做什么”。因为方向比脚步更重要，“做什么”是战略问题，是决策层面的内容，“怎么做”是战术问题，是执行层面的内容，所以“做什么”比“怎么做”更重要。而“这样做”是操作层面的内容，相比较而言，最不重要。

(二) 防御型战略

在一个竞争性的市场上，所有的公司都会受到来自其他公司的挑战。市场上的进攻性行动既可以来自行业的新进入者，也可以来自那些寻求改善现有地位的既有公司。防御型战略的目的是降低被攻击的风险，减弱任何已有的竞争性行动所产生的影响，影响挑战者，从而使他们的行动瞄准其他竞争对手。

虽然防御型战略通常不会提高公司的竞争优势，但是它有利于加强公司的竞争地位，捍卫公司最有价值的资源和能力不被模仿，维护公司已有的竞争优势。防御型战略中有一个方式是尽力堵住挑战者采取进攻性行动的一些途径，可以选择的方式有：招聘额外的职员以扩大或者加深公司在关键领域内的核心能力，从而战胜那些模仿公司技术和资源的竞争对手；提高公司的资源、资产和能力的灵活性，以便公司可以进行很好很快的资源再分配，或者根据变化的市场环境进行调整，从而使公司适应新的发展态势的敏捷性比竞争对手要强。

(三) 多种经营战略

多种经营战略是基于SWOT分析中的机会，主要是围绕产品和市场中可以使业务增长的一些情况而定。比如，开发新市场、引入新产品和进行多元化；再如，在零散行业中的联合机会、在新兴行业中的掌握先发优势的机会。

然而，不同的企业可能面临不同的机会，即拥有不同资源和能力的企业有更多选择。既然有一定特征的资源和能力可以给企业带来竞争优势，那么获得企业所需资源和能力也是一种重要的机会，尽管带给企业竞争优势的资源和能力常常是积累所得。这一点在关于战略联盟的文献中也有研究，即战略联盟是企业获取资源和能力的重要机会，例如，和美国A-B公司结盟提升了青岛啤酒在控制啤酒口味一致性上的能力。

三、企业定位步骤

企业定位的关键是企业要设法在自己的产品上找出比竞争者更具有竞争优势的特性，如产品成本、品质及性能等优势。竞争优势一般有两种基本类型：一是价格竞争优势，即在同等产品质量的条件下企业可以比竞争者定出更低的价格。这就要求企业在原料采购、优化生产工艺及减少运营费用等方面可以降低成本。二是产品质量竞争优势，即企业能提供竞争对手所不能提供的产品品质来满足顾客的需求。例如，某生产的公司硅微粉产品在产品白度上可以达到国内第一，客户在初次见到产品时即产生好感，继而将其使用在涂料产品中，发现这样高品质的白度更有利于颜色的调配。如果是这样的竞争优势，就要求企业努力在产品原材料、生产工艺及产品后处理等方面做大量工作以保证产品质量。企业定位的全过程可以通过以下五大步骤来完成：

(一) 科学定位目标市场

任何企业都没有足够的人力资源和资金满足整个市场或追求过大的目标市场，只有扬长避短，找到有利于发挥本企业现有的人、财、物优势的细分市场，才不至于在庞大的市场上瞎撞乱碰。企业必须根据其可生产的产品，通过市场调研选择产品的目标市场。这也就要求企业必须深入分析目标市场的进入难度、目标市场对产品各技术指标的要求、目标市场竞争对手的获利情况、目标市场的价格水平、目标市场的容量大小及回款情况等指标，综合考虑后选择最适合企业的目标市场。

(二) 调研目标市场，分析企业竞争优势

调研目标市场，既要摸清各竞争对手的产品种类、价格体系及产品品质的优劣点，还要掌握目标市场上客户对各产品种类的需求量，然后企业才能根据调研的市场情况分析本企业自身的竞争优势。调研目标市场需要企业市场人员做大量的工作：①必须认真细致，保证调研数据精确、全面；②与足够数量的客户充分交流；③总结并分析有关问题，作出科学预测。

(三) 选择竞争优势，对目标市场初步定位

竞争优势即企业能够胜过竞争对手的能力。选择竞争优势实际上就是一个企业与竞争者在各方面实力进行比较的过程，更是企业制定销售策略的决策过程。企业应制定一个完整的比较指标体系，分析、比较与竞争者在技术开发、原材料采购、生产能力、质量控制（产品稳定性）、市场营销、财务等6个主要方面的优势和劣势，以保证准确地作出相对竞争优势的选择，从而准确定位目标市场，制定符合目标市场实际的销售政策。

(四) 发挥竞争优势

这一阶段的主要任务是企业要通过人员上门推销、网络宣传等一系列销售活动，将其产品独特的竞争优势准确传播给潜在客户，让客户充分认知产品，从而找准机会战胜竞争对手，占领市场。也就是说，企业应首先将企业竞争优势发挥到极致，其次使目标客户了解并认同本企业的市场定位。

(五) 调整定位

在准确定位目标市场和发挥竞争优势后，企业还应关注目标市场新产品或替代品的出现，即当竞争对手研发新的在价格、品质上对客户更有吸引力的产品时，或出现替代品威胁时，企业需要马上提高产品在价格或性能上的竞争力。这就要求企业的技术创新能力要强，能够率先推出性能价格比高的新产品，在竞争中保持领先优势。否则，企业应考虑调整目标市场定位或拓展目标市场等，以满足市场的新竞争需求，提高自身的竞争能力。

四、避免错位的措施

(一) 定位的重心应在于消费者

定位实际上是一种理念的表达，是消费者理念的感知和凝固。从市场营销学的角度讲，企业定位是为了适应消费者的某一特定需求而设计开发出的市场营销方案，通过定位，企业可以在目标消费者心中确定与众不同的有价值的地位。进行定位的目的是将企业本身与竞争者区分开来。因此，定位的重心应当在于消费者，应当充分把握目标顾客，而成功的定位取决于两个方面：一是定位信息是否与消费者的需求相吻合；二是如

何将定位信息有效地传达给消费者。将消费者确定为定位的重心，是一个合格的定位应当由始至终贯彻的思想。

（二）企业的形象定位要突出

一个好的形象定位应该不仅能够充分反映出项目、产品甚至是企业的特征，尤其是其独有的特征，而且能够反映出市场需求的热点和趋势；同时，在进行市场营销时，该形象定位还能够有显著的广告效应。企业经营要获得广泛的知名度。因此，企业在进行形象定位时要注重自身特点的强调。如何在同性质或者同行业当中占有一席之地，如何在现有市场中寻求突破，如果企业面临这样的问题时还没有拥有一定的市场知名度的话，那么塑造一个鲜明的形象就成为当务之急。

（三）产品特色定位要明确

企业产品策划是企业定位的核心，是企业产品开发的先导。成功的企业定位，可以突出企业自身产品的特色，提升企业自身的品位。企业产品的特色定位是策划者在综合考虑企业系统内各项要素的基础上，有计划地向市场推出主题产品和特色产品。产品特色定位和形象定位是有区别的，产品特色定位关注产品特色的具体内容，而形象定位关注产品在顾客心目中的形象；产品特色定位讲究实际，而形象定位要求具有艺术感染力；产品特色定位是形象定位的基石，而形象定位是产品特色定位的艺术表现。

在对产品特色进行定位的时候，需要考虑的因素很多，一般分为供给、需求和外部环境3个方面。从供给方面来看，产品特色定位的方法就是凸显自身企业产品的特色，不仅仅是企业产品本身，还包括与产品相关的一系列营销和服务等；从需求方面来看，产品指向的需求方就是消费者，消费者是企业定位的核心，具有市场吸引力的产品是形成企业产品特色的目标，也是关键；从外部环境方面来看，外部因素影响供给和需求，然后作用于产品的特色。

实例分享3-8　海马体照相馆的成功秘诀剖析

在摄影行业大发展的阶段，行业内的一匹黑马以其强劲的发展势头引人关注：2011年11月10日，海马体照相馆的母公司——杭州缦图摄影有限公司成立，主营摄影业务，致力于为顾客提供极致的拍摄体验与优质的摄影服务。海马体照相馆能在较短时间内在业界竞争中脱颖而出并迅速扩张、获得成功，秘诀在于：抓住传统影楼进入疲态期的契机，精准细分市场；锁定目标市场精准定位于“精致证件照”；通过成功的质量管理有效提升顾客满意度；采取加盟形式加快扩张，在短期内提高市场占有率。

（一）抓住传统影楼进入疲态期的契机，精准细分市场

在市场竞争愈加激烈的环境下，沿袭中国台湾模式的传统影楼和当前部分所谓改进版的新型影楼，商业模式并无多大创新。服务同质化，加上市场竞争趋于白热化，恶性竞争不断升级，影楼行业在很长时间内处于低水平价格竞争，价格战成为主要的竞争工具，各服务环节二次消费成为潜规则，行业诚信度和口碑欠佳。影楼经营陷入“低价抢客→流水线式拍照→客户投诉率高→口碑差→增加流量成本低价抢客→企业

净利润降低→生存困难”的恶性经营模式，不少影楼面临被淘汰的危机。影楼进入疲态期为新型人像摄影经营模式提供了契机，海马体照相馆紧抓这样的契机，深入调查市场，对人像摄影市场进行了精准细分。

（二）锁定目标市场精准定位于“精致证件照”

海马体照相馆对年轻消费群体调查发现，像证件照、结婚登记照这些意义非凡的“小照片”，传统影楼低品质的流水线式制作，让很多消费者得不到满意的成品。而像职场形象照这样的“大照片”，影楼却又把简单的事情复杂化了，明明每次只需要两张照片，但按照传统影楼的规矩，消费者必须专门到影楼拍许多底片，不仅花了一大笔钱，费时费力，效果也不好。基于市场调查结果，海马体照相馆将目标市场精准锁定在“精致证件照”的细分市场，主营证件照、形象照、文艺照、全家福等。从证件照出发，海马体照相馆成功孵化出了全年主打和限时记忆两条产品线。全年主打包括证件照、签证照、结婚登记照、职业形象照等多种形象展示型的照片；限时记忆则包括圣诞照、新年照等系列。无论是全年主打还是限时记忆，海马体照相馆要做的都是“成为你记忆的中转站，留下片刻的你”。为此，海马体照相馆采用“把原来的小照片做重，把原来的大照片做轻”的方式，将小照片通过化妆、更衣、拍摄、后期处理等各种各样服务的升级，使品质更精致、服务更到位、照片更具观赏性和保存价值。大照片则在海马体门店通过比较简洁的方式，用两三个小时拍摄完成，大大降低了影楼的高门槛，同时提高了拍摄的品质。由此，海马体照相馆从证件照细分市场出发，将细分市场做精做专，成功抓住了商机，成为行业翘楚。

（三）通过成功的质量管理有效提升顾客满意度

现代管理学之父彼得·德鲁克曾说过：“企业目标唯一有效的定义是创造顾客。”在市场竞争激烈的今天，企业间的竞争本质上是对顾客资源的争夺。而质量是开发顾客、维护顾客、提高顾客忠诚度的最有效保证。海马体照相馆能在短期内获得行业标杆的地位与其严格的质量管理密不可分。海马体照相馆从优化服务流程设计开始，环环相扣，层层把关，成功地完成质量管理。其服务流程是：微信客户端预约→微信客户端买单→约定时间到店→现场化妆造型→专业拍摄样片→本人选片→上传公司云端由专业修图师精修→门店根据顾客意见进行第二轮精修→顾客最终满意成片→顾客在微信端下载成片并评价服务→引导顾客分享到社交平台。

（四）采取加盟形式加快扩张，在短期内提高市场占有率

海马体照相馆主营证件照、签证照、全家福、宠物照、轻婚纱、结婚照等。这几种产品的拍摄手法、灯光以及姿势都可以适度标准化。与婚纱摄影相比，这些产品对摄影师的技术要求相对简单，可通过快速的培训进行复制，并保证各个店铺照片效果统一。符合加盟条件，投资20万元～50万元后即可加盟海马体照相馆。海马体照相馆总部会提供包括互联网支持、全方位培训和管理，以总部代运营的模式使双方成为利益共同体。营销与产品创新由总部专业团队负责整体策划，总部会提供专业选址团队帮助加盟商进驻当地好的商场，同时还提供精准的财务数据分析支持。自海马体照相馆哈尔滨店开业起，全国连锁经营模式便开启了。海马体照相馆在全国不断扩张发

展，遍布一二线城市，并不断提升技术与服务。加盟形式不仅整合优化了资源，建立了一套可快速复制拓展盈利的模式，也加快了海马体照相馆在国内人像摄影市场的扩张步伐，对其成为全国知名摄影品牌起到了关键作用。

综上所述，海马体照相馆通过精准的市场细分、创新的"互联网+"模式、成功的质量管理、成熟的加盟形式完成了自创立以来的迅速崛起和飞跃，成为业界标杆。当然，在其迅速发展的同时，也面临着"天真蓝"、"方快"、小象馆、BOBO、上上签和1933等同类品牌企业的有力竞争。要实现其企业愿景"2027年成为全球第一的摄影企业、全球前10的美学服务型公司、服务全球3亿顾客"，海马体照相馆的发展之路还很长。

资料来源：邵芳."互联网+"环境下的企业定位与营销创新研究——以海马体照相馆为例[J]. 经营与管理.2020（3）：32-35.有删减.

素养园地

以特色产业推动乡村振兴，河南省民权县麻花庄——小麻花做成致富大产业

习近平总书记强调，继续支持脱贫地区特色产业发展。要鼓励和扶持农民群众立足本地资源发展特色农业、乡村旅游、庭院经济，多渠道增加农民收入。在河南省民权县麻花庄村，作为河南省非物质文化遗产，金黄的麻花不仅是村民喜爱的特色食品，还被发展成推动当地脱贫致富的特色产业。小小的麻花是怎样承载起乡亲们的致富愿景的呢？小作坊如何变为脱贫致富的大产业？近日，记者走进麻花庄村，探寻当地带领村民发展特色产业带来的巨大变化。

麻花庄村位于河南省民权县，炸麻花已经有近300年的历史。村里的麻花酥、香、脆，当地的麻花制作工艺也是河南省非物质文化遗产。金黄的麻花一度是麻花庄人增加收入的主要来源。在20世纪七八十年代许多人尚未解决温饱的日子里，麻花手艺人在村里最早吃上了白面，其中还诞生了当地最早的万元户。这些吸引了麻花庄几十家人从事炸麻花。但之后几十年过去，村里的麻花却始终止步于家庭作坊式的小打小闹。而麻花庄，也只是一个默默无闻的贫困村。

2017年，随着国家实施脱贫攻坚政策不断深入，麻花庄村在河南省司法厅和镇政府的帮扶下，坚持"抓党建促发展"工作思路，采取"驻村干部、支部书记带头干，党员干部齐上阵"的方式，走出了一条"统分结合"的新路子。麻花庄村成立了村集体企业——民权县麻花庄村食品有限公司，原有的6家麻花厂成了该公司的分厂，统一品牌、统一价格，集中推出最具影响力的商标品牌"张培仁"，一盘"散沙"渐渐聚拢成"沙塔"。

得益于贡麻花产业的整合发展，该村直接从事麻花生产的工人超过300人，极大地带动了群众脱贫致富。2019年11月，麻花庄村73户贫困户全部脱贫摘帽。2021年2月，麻花庄村党支部荣获"全国脱贫攻坚先进集体"称号。

“我们坚持守正创新，在保持传统工艺的基础上，积极研发新口味，设计新包装，创新营销方式，符合不同消费者的需要，让贡麻花产业做大做强，为乡村振兴添动力。”该村党支部书记张永涛说。

麻花庄村委会抓住当下直播的风口，挑选了4名有文化、有热情、有能力的年轻人组建了电商销售专业团队，并和阿里巴巴合作，扶贫专员吃住在村，手把手对团队进行帮带，用直播带货的方式打开了产品销售新局面。2021年9月，贡麻花走进淘宝芭芭农场，4天活动时间销售额达77万余元。

2021年，麻花庄村积极申报首批省级一村一品示范村镇，并于近日成功入选。

“我们将借助‘一村一品’的东风，以贡麻花传统产业为主导，积极探索贡麻花与旅游、文化等相关产业的融合发展，持续推进打造生态宜居的乡村振兴战略，促进传统农业进一步转型升级。”河南省司法厅驻麻花庄村第一书记宋明说。

资料来源：毕京津.小麻花做成致富大产业［N］.人民日报，2022-04-24（4）；闫鹏亮，耿珍珍.麻花庄入选河南省首批省级一村一品示范村镇，小麻花“拧”出大产业［N］.商丘日报，2022-02-21（7）.

通关练习

一、知识简答

1.什么是企业定位？

2.企业定位的方法有哪些？

3.简述企业定位的意义。

4.影响市场定位的因素有哪些？

5.企业重新定位的条件及应该考虑的因素有哪些？

6.你认为互联网企业的定位该如何把握？

7.企业定位如何避免错位？

8.简述企业定位战略分析工具。

二、实践操作

以小组为单位，选择某一公司或产品，以所学知识分析该公司或产品如何进行市场细分、目标市场选择和市场定位？

第四章　价值主张设计

【学习目标】

1. 知识目标

◎了解价值主张的含义及基本构成要素

◎理解客户需求及痛点

◎熟悉掌握客户价值洞察的方法

◎掌握价值主张的设计流程

◎掌握价值主张生成的基本步骤

2. 能力目标

◎能够利用新技术等手段创新客户价值

◎能够精准定位相关差异化传播策略

◎能够准确把握价值主张的操作方法

3. 素养目标

◎培养学生精益求精的工匠精神和具体问题具体分析的辩证思维

◎精准识别客户需求，培养学生正确的客户服务价值观

◎重新审视传统产业的价值主张，培养学生敏锐的市场洞察能力

【知识导图】

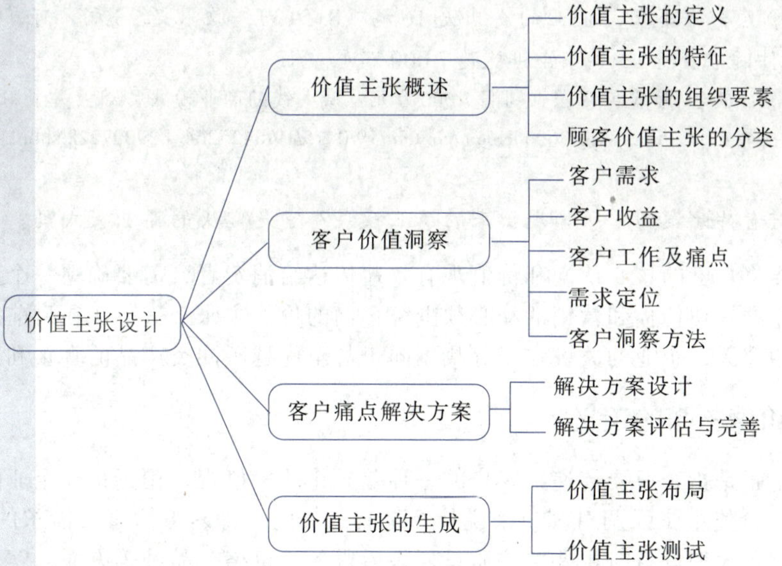

第一节 价值主张概述

案例导入 睡衣“免费送”

有一款女式睡衣，销售价格为188元/件，而且只有两种款式，吊带的和齐肩的，也只有两种颜色，橙色和紫色。

商家将睡衣免费送给客户，不过客户要支付23元的快递费。这个也合情合理，产品是送给客户了，总不能连快递费也由商家出，虽然这个快递费比一般的贵点儿，但是23元也不算离谱，客户也不会太在意。那么，7 000万元到底是怎么赚出来的呢？商家一共送出了1 000万件睡衣，由于睡衣这种产品用料少、制作简单，并且一个单品生产1 000万件，量足够大，因此在义乌小商品市场做可以把成本压到8元一件。同样的道理，当有1 000万件快递的时候，商家就可以把快递成本压到5元一件。接下来就是推广费，在网上作推广，每送出一件睡衣给网站提成3元，这也是正常的。首先，免费送的产品可以提升网站浏览量；其次，每赠送一件睡衣可以赚3元，这对于网站来说也算是一笔小收入了。

到目前为止，产品生产解决了，推广解决了，物流解决了，这个生意就成立了。算一算账，每送一件睡衣，企业的支出是16元（8+5+3），收入是23元，可获利7元。送出1 000万件睡衣，企业的总盈利就是7 000万元。

资料来源：佚名.睡衣免费送，利润7 000万元？赚大钱的商业模式，却丢失了用户价值［EB/OL］.［2024-04-15］. http://www.360doc.com/content/19/0415/19/8425264_829007228.shtml.有删减.

思考：

你如何看待此案例中所体现出来的商业模式？它是健康的商业模式吗？

企业要将自己的核心认同和价值观有效地传达给消费者，需要确立一个正确的价值主张，企业的一切传播和营销活动必须围绕正确的价值主张来进行。在目前产品同质化日趋严重的今天，企业的关键在于寻找不同于甚至优越于同类产品的真正利益点。

一、价值主张的定义

价值主张是指企业要传递给客户的一种差异化的价值观，用于指导企业的研发、生产和服务。价值主张强调对客户来说什么是有意义的，即对客户真实需求的深入洞察，如客户在采购大型设备时主要关注质量、售后服务、价格、品牌等方面，客户在选择供应商时也会重点从这几个方面进行考察。

价值主张是提供给客户满足其需要的一系列利益，即对客户真实需求的深入描述。

有关价值主张，企业必须思考以下几点：

- 企业该向客户传递什么样的价值？
- 企业正在帮助客户解决哪一类难题？
- 企业正在满足哪些客户需求？
- 企业正在给客户细分群体提供哪些系列的产品和服务？

实例分享4-1 京东与阿里巴巴的价值主张

京东的“多、快、好、省”其实就是京东的价值主张，京东的品类体量非常庞大，物流配送更是具有得天独厚的自建物流体系优势，在其宣传中更是一直在强化只卖正品这个“好”的价值定位。企业一定要有明确的价值主张。阿里巴巴的价值主张是让天下没有难做的生意。阿里巴巴提供了淘宝平台、天猫平台、支付宝以及营销工具、数据分析工具、物流服务等一系列服务与产品，让商家可以相对轻松、低成本地完成“开店-交易-交付”的生意流程。

资料来源：作者根据相关资料整理而成.

二、价值主张的特征

随着商业模式这一个交叉学科的兴起，价值主张作为商业模式的首要构成要素日渐为学者们所重视。商业模式研究学者认为价值主张是商业模式的灵魂，也是商业模式创新的源头和出发点。一个清晰的价值主张是有效开展创新的前提，价值主张必须被严格定义，并被员工、顾客、股东和投资者所清晰沟通和深刻理解。

根据亚历山大·奥斯特瓦德（Alexander Osterwalder）在《价值主张设计：如何构建商业模式最重要的环节》一书中的总结，优秀的价值主张通常具有以下特征：

（1）能被整合到优秀的商业模式中去；
（2）聚焦于客户最关注的目标、痛点和利益点上；
（3）聚焦于客户未达成的目标、未消除的痛点、未实现的利益点上；
（4）聚焦于少数几项目标、痛点和利益点上，但能做到极致；
（5）不囿于功能型目标，致力于实现情感型和社会型目标；
（6）与客户衡量成功的标准相一致；
（7）聚焦于多数人会有、部分人会花大价钱去处理的目标、痛点和利益点上；
（8）能与竞争对手的客户目标、痛点和利益点处理方案区别开来；
（9）至少有一项远胜对手的绝对优势；
（10）难以被复制。

三、价值主张的组织要素

（一）创新

有些价值主张可以满足客户从未感受和体验过的全新需求，因为以前从来没有类似的产品或服务，这通常但不总是与技术有关。比如，微信的出现，就大大改变了人们的通信、工作及生活方式。

（二）性能

改善产品和服务性能是一个传统意义上创造价值的普遍方法。比如，每年手机厂商都会对其产品进行更新和迭代，他们总会找到一个消费者有需求的点，不断地去做升级和迭代，满足消费者的需求，消费者也愿意为他们提供的价值付费。

（三）定制化

定制产品和服务以满足个别客户或客户细分群体的特定需求来创造价值。近几年来，大规模定制和客户参与制作的概念显得尤为重要。这个方法允许定制化产品和服务，同时还可以利用规模经济优势。

（四）"把事情做好"

可以通过帮客户把某些事情做好而简单地创造价值。也就是专精于某一方面的事情，成为行业领先，让客户愿意为你的价值付费。

（五）设计

设计是一个重要但又很难衡量的要素。产品可以因为优秀的设计脱颖而出，在时尚和消费电子产品工业中，设计是价值主张中一个特别重要的部分。

（六）品牌/身份地位

客户可以通过使用和显示某一特定品牌而发现价值。例如，很多消费者使用李子柒品牌产品是基于对李子柒直播内容传递的生活理念和人生态度的认可和追求。

（七）价格

以更低的价格提供同质化的价值是满足价格敏感客户细分群体的通常做法，但是低价的价值主张对于商业模式的其余部分有更重要的含义。

（八）成本削减

帮助客户削减成本是创造价值的重要方法。例如，客户关系管理（CRM）系统的应用，减少了购买者的开销并免除了其自行购买、安装和管理软件的麻烦。

（九）风险抑制

当客户购买产品和服务的时候，帮助客户抑制风险也可以创造客户价值。对于二手汽车买家来说，为期一年的服务担保规避了在购买后发生故障和修理的风险。而服务品质级别担保书，部分抑制了买方购买外包服务所要承担的风险。

（十）可达性

把产品和服务提供给以前接触不到的客户是另一个创造价值的方法。这既可能是商业模式创新的结果，也可能是新技术的结果，或者兼而有之。

（十一）便利性/可用性

服务使事情更方便或产品更易于使用都可以创造可观的价值。例如，滴滴出行在打车、接送机、企业用车等方面就为用户提供了前所未有的便捷体验。

三、顾客价值主张的分类

企业在开展新业务、设计新商业模式时，在面对未知的顾客和市场时，会对潜在的顾客需求以及企业如何运作才能满足这种需求作出一种假设，这种假设是一种创新性的理念即顾客价值主张，能够清楚地阐明企业的业务本质。

（一）以产品定位为焦点的顾客价值主张

营销学从20世纪60年代起便开始讨论“定位”问题，后来逐渐将其发展成为一门经典理论，即定位理论。学者们普遍认为定位理论不仅可以激发企业的品牌生产力，还可以提升运营绩效。具体来说，定位包括4个步骤，分别是：分析整个外部环境，从而确定竞争对手；避开竞争对手在顾客心智中的强势，从而确立企业自身的品牌优势位置；为这一位置寻求一个可靠的证明；最后将定位整合进企业内部运营的方方面面，同时加以资源整合，将定位植入顾客的心智当中。定位理论可以被认为是顾客价值主张的早期理解，此时，学者们更多的是强调企业要以竞争为核心，以击败或超越竞争对手为目的，企业要想获得持久盈利就要为自己的产品或品牌设定一个与众不同的、简洁明了的以及易传播的定位。以产品定位为焦点的顾客价值主张是对企业、企业的提供物以及运行方式等方面的描述，清晰地阐明了企业的产品/服务与竞争者的不同以及企业自身的独一无二之处。

（二）以顾企关系为焦点的顾客价值主张

越来越多的研究学者将价值主张与顾客紧密联系起来，认为价值主张是企业对顾客的一种“承诺”，这种承诺不仅要被顾客所感知，同时也能为顾企关系带来一种互惠效应。以顾企关系为焦点的顾客价值主张被视为是“企业从顾客视角出发而被顾客所感知的一种价值承诺”。这种观点将价值主张研究从产品导向转变为顾客导向，从企业视角转变为顾客视角，使价值主张研究逐步深入到个体顾客的微观层级，拓展了价值主张术语的应用。此时，顾企之间进行“交换”是为了获取特定的利益或服务，顾客不再是待俘获的资源，而是服务的共同创造者，价值主张就是企业和顾客通过多次往复沟通所达成的一种互惠的价值承诺。

第二节 客户价值洞察

案例导入 “得到”与“在行一点”的客户细分

人类天生有学习的欲望，在快节奏发展的时代，更是需要不断学习来适应社会。不同于纸媒时代，现在人们获取信息的方式极为便捷，但是网络中也夹杂着各种噪声，让我们很难分辨出哪些是真正有价值的信息。

“得到”整合了市场上的知识内容和业内大咖的资源，为用户提供了一种碎片化学习的方式，让用户在短时间内获得有效知识。

所以我们可以发现，“得到”满足的是想利用碎片化时间高效获取知识的人群需求。那么它的市场定位也就随之而现，它做的是知识服务市场的生意。

如果说市场定位是选赛道，那么产品定位就是在赛道中怎么跑的问题。尤其是面对相同的用户群体，当同一个市场上的玩家越来越多时，只有在产品定位中寻找差异化才能在激烈的竞争中凸显优势。

同样是做知识服务市场，“在行一点”和“得到”的产品定位却不相同。面对用户的求知需求，“得到”侧重的是“搜知识”，用户可以对有帮助或感兴趣的内容进行消费，目的性没有那么强。而“在行一点”侧重的是“问问题”，用户对不清楚的问题通过有针对性地提问来获取答案，具有较强的目的性。

类似的还有淘宝和拼多多，它们做的都是零售电商市场，前者起步早，侧重于整合信息，提供多样化的购物供给；而后者从社交拼团切入，侧重于满足更低价格的购物需求。

资料来源：佚名.3步建设具有传播力的品牌形象［EB/OL］.［2024-05-03］. https://baijiahao.baidu.com/s?id=1599449679191653704&wfr=spider&for=pc.有删减.

思考：

“得到”与“在行一点”是如何对客户进行细分的？

明确价值主张就是在客户的心智中建立区别于竞争对手的差异化价值组合的认知。客户是商业模式的核心。只有综合考虑价值容量、资源优势等因素后，才有可能确定目标客户及需求。商业模式构建需要企业首先洞察客户，理解客户需求及利益偏好，梳理当前客户需求如何被满足以及存在哪些显著痛点。

一、客户需求

（一）客户

1.客户的定义

客户是指需要企业帮助或服务的对象，包括个人、家庭和正式组织等。这类群体的共同特点是需求从未得到满足或尚未得到有效满足，需要企业通过特定产品或服务解决。

在价值主张设计阶段，我们首先强调客户是企业产品和服务的使用者，但不一定是产品服务的购买者。比如，在老年保健品市场，目标客户是老年人，但付钱购买的群体往往不是老年人，而是他们的子女等；在儿童产品市场中，目标客户是儿童，但买单的是他们的父母。在互联网时代，除了儿童市场、老年市场外，使用者与付费者相分离的情况越来越多，比如，360搜索的服务对象是需要快速检索信息的网民，但他们可以免费使用，由第三方来买单。

2.客户细分

客户是任何一个商业模式的核心，找到自己的客户群体是商业模式构建的前提。为了更好地服务客户，企业可以按照客户的需求、消费行为及其特征的不同，将客户分成不同群体，见表4–1。

表4–1　客户群体分类

类型	概念	举例
大众市场	不会细分客户群体，而是聚焦于一个庞大的、有着广泛的相似需求和问题的客户群体	智能手机用户
小众市场	迎合某个具体的、专门的客户群体，根据客户群体的独有需求量身打造	汽车零部件制造商仅为某主流汽车品牌商提供专有零部件
求同存异的客户群体	面向有着些许区别的需求和问题的多个细分市场，提供稍有区别的价值主张	商业银行将客户细分为企业客户和普通客户
多元化市场	面向需求和问题迥异的多个客户群体，分别提供不同的价值主张	阿里巴巴不仅为客户提供批发和零售服务，还为企业提供云计算服务
多边市场	服务两个或多个相互独立的客户群体，且不同客户群体之间具有相互吸引的特征	淘宝连接“买家”与“卖家”这两个相互吸引的客户群体

实例分享4-2　宝洁的市场细分

宝洁公司是工业时代客户细分做得最成功的公司之一。当时在美国，宝洁拥有8个洗衣粉品牌、6个肥皂品牌、4个洗发水品牌和3个牙膏品牌。在中国，宝洁旗下的洗衣粉有碧浪、汰渍等；洗发水有沙宣、海飞丝、飘柔和潘婷等；香皂有舒肤佳、玉兰油等。宝洁首先根据客户对洗发产品的不同需求，把客户分成不同的类型，根据不同类型的消费者设计不同的产品并进行区别定位，所有的产品广告都是针对不同的客户细分群体量身定制。比如，在海飞丝广告中，肯定会看到头皮屑；沙宣的广告中也一定有专业发型设计师；潘婷的广告中一定有营养头发的理念传递。

资料来源：作者根据相关资料整理而成.

3.客户定位

企业可以服务于一个或多个客户群体，但企业要谨慎地选择服务于哪些客户群体，以及忽略哪些客户群体。客户定位首先要明确谁是企业未来的服务对象，谁才是企业最重要的客户，即明确基础客户。关于基础客户的定位，有3个原则可以作为定位依据，即潜伏原则、规模原则和关系原则，见表4–2。

表4-2 客户定位原则

定位原则	说明
潜伏原则	关注那些需求尚未得到满足或需求一直未得到关注的客户群体
规模原则	在可能的备选客户群体中选择规模最大的群体
关系原则	在可能的备选对象中选择自己最熟悉和最了解的群体

实例分享4-3 耐克的客户细分

20世纪90年代中期，耐克的市场研究部门发现，随着生活方式的多元化发展，思维方式和生活态度越来越成为影响耐克消费者的最重要因素。于是，耐克开始采用生活态度对消费者进行细分，根据消费者对新产品和新技术的接收时间和接受程度将消费者分为创新者、最先尝试者、早期从众者、晚期从众者和落后者。耐克将自己的客户锁定在“最先尝试者”，这部分人大约占总人数的10%，一般都是某一个市场或领域的“意见领袖”，他们可以帮助耐克将品牌或产品推荐给“从众者”和“落后者”。通过这样的客户细分，耐克实现业绩的突飞猛进，1996年，其市场占有率攀升至43%，仅美国市场的销售额就超过30亿美元。

资料来源：作者根据相关资料整理而成.

企业或创业者可以根据基础客户定位的3个原则初步确定客户群体，并通过小范围内的实验，不断推进和深化对该客户群体的洞察、理解，作出优化调整，直到锁定最佳的服务对象。当确定基础客户后，还要继续思考如何扩大客户群体，即“有没有新的客户群体”。很多企业往往只关注与企业直接打交道的客户，未能沿着价值链跨出一步，关注客户的客户，或者换个方向努力，成为其他企业的供应商。不少企业创新性地选择客户，并获得巨大成功。他们不只服务表面上的客户，还服务其他客户群体，表4-3列举了几个成功案例。

表4-3 客户选择创新

案例企业	不只服务于	还服务于
故宫	游客	线下故宫文创爱好者
知名餐饮集团	店内消费者	超市等
腾讯	软件用户	有融资需求的创业企业
华为	消费者	软件开发企业、通信设备企业
斯沃琪	消费者	手表制造商、手表分销商

（二）需求

1.需求的概念

需求解释了客户的行为动机，是由“需”和“求”两个层面构成的整体，与需要既有联系又有区别，见表4-4。需要一般被认为是本质需求，基本稳定，而需求则被认为是表层的，会因不同客户或不同时期而发生变化。

表4-4　需要与需求

项目	说明	举例
需要	需要来源于人类本能，是个体生存发展所需的。它既无法被创造出来，也无法被人为消除，是客观存在的	个体要在地球上生存，就必须有阳光、空气、水等基本条件
需求	从本能需要提出的满足要求，是更加具体、更加细化的想法，表现为不同偏好	人类对出行需要提出可靠、便捷、经济、环保等具体要求

2.需求分级

根据马斯洛需要层次理论，需要并不是单一层级，可以划分为不同的层级，由低到高的分为生理需要、安全需要、社交需要、尊重需要和自我实现需要等5类，见表4-5。后来，马斯洛在自我实现需要与尊重需要之间补充了求知需要和审美需要，其中求知需要是指个人对周围世界的探索、理解及解决疑难问题的需要；审美需要是指对对称、秩序、完整结构以及行为完美的需要。

表4-5　需求分级

需求分级	不只限于
自我实现需要	属于实现个人理想、抱负，发挥个人能力到最大程度的需要。实现自我境界的人，接受自己也接受他人，解决问题能力增强，自觉性提高，善于独立处事，要求不受打扰地独处，期望完成与自己能力相称的事情
尊重需要	属于对成就或自我价值的个人感觉，也包括期望得到他人对自己的认可或尊重的愿望。尊重需要得到满足，能使人对自己充满信心，对社会怀有满腔热情，体验到自己活着的价值
社交需要	属于人类群居模式而产生的需要，包括对友谊、爱情及隶属关系的需要。感情上的需要比生理上的需要来得细致，它和一个人的生理特性、经历、教育、宗教信仰等都有关系
安全需要	属于期望排除不确定性和由此带来的生理与心理痛苦的需要，包括对人身安全，生活稳定及免遭痛苦、威胁或疾病等的需要
生理需要	属于人类生命本能产生的需要，是推动人们行动最首要的动力，表现为对食物、水、空气、安抚等方面的需要

当客户不再作为终端消费的个人或家庭出现，而是以企业、政府、医院等形式的组织机构出现时，同样拥有客观的需求基础。只不过，这些需求不再是人类的本能，而是

在这些工作机构中，由于导入新的要素，如新的设备、新的流程，而产生了局部效率、工作节奏、产品质量要求等方面的变化，这会使原来工作体系中的一些环节成为新的短板，产生新的不平衡。这些短板或不平衡，就会产生被满足的欲望，产生需求。

3.需求分类

按照隐蔽程度分类，需求分为现实需求和隐性需求。

现实需求是指已被人们发现的需求类型，并获得不同程度的满足，主要包括两类：第一，现有企业主动忽略的需求，如现有企业因为产能、盈利等因素，选择优先满足中高端客户的需求而主动忽略的低端市场需求；第二，现有企业暂时无法满足的需求，尤其是现有技术水平下无法解决的需求，比如癌症、太空旅行。

隐性需求通常是指现有企业甚至是客户自身都还未发现的需求，具有很强的隐蔽性，从未得到满足。此类需求要么是一直客观存在但未被发现，要么是原有需求升级带来的新需求。要发现此类需求，往往需要企业拥有敏锐的市场洞察力。甚至隐性需求的发现具有很强的偶然性，一旦被企业发现，企业就可以开辟“蓝海”市场，获得前所未有的发展机会。

二、客户收益

(一) 客户收益的概念

客户收益或客户利益、客户价值，是指客户想要的结果或效益，包括功能效用、社会收益、积极体验及费用节省等，见表4-6。客户收益通常是不同元素的组合，可以是数量上的，如价格、速度，也可以是质量上的，如独特设计、客户体验感等。

表4-6 客户收益

类别	解释	举例
功能效用	客户收益的功能效用可以划分为标准功能和定制功能。前者是企业为大众客户提供的标准化基本功能，后者是企业为少数客户专门定制的功能，在功能种类和性能水平上会有差别	客户选择汽车产品时，首先考虑汽车的基本性能，如速度、安全性、操作性等，而座椅加热等附加功能有时就属于定制服务
社会收益	社会收益是指客户的尊重、归属等社会需要得到满足后获得的收益。客户购买产品，除了考虑产品的使用价值，还会考虑产品的符号价值即产品蕴含的人文属性	除考虑汽车的性能，客户还非常关注汽车的品牌价值
积极体验	当客户的情绪、体力甚至精神达到某一特定程度时所产生的美好、难忘的感觉，如兴奋、刺激等	客户会考虑驾驶汽车时给自己带来的美好感觉，如自由、兴奋、操控性强等
费用节省	客户以更低的货币成本获得需求的满足。成本不只是产品服务的价格，而是从需求产生到需求满足全过程的成本，包括信息搜集成本、使用成本、维护成本等	客户选择汽车时，不仅考虑购车价格，还会考虑汽油费用、维修费用、停车费用、处置费用等

(二) 客户收益的分级

有些收益是客户所需要、期望或渴望的，有些是令其惊讶的。具体而言，客户收益可以划分为4个等级，从上到下依次为必需收益、期望收益、渴望收益和意外收益，具体内容见表4-7。

表4-7 客户收益分级

分级	说明	举例
必需收益	如果没有此项收益，整个方案都不能运行，通常表现为基本的功能效用。如果缺少此项，客户马上会不满意	我们使用智能手机时最基本的收益是通话
期望收益	视为基本收益，但无此项收益也不会影响整个方案的运行，客户不会“不满意”，大概率会是“没有满意”	苹果手机推出后，客户会对手机外观提出期望
渴望收益	远远超出客户的期望但客户又非常喜欢的收益，尤其是客户会主动提出个性化的想法	小米手机推出后，粉丝们会对手机性能提出期望
意外收益	远远超出客户预期和渴望的一些收益，甚至是客户自己也想不到、提不出的一些想法	支付宝的出现解决了消费者线上购物的支付问题

不同类型的收益在客户心中的地位是不一样的，这也构成客户偏好差别。客户及其周围的环境都在发生变化，有些客户偏好会消失，而新的客户偏好也会不断产生。为迎合客户偏好变化，企业的新机遇也会不断出现，进而从变化的客户偏好中获益。很多企业把握了客户偏好的变化，并快速作出反应，获得了极大成功，具体见表4-8。

表4-8 客户偏好变化及举例

客户偏好变化	举例
产品功能→产品价格	廉价航空公司、经济型酒店、拼多多
产品、服务→解决方案	盒马生鲜、京东到家
可获得性→丰富选择	淘宝网、京东商城
产品功能→产品质量	小米充电宝
产品功能→快速交付	京东物流

三、客户工作及痛点

(一) 客户工作

工作是指具有明确目的的一组活动。客户为满足其目标需求而开展一系列活动的行为也可以视为一种工作。客户工作可能是客户正在进行或尽力完成的工作、正尽力解决的问题或他们正尽力去满足的需求，具体包括功能性工作、社会性工作、情感工作、支持性工作等。

对于客户而言，不是所有的工作都具有相同的重要性。有些工作很重要，如果不能完成将会导致很严重的后果；有些工作不重要，因为客户更关注其他事项。

（二）客户痛点

客户痛点是指妨碍客户完成工作或客户在完成工作过程中产生的问题，包括不想要的结果、障碍、风险等3类，见表4-9。

表4-9 客户痛点分类

类型	解释	举例
不想要的结果	涉及客户不喜欢、不想要的特性，体现在客户工作的各个层面	功能层面：不起作用或运行不好 社会层面：很不体面或难为情 情感层面：感觉很沮丧 支持层面：操作很复杂，很麻烦
障碍	妨碍客户开始工作或使工作放缓的因素	缺少资金、时间不够、人员紧缺
风险	客户不想要的潜在结果或负面后果	影响获取职业安全感

与客户工作一样，客户痛点也会很极端或一般。一些客户痛点被消除的同时，也会促成新痛点的产生，比如通过手机可以浏览虚拟世界，但长时间看手机也会导致颈椎不适、视力下降等新痛点。

客户痛点都是发生在某项工作之中的，消除痛点的过程也是改进工作的过程。痛点定位需要以工作界定为前提。同一对象在同一项工作上可能存在一个以上的痛点，例如，打车这项工作可能包括“叫车不易”“被欺诈”“遗失物品难以寻回”等诸多痛点。

对企业而言，应重点关注以下4类痛点：第一类就是谁都不知道，客户自己不知道，竞争对手也尚未发现；第二类是客户自己知道一些，但是不完整，所以无法清晰表达；第三类是客户自己知道，但是无法公开表述，有时我们也把这类客户痛点称为“客户的难言之隐”；第四类往往是在行业内众人皆知，但是尚未被行业内任何企业所解决。

四、需求定位

（一）价值评估

价值评估是指企业要对需求的价值容量进行估算。需求的价值容量可以看作需求地位和需求规模这两个因素的乘积，需求地位越高，需求规模越大，价值容量越高。

1.地位评估

需求地位是指某类或某些尚未满足的需求在目标客户心中的重要性程度。根据需求层次理论，不同需求在客户心中的重要性是不一样的。一般而言，高级需求比基础需求在客户心中的地位更高。在某个具体时期内，重要性有不同的内涵，不同的对象也有不同的“必需”标准。比如对现在的很多年轻人来说，分享需求可能要比睡眠需求重要得多，这就使得微信创造的价值要比床创造的价值高得多。

企业在评估需求地位时，还需要结合需求痛点进行分析。如果需求存在多个痛点，且痛点长期存在，或经常发生，给客户带来严重困扰，此时客户愿意付出较高的成本，该类需求在客户心中的重要性也就比较高。

2.规模评估

需求规模是指需求发生的总次数，取决于两个因素：客户主体规模和需求发生频率。客户主体规模越大，该类需求发生频率越高，需求规模越大。

客户主体规模是指企业拟解决某个问题的客户总体。这里的客户总体是从客户问题的角度进行定义的，与企业提供什么样的产品或服务无关，是企业系统思考“我们准备解决哪些人的问题”之后形成的。

需求发生频率是指对于客户个体该需求在单位时间内发生的总次数。需求发生频率取决于需求性质——需求的地位和角色。对于私人家庭而言，做饭发生的频率显然要比旅游多。

在互联网社会，企业不能将目光限制在传统的市场范围、地理范围和意识范围内，要充分利用互联网效应来锁定规模更大的潜在客户群。同时，不同类型的需求在发生频率上有所差异，与弹性需求相比，刚性需求发生的频率较高。

（二）定位原则

通过需求价值评估环节，企业可以找到若干个具有价值潜力的需求，最后到底要选择满足哪类需求以及哪些需求点，企业还需要在综合权衡之下进行战略性选择，进而获得卓越的需求定位起点。企业在需求定位时可以参考聚焦原则、价值原则和优势原则等三个定位原则。

1.聚焦原则

聚焦原则是指企业在需求布局时，选择重要且尚未被有效满足的需求类型，以及这类需求的客户非常渴望却未被满足的需求点，即聚焦到核心需求和需求痛点，形成独特的需求集。如果不能瞄准客户的核心需求，企业就很难获得良好的客企关系起点，直接影响商业模式其他模块的构建。如果不能聚焦需求痛点，企业很难获得客户认同，也难以在市场竞争中获得优势。

2.价值原则

价值原则是指企业在需求布局时，选择价值较大的需求类型。需求市场的价值潜力取决于需求规模和需求地位。从需求规模上讲，企业可重点关注客户主体规模大且发生频率高的需求。从需求地位上来讲，企业可重点关注高级需求或短期内对客户非常紧急的需求。要么选择很多人都有的痛点的需求类型，要么选择少数客户愿意花大价钱解决痛点的需求类型。

3.优势原则

优势原则是指企业要选择自己预期有能力满足且优势较大的需求类型及需求点。该原则强调企业在需求布局时需要考虑自身的资源和能力状况，但并不意味着企业自身一定要拥有相关资源和能力，企业可以对外部资源进行整合。此外，该原则确定的需求通常也是企业比较熟悉、关系比较密切的需求。对于熟悉的客户需求，企业相对比较容易找到在满足客户需求过程中出现的问题，更容易对需求痛点进行系统梳理，进而满足客户需求。

(三) 定位矩阵

如果将客户划分为现有客户和潜在客户，将需求划分为现实需求和隐性需求，可以获得4种不同的定位思路，如图4-1所示。

现实需求

现有客户 | 潜在客户

①满足现有客户的现有需求时还存在哪些痛点	②现有企业主动或被迫忽略了哪些客户的现实需求
③现有客户还有哪些需求从未得到发展和满足	④随着新的技术、经济、环境的发展，客户会产生哪些新的需求

隐性需求

图4-1 “客户性质-需求性质”矩阵

企业可选择主攻某类客户的某类需求，也可以同时满足2个及以上不同类型的需求。如果同时考虑需求种类和客户种类，又可以获得4种不同的定位思路，如图4-2所示。

单类需求

单类客户 | 多类客户

①在满足该类客户的此类需求时，存在哪些需求痛点或新的需求点	②除了现有客户，还有哪些客户同样有此类需求
③还有哪些未满足的需求与核心需求同时或陆续会发生	④哪几类需求或哪几类客户之间存在高度相互吸引效应

多类需求

图4-2 “客户种类-需求种类”矩阵

如果企业选择满足某类客户的需求，定位布局时可参考以下方法：

第一，瞄准现实需求，选择某个核心需求，深挖核心需求满足过程中长期存在的需求痛点，为客户提供更多利益型价值，包括时间更灵活、成本更节约、技能要求更简单等。例如，经济型酒店专注于“舒适、安全、卫生”等住宿的核心需求被满足后，为客户提供价格更低、更方便的利益型价值。

第二，瞄准现实需求，在满足核心需求的基础上，顺应消费升级，满足更多层次的需求，比如在做好产品基础功能的基础上，考虑满足客户社交、求知、审美等更高层次的需求。例如，星巴克不只是为客户提供高品质的咖啡，更强调独特的装修风格、选址、服务等，满足客户社交需求、审美需求和尊重与自我表现需求等高层次需求。

第三，瞄准现实需求，重点整合零散需求，提供“便利”服务。大多数企业习惯性选择满足核心客户的核心需求，容易忽略零散需求，结果反倒是零散型需求长期得不到满足。事实上，如果零散需求发生的次数规模巨大，一旦企业能够有效整合，就可以获得非常可观的经济回报。例如，某医院后勤服务公司，早期为医院提供保洁、保安和机电设备维修等传统物业服务，但由于门槛低和竞争激烈，中标价格不断走低，利润率逐年下滑。后来，该公司调整目标需求，转而向患者提供服务，满足患者的购买、送餐、干洗、陪诊、陪护等零散需求，获得了新的收入来源。

第四，破坏性创新，发掘隐性需求。破坏性创新就是要求企业主动跳出或打破已有的行业规范、惯例等，挖掘规模巨大且从未被满足的隐性需求。在成熟行业中，已有企业对某类客户需求具有类似看法，进而形成行业规范和市场规则。这些规范、规则有助于提高供给和交易效率，但也固化了客户需求被满足的类型，使得客户的其他需求或者已有需求的其他被满足方式被屏蔽。此时，行业有可能会被别的行业企业跨界挑战，甚至被重新定义。比如：腾讯提供的即时通信服务，颠覆了传统的通信行业；支付宝、微信支付等移动支付颠覆了传统银行结算业务。

如果选择同时满足多类客户的需求，那么关键就是要准确判断不同客户及其需求之间是否存在相互吸引的关系。如果A类客户的增加能够吸引B类客户的增加，而B类客户的增加反过来又能增加A类客户，那么就能相互促进，良性循环。此时，企业通常需要构建一个双边（多边）平台，通过刺激其中一类客户来吸引其他类型客户，不断提高市场稠密度。例如，淘宝同时满足“卖家”和“买家”的需求，刺激买家使用淘宝平台，可以提高对卖家的吸引力，而卖家数量的增加可以增加产品的丰富性，增加对买家的吸引力；滴滴打车同时满足“司机”“乘客”“广告商”的需求，对乘客的服务可以促进更多乘客使用软件，平台聚集的乘客越多，平台对司机和广告商的吸引力越大，而可选择的司机越多，对乘客的吸引力也越大。

五、客户洞察方法

客户洞察不能基于一厢情愿的主观臆断，也不能基于严谨但却苍白的逻辑推导，一定要设身处地，身临其境，深入各种现实、鲜活、生动的使用和消费情景中，在各种情景中感知和把握客户的各种要求、各种期待，然后详细地将其记录下来，再分门别类地整理。客户洞察需要具备两种基本素质，分别是“入微”和“外推”。

“入微”是指企业需要移情思维，设身处地，深入客户内心，从对人性欲望的探究出发，来摸索和确定可能的客户痛点，而不是从产品技术的角度出发。对技术过于偏爱甚至狂热，往往会忽视目标客户及其痛点，导致很多企业掉入“技术陷阱”。

“外推”是指企业要判断发现的需求及痛点是否具有社会普遍性。即使一些需求及痛点是社会海量人群普遍拥有的，但最初暴露出来的往往只是被这个痛点折磨的一小部分人，所以需要企业进行“外推”，判断需求及痛点是会在更大范围内存在，还是说它仅仅是个局部现象，做到举一反三。本书介绍4种常用的客户洞察技巧，帮助企业深度理解客户，见表4-10。

表4-10 客户洞察技巧

技巧名称	说明	评价
查找	查找产业现有的研究报告和客户数据，并且学习邻近或性质完全不同的产业类似的或相反的数据	难度较小，可以为深入研究提供良好的基础，但需要从不同途径获得统计数据
采访	通过与潜在客户交谈的方式获得一手数据，但可能会出现采访到的是一套数据，实际中却是另一套数据的情况	难度一般，可以快速、廉价地获取基本了解，但客户并不总是了解自己的真正需求，实际做法可能并不一样
观察	在现实生活中，作为客户的影子，24小时全方位跟踪客户，得到客户真实的、好的见解	具有一定难度，但获得的资料可以提供无偏见的视角，发现真实需求
体验	“变成自己的客户”，花一天时间去扮演自己所在行业的客户，从扮演一个挑剔的客户的经验中得到真知灼见	难度一般，直接体验客户工作、痛点和收益，但并不是总能代表真正的客户或者不一定能被应用

第三节 客户痛点解决方案

案例导入 商业模式设计：牛肉券的轮回

春节前夕，某牛肉厂商生产了一张100元的牛肉券，以65元打折的价格卖给了经销商，经销商以80元的优惠价将其卖给消费者A，消费者A转手将其送给消费者B。消费者B因为不吃牛肉，又以40元的打折价格将其卖给了“黄牛”，“黄牛”又以50元的价格将其卖给了某牛肉厂商。至此牛肉券又回到了厂商手里，完成了这次从“出生”到“新生”的大轮回。结果：某牛肉厂商还并没有真生产100元的牛肉，仅仅是印了一张牛肉券就赚了15元，经销商也赚了15元，消费者A送了人情，消费者B赚了40元，“黄牛”赚了10元。

在这个利益链条里，购买牛肉券的消费者A可以实现低价购券的目的，而消费者B又可以把不想享用的牛肉兑换成可使用的现金，牛肉券因此多次循环，厂家、经销商、"黄牛"也纷纷从中获利。最终，只有消费者A花费了80元，但他收获了自己认为等值的"人情"。

资料来源：作者根据相关资料改编而成.

思考：

试分析牛肉券背后蕴藏的商业逻辑的不合理性。

一、解决方案设计

（一）界定客户工作

企业要为客户工作提供解决方案，首先需要界定客户工作。界定客户工作就是需要确定客户工作的起点、终点及过程。

任何一项工作都必须有一个明确的起点，如一家电商企业的在线服务工作，其起点通常是客服人员收到一条咨询或投诉信息。客户工作起点并没有一个明确的标准，所谓的界定其实就是要对客户本来没有意识到的工作起点进行确认。一旦界定了客户工作的起点，就意味着由此开始，直到该项工作结束，都要纳入客户问题解决方案之内。工作起点应确认围绕痛点开启，不要距离痛点太远。例如，在网上开店的电商卖家都需要进行店铺装修工作。这项工作的最大痛点是电商卖家们不知道如何选择适合自己经营产品的店铺基调。这时，工作起点可以定义为"调取店铺基础模板"，新店铺的装修工作可据此设计。

工作终点意味着工作结束，通常以达到工作目标作为截止点。工作目标有两个要素：第一，该项工作的某个结果满足某种需求，如洗碗工作的目标就是干净的餐具、客服工作的目标就是服务对象的点赞等；第二，该项工作能够安抚、消除或缓解需求痛点。服务对象需要以最低的痛点承受来获得工作结果。如果企业拟解决的客户工作不止一项，就需要分别明确各项工作的目标。明确工作目标，需要企业以客户洞察为基础，识别客户的收益偏好。

客户工作是有明确目的的一组活动。完成这些活动需要一定的时间延续，因而工作也是一个或短或长的过程。该过程需要一定的资源投入，并且会产生一定的成果。工作所需要投入的资源可以仅仅是人力形式的，也可以包含多种资源（如人力、设备、工具、信息数据等）。工作过程是影响问题解决程度的最关键环节。不同的解决方案会有不同的工作流程及行为规则。工具改进、流程优化以及情景创新等方式都可以用于改进解决方案，提高工作效率与效果。例如，失眠是睡眠的痛点，企业可以选择提供药物治疗，也可以选择提供催眠等心理治疗。如果我们选择药物治疗，药物工具是影响工作成果的主要因素，显然不同的治疗失眠的药物将会产生不一样的治疗效果；如果我们选择心理治疗，不同的治疗流程将会产生不同的效果。

（二）识别工作痛点

在完成界定客户工作的基础上，企业需要有效梳理客户工作痛点，并在此基础上识别出最严重的、亟待解决的痛点。

首先，结合生命周期理论，我们可以将工作划分为三个阶段，分别是工作启动、工作进行与工作收尾阶段。每个阶段会面临不同类型的痛点，企业需要站在客户视角深入挖掘，具体见表4-11。客户工作的开展常常基于他们所处的特殊背景，而这些背景情况可能会存在不同的约束或限制。例如，你在家里用电视机看视频与在手机看视频是不同的，同样你在火车上给某人打电话和正在开车时给某人打电话也是不同的。

表4-11 工作生命周期与工作痛点

客户工作		工作痛点		
生命周期	说明	痛点内容	痛点程度	痛点排序
工作启动阶段	为工作开展提前做好的各种准备活动，尤其是客户请求外部力量帮助的活动			
工作进行阶段	按照一定流程使用相关工具解决专业问题的过程			
工作收尾阶段	工作周期末端的结算与反馈活动			

其次，企业将识别出来的客户痛点按照严重性程度排序。工作痛点严重性排序需要企业不仅要识别痛点的内容，还要尽可能具体化。比如，企业可能已经识别出乘客等车时间长的痛点，但是，还要进一步量化，要估算出乘客等车时间具体有多长，且超过什么标准时乘客会难以忍受，会觉得时间被严重浪费。只有当企业真正了解了如何准确测量工作痛点的严重程度时才能进行严重性排序，才能更好地设计痛点缓释解决方案。

（三）创新设计

1.定位创新

客户工作定位是解决方案设计的起点。定位创新可以帮助企业打开思路，找到高附加值的工作，企业具体可以参考以下6种定位创新思路：

第一，能够涉足更多的工作。不只是聚焦某个工作环节，思考是否可以涉足一整套的工作，包括相关的和辅助的工作。例如，智能手机厂商重新定义了手机——除了通信功能，还包括移动办公、休闲娱乐等客户工作。

第二，能否切换到一份更重要的工作。帮助客户解决一个不同于目前大多数价值主张关注的工作，比如，喜力得作为机具的制造商，需要了解客户购买产品的目的不只是为了钻几个洞，更重要的是确保进度、避免罚款。

第三，能否超越功能性工作。以超越功能性工作的视角，完成更重要的社交性和情感性工作来创造价值。比如，面包新语制作的样式新颖的面包不仅能用来填饱肚子，还会让客户产生愉悦的心情，甚至作为新颖的礼物赠送给亲朋好友。

第四，能否帮助更多的客户。帮助更多的人解决一项工作，不然就会很复杂或成本很高。比如，腾讯将自身强大的云计算、云存储业务与其他企业共享，使得任何规模的公司和预算都能享受相关服务，而公司也借此开辟新的收入来源。

第五，能否更好地完成一项工作。帮助客户通过一个价值主张进行一系列微改善，进而更好地完成一项工作。比如，德国博世针对一种圆锯的客户真正关心的和远超竞争对手的产品特点进行了大范围的改善。

第六，能否帮助客户更彻底地完成一项工作。一个新的价值主张在帮助客户完成工作方面明显优于旧的方式。比如，滴滴打车平台运用移动互联网技术、定位技术、移动支付技术等研发了移动出行平台，帮助客户更好地完成中短途出行工作。

2. 工具创新

工具是解决方案中最核心的要素。工具的改变意味着解决方案的改变，甚至可能发生革命性变化，如3D打印技术作为加工工具，深刻改变了制造模式，使企业能够规模化定制，满足客户的个性化要求。

企业在寻求工具创新布局时，可参考以下思路：第一，结合流程分析，如果某些环节还未有支持性工具，企业就可以尝试为客户研发相关工具，通过工具代替传统流程，提高效率；第二，如果某些环节已经有相关支持性工具，企业需要考虑能否突破现有技术，使工具的核心性能在先进性或稳定性方面实现革命性提升；第三，如果企业无法突破现有技术，可以考虑研发辅助功能，增加工具用途，为客户更多的工作提供支持。

事实上，解决问题的工具涉及一种以上的产品或服务。企业需要对工具的功能进行布局，即明确工具的核心功能和辅助功能，使这个以核心功能为中心的功能体系能够最佳地解决客户的需求问题。功能的规划布局一般有4个方向：

第一，时间。工具既可以帮助客户节省时间，例如，滴滴打车软件可以让客户更快地打到车，也可以让客户的时间更加灵活，例如，ATM机就打破了银行人工服务的时间限制，使得客户获得更大的时间自由。

第二，成本。工具可以使获得产品或服务的成本降低，尽可能多地帮助客户降低解决问题的综合成本。例如，打印机的购买费用只是成本的一部分，打印机提供商需要帮助客户降低的是整个文印成本，而不仅仅是打印机费用。

第三，技能。工具的使用往往需要专项技能，但太多的专项技能会限制工具的使用。工具简单意味着客户在工作中使用工具的专项技能越少越好。

第四，途径。东西再好，如果获得的渠道过于复杂，就会导致客户不满。互联网技术发展为产品或服务获取途径的创新提供了巨大机会，如在线客服、电子验票、快捷物流等。

3. 流程创新

完整的流程除了工作过程，还包括请求过程、结算过程和反馈过程。工作过程与工具的作用类似，对需求满足效果起到决定性作用。流程创新的主要内容就是客户使用产品或服务来满足其需求的工作过程的创新，但流程创新不能仅限于工作过程的改进，而应覆盖客户需求被满足的全过程，即包括请求、结算、反馈等。例如：企业可以开发App或者小程序，方便客户发出请求；嵌入移动支付，提高支付便利性；添加线上反馈模块，方便客户对企业产品或服务进行评价。

企业在设计流程时，可采用结构化思维，局部或全局性改变流程结构，实现创新设计，具体包括以下3种方法：

第一，改变环节内容与方式。企业在不改变环节构成及其顺序的情况下，改变环节内容及其实现方式，尤其是引入新的工具或合作伙伴。例如：企业可以引入专业豆浆机设备来提高豆浆产出数量；企业可以选择更有实力的渠道商来提高产品的流通速度和质量；在网络会员注册方面，企业可以增加手机号注册、二维码登录等方式，大幅度提高注册登录效率。

第二，改变环节顺序与关系。企业在不改变环节构成及其内容的情况下，调整不同环节之间的顺序及其关系。例如：企业将质量检查环节嵌入生产运作的各个环节，可大幅度提高产品合格率；企业可以将结算环节前置，提早收回现金，如先结算后使用。

第三，重构流程环节。企业通过流程环节的切割重组、删减、添加等方式重新构建客户需求满足流程。其中：切割重组是指企业将环节切割成更小的单位，然后进行重新组合。例如，戴尔公司通过互联网技术实现直销，大幅消减了渠道环节；滴滴公司通过在打车软件增加提前叫车、线上结算与反馈功能，提升了客户出行打车体验；某健康体检企业拆分体检环节，将身高和体重测量、抽血等简易体检环节外包给各个小型诊所，减少了拥堵情况，提高了体检效率。

4.情景创新

任何工作都发生在某个具体的时空背景下。即便是拥有同样的需求满足目标，当场合发生改变时，情景也会随之改变。比如，从实体店购物转向网络购物就是一种情景革命。企业在情景设计时，应遵循以下3个基本原则：

第一，新颖原则。该原则要求企业无论在单个情景设计还是情景组合设计时，都要具有一定的新颖性，要能够为客户创造新的价值。例如，与传统室内摄影相比，现在越来越多的摄影工作室选择室外拍摄，满足客户个性化的拍摄需求。即使是室内摄影，越来越多的摄影机构试图通过搭建不同的主题氛围进行差异化竞争。

第二，效率性原则。该原则要求情景设计时不能一味地追求“标新立异”，要兼顾满足效率，要使客户越来越方便地工作。在互联网社会，越来越多的企业实施O2O战略，用线上情景代替某些线下情景，突破时空限制，使客户越来越方便地工作。例如，苏宁易购实施新零售战略，通过开发线上购物平台，突破时空限制，使客户可以充分利用零碎时间购物。

第三，协调性原则。该原则强调情景是解决方案的构成要素之一，企业在情景设计时要注意与其他要素之间的协调统一，实现整体提升。不同方案可能需要完全不同的情景，而不同的情景组合能够创造不同的价值。企业在情景设计时，可以选择创新某个具体的情景，也可以从整体上对情景进行重新组合，包括重组线下情景、重组线上情景和线下线上整合3个大方向，其中线上线下切换是目前比较流行的方向。

5.角色创新设计

参与主体在资源及其投入意愿方面存在差异，因此，将不同角色赋予不同参与主体也能够在一定程度上改变解决方案。企业在调整企业与客户之间的角色分配进行设计时，可参考以下创新思路。

第一，改变企业角色。当工具或流程需要高度专业技能时，增加企业角色，由企业集中性提供相关产品或服务，有助于提高需求满足的效率和效果。比如，在医疗行业，由医生负责操作医疗设备和提供辅助性行为对疾病治疗效果更好。另外，随着分工的深入，原本由客户承担的职责也呈现“外包”趋势，即改由企业提供专业技能低、零散而琐碎的配合性行为。事实上，企业提供的配合性行为在满足过程中发挥的作用越来越大，这也导致越来越多的制造企业向服务型企业转型，即从仅提供产品工具到还提供工作情景服务的配合性行为。例如，米其林公司在意识到这个趋势后，短短几年就从出售轮胎转型到提供轮胎管理服务。

第二，改变客户角色。随着客户能力的提升和对自主需求的不断追求，越来越多的客户愿意且有能力承担他们感兴趣的职责，扮演新的角色。这种趋势越来越明显，导致很多企业逐渐开放价值创造系统，由客户参与创意、研发、设计、制造、销售、售后等环节，开创了众包、众筹等新的模式。例如，乐高玩具将制造中的组装环节分配给客户，为客户提供DIY体验的同时，企业自身也降低了制造成本、物流成本，客户还为企业分担了部分产品质量风险。

二、解决方案评估与完善

解决方案要素设计完成之后，企业需要从总体上对其进行系统整合，全面规划，并从内外部两个视角进行评估与调整。

（一）解决方案评估

评估是指企业在解决方案要素设计结束之后，从总体上评价解决方案的有效性。解决方案越有效，对客户的吸引力越高，市场价值越大。企业需要从内外部视角对解决方案进行综合评价。

1.内部视角

解决方案设计的目的是消除或缓解需求痛点，因此解决方案中消除或缓解痛点的状况是决定其吸引力大小最根本的因素。

关于痛点消除或缓解效应的评价，需要企业回答以下4组问题：

第一，消费情景消除或缓解了客户的哪些痛点？消除或缓解的程度如何？由此，企业为客户创造了哪些价值？价值水平的高低程度如何？

第二，该项需求是否还存在未被解决的需求痛点？这些痛点的性质和程度如何？

第三，客户在使用解决方案后，是否在消除或缓解原有痛点的同时又增加了新的痛点？

第四，客户是否由于消费情景引发新痛点而排斥该情景？

2.外部视角

从外部视角评价解决方案是指企业将自己设计的解决方案，与其竞争者对相同工作提供的解决方案进行比较，主要从以下4个方面进行比较：

第一，满足层次比较。解决方案的吸引力与其满足的需要的层次相关。一般来讲，满足的需要层次越高，吸引力越强。如果本企业能够为客户创造高层次的满足，且这种满足是竞争对手无法提供的，那么本企业的解决方案就会获得巨大的支撑。

第二，解决程度比较。在满足的性质相同的情况下，解决程度越高，解决方案的吸引力就越强。在很多情景下，解决方案对需求痛点的消除状况与工具（也就是企业提供的产品）的属性直接相关，因此，改进产品将高水平地消除痛点。

第三，痛点范围比较。一类需求存在多个痛点，一个卓越的解决方案需要将客户的不同痛点有效串联起来。如果一个具体的解决方案消除或减缓的痛点数量多于竞争对手，那么它的吸引力就越强。

第四，解决成本比较。一般而言，解决方案帮助客户消除痛点、获得某种满足的同时，也会要求客户承担相应的成本。因此在其他方面相同的情况下，消痛成本越低，该解决方案的吸引力就越强。

（二）解决方案完善

企业在对解决方案进行整合完善时，需要关注以下4个导向：

1.痛点导向

企业要通过一个尽可能清晰、完美的解决方案，来吸引尽可能多的潜在客户关注、感兴趣和选择。为此，企业在设计解决方案时要面向客户工作的完整流程，盯住流程中的所有痛点，分别设计消痛方式。当全部的消痛方式组合起来，一个对客户具有高度吸引力的解决方案就形成了。

2.体验导向

所有的客户满足，无论它们的性质是什么及程度如何，都会统一转化为客户体验。客户体验不是企业的自我感知，更不是企业源自技术或品牌或其他优势的自豪感，而是客户实际感知到的美好感觉。体验导向下，企业应重点关注2个方向：立体化和过程化。立体化要求企业从单一的线下或线上支持，转化为线上与线下的结合，使客户获得全方位的支持，构建独特的体验；过程化要求企业将片段化支持进化为全过程支持，并在此过程中提供实时化的各种配合性服务和工具。

3.全程导向

全程导向是指企业应针对客户工作的完整过程进行设计，而不是针对其中的某一个或某几个环节进行方案设计。在传统制造企业的解决方案中，企业一般只关心如何为客户提供产品，而忽略了其他环节。随着客户对支持性行为需求的增加，企业解决方案对产品工具的依赖性越来越低，反而需要企业在配合性行为投入更多的资源。

实例分享4-4　IBM客户痛点解决方案

以IBM为例，IBM长期以来一直将自己定位为“机器制造商”，但是由于竞争的加剧，该公司陷入前所未有的困境。IBM并没有在产品工具层面死缠烂打，而是主动重构客户解决方案，从单纯提供机器的制造商转型为提供信息技术与业务解决方案的服务商。事实上，很多优秀的制造企业纷纷把自己定位为服务型企业，为客户提供与实物产品相关的服务，甚至提供的完全是服务。

资料来源：作者根据相关资料整理而成.

4.生态导向

立体化和过程化的解决方案涉及多样化的工具和服务。这些多样化的服务与工具往往具有互补性质，即这些服务和工具是针对同一个满足或体验提出的，服务于同一个目的。通过导入互补性的工具和服务，支持多样化的互补环节，既能帮助企业创造独特的客户价值，又可以为企业价值获取创造条件。在现实中，众多企业已成功构建自己的商业生态，如微软操作系统、阿里巴巴网上购物、万达广场等。以万达广场为例，为了兑现“万达广场是城市中心”的承诺，万达广场需要包含多种服务业态，成为一个多样化的城市消费空间。但万达公司没有必要，也不可能自己运营广场中的全部服务项目。于是，万达公司采取相应的措施，吸引那些愿意进场经营的餐饮、娱乐等方面的经营者，与万达共同构成一个特定的商业生态。

第四节　价值主张的生成

案例导入　摩拜单车的运营模式

2018年4月4日，美团和摩拜双方签署收购协议，美团以27亿美元的作价拿下摩拜，包括65%的现金和35%的美团股票，其中另有3.2亿美元的现金作为未来现金流补偿，同时承担摩拜约10亿美元的债务，就这样上线仅2年的摩拜卖身美团。

（一）客户价值主张

客户的价值主张不仅包括使用该共享单车的市民的价值诉求，同时也应该包括城管、市政等相关政府职能部门的利益主张。首先，摩拜单车的设计优于传统的市政公共自行车，摩拜单车采用无桩借还车模式，这样的设计为借车的市民提供了便捷，无论身处何处，只要不需要用车就可以把车停在范围合适的位置，这样也方便了下一位用车的市民。同时在单车设计方面，摩拜与时俱进，根据客户的需求推出新的车型或者改良某些性能。例如，针对女性单车使用者推出了可单手调节车座的新车型。其次，共享单车的发展是需要相关政府部门的合作与支持的。摩拜单车在方便市民出行的同时也为城市带来了许多的问题，最为突出的就是摩拜单车的停放问题。这时摩拜单车与政府之间进行了更为紧密的合作，政府的介入不仅可以规范单车的摆放问题，还能利用交警、城管部门的监督减少对摩拜单车的损坏甚至是偷盗行为。双方优势互补使得摩拜单车可以提供更高质量的服务。

（二）关键资源与流程设计

共享单车是一个进入成本较低但退出成本较高的行业，要想在这样的一个行业中立足甚至成为独角兽首先要做到具有规模效应，规模效应要求投入数量足够多的单车，从而在数量上碾压其他竞争对手，拥有成本和价格优势。一方面，摩拜单车联合富士康集团推出了小蓝车计划，将每辆单车的制作成本降至最低；同时，摩拜单车具有GPS定位功能，还搭配了防爆轮胎和无链条的轴转动，这些功能既方便了工作人员对单车进行维护与监控，还使得维护费用和频率大大降低。另一方面，摩拜单车对其自身的App进行了深度开发，摩拜单车的App中不仅包含免费骑行券、积分兑换等具有价格带动功能的板块，还有骑行培养身心健康方面的精彩推文。这样双管齐下的做法既丰富了原本仅具有开关单车功能的App的作用，还培养了消费者的骑行习惯。

（三）盈利能力

摩拜单车实际上并没有一个清晰的盈利模式，仅仅靠每小时1元的骑行费用是难以维持摩拜单车的日常运营费用的，去年12月的财报显示摩拜一个月内包括用户付费等收入总额只有1亿多，但经营成本约为3亿元，折旧费用近3亿元。也就是说，在淡季，摩拜每个月的亏损达数亿元。正如摩拜CEO王晓峰所说，之所以需要别人投资，是因为暂时还没有找到较为合适的盈利模式，摩拜需要风投赢得时间去探索盈利模式。吸引美团的并非摩拜单车的盈利能力，而是摩拜单车所掌握的客户骑行的行为数据，这些数据才是摩拜单车真正的盈利条件。比如，微信的小程序中已经添加了摩拜单车这样一个功能，目的就是利用摩拜单车使用者"最后一千米"的数据，为微信绘制一幅出行数据地图，这样的一幅地图会使得微信总结出单车使用者的消费习惯，进而介入这些消费交易，提高自身的盈利能力。

资料来源：孟子琦.共享单车的商业模式及未来展望［J］.报刊荟萃（上），2018（7）.

思考：

摩拜单车的价值主张解决了客户的哪些痛点？

客户痛点解决方案设计标志着价值主张原型初步形成。价值主张原型犹如一块璞玉，需要经过持续不断地打磨和精雕细刻才能基本定型。无论是价值主张的初次生成，还是后续调整创新，只有经过布局、测试、改进等3个完善环节，才能明确、一致、有高度吸引力。

一、价值主张布局

（一）价值主张的内容

价值主张是企业对为客户提供的价值进行组合。价值主张可以是创新的，并通过一种新的或革命性的产品服务来创造，也可以与现有产品或服务类似，但增添了新的特点和属性，进而为客户带来水平更高的收益。客户的收益通常是不同元素的组合，可以是数量上的，如价格、反应速度等；也可以是质量上的，如独特设计、客户体验等。价值主张设计需要企业总结归纳出收益内容，评估每类客户收益的水平，甚至要明确具体数量。表4-13是一份关于客户价值创造的方式的不完全罗列，对价值主张原型构建与布局具有很强的参考意义。

表4-13　关于客户价值创造的方式

类别	解释	举例
创新	以一种新的或革命性的产品或服务来满足客户之前未曾察觉的全新需求	智能手机VS固定电话
性能改进	改进性能，为客户提供更强大的产品或服务，但改进性能是有局限的，因为性能改进并不一定能更好地满足客户现有需求或新需求	个人计算机在计算速度、存储空间的持续改进
定制	针对某些客户或客户群体的某项特殊需求提供定制化产品和服务，如大规模定制和客户参与创造的生产方式	DIY产品鼓励客户参与产品或服务的生产环节
外包	帮客户完成支持性工作，使客户集中力量专注于核心工作	飞机制造商帮助航空公司完成飞机引擎的维护，使航空公司专注于航线运营与管理
独特设计	设计是重要而难以量化的元素。一个产品可能由于其出色的设计而鹤立鸡群	时尚行业 消费电子行业
地位	产品服务具有符号表达作用，客户可以通过使用或展示某一品牌而彰显身份	奢侈品
低价	以更低的价格提供相同的价值是满足价格敏感型客户群体需求的普遍方式，甚至是直接提供免费产品或服务，重新定义行业	西南航空公司提供廉价航空服务
缩减成本	基于需求生命周期理论，不只是降低产品价格，而是帮助客户降低需求周期的整体成本	线上购物平台降低了消费者查找、比价、交易等方面的成本
控制风险	为客户购买的产品或服务降低风险，提供保障	电商平台提供7天无理由退货 家电企业为客户提供售后服务
方便获取	帮助客户获得之前难以获得的产品或服务	共享单车分时出租 共同基金降低投资门槛
操作简单	让产品使用起来更方便或操作起来更加简单	智能手机、智能机器人

（二）价值主张布局

价值主张布局要求企业在梳理价值内容的基础上，经过综合权衡，进行战略性布局。一般而言，价值主张布局时应从客户、企业、竞争对手等多个视角，抓住关键问题而持续不断地评估企业的价值主张，具体见表4-14。

表4-14 价值主张布局的视角及关键问题

视角	关键问题
客户视角	是否关注最重要的工作、最严重的痛点 是否超越功能性利益，涉足情感性利益和社交性利益 是否与客户定义成功的标准一致
企业视角	是否具备或能够获取核心资源和能力 企业内部是否达成共识 是否能够得到主要合作伙伴的理解与认同
竞争对手视角	是否区别于竞争对手关注的客户工作、痛点 是否至少在某一方面远远超越竞争对手 价值主张是否很难被竞争对手复制

基于上述视角，企业在价值主张布局时需要具有聚焦性思维、超越性思维和破坏性思维等3种布局思维，具体内容见表4-15。

表4-15 价值主张布局思维

布局思维	解释
聚焦性思维	聚焦客户最主要的工作、最严重的痛点和最必要的收益 聚焦令人不爽的工作、未解决的痛点和没有意识到的收益 聚焦解决一点问题就能给客户带来很好改善的工作、痛点和收益 聚焦大多数人都有或少部分人愿意花重金去改善的工作、痛点和收益
超越性思维	超越资源能力限制，不要过早关注“能不能以及如何制作蛋糕”的问题 超越现有竞争对手，提供有显著区别或至少一方面远远超越的价值组合 超越模仿性竞争，找到一个竞争对手难以复制的价值主张
破坏性思维	寻找到规模更大且长期未得到满足的需求，打破现有行业的规范和惯例，提供具有颠覆性效果的客户价值

综合布局后的价值主张应基本符合明确性、一致性和独特性要求，其中：明确性是指价值内容要明确，层次要清晰；一致性是指价值内容要与客户、合作伙伴理解一致；独特性是指提供新颖的价值内容或远超期望的价值水平。

实例分享4-5 抖音点击4亿的“答案茶”为什么不火了

2018年3月，“答案茶”在抖音意外走红，2个多月，这家奶茶店竟然签下了400多家加盟商，加上抖音和其他媒体的争相报道，该奶茶店在一段时间内简直是门庭若市！“答案茶”的核心价值在于解决用户物质需求的同时，让用户得到心理上的安慰和满足。然而不难发现，曾经风靡的“答案茶”开始褪去光环，很多消费者不禁想问，“答案茶”为什么不火了？有人曾将其失败的原因归纳为以下3点：其一，产品缺乏核心竞争力；其二，没有迅速建立良好的加盟机制；其三，企业产品和发展逐渐脱离商业本质。这个归纳虽然并不完整，但是并不无道理。

资料来源：作者根据相关资料整理而成.

二、价值主张测试

（一）价值主张测试的分类

测试的目的是减少价值主张创新的不确定性和风险。价值主张测试是围绕解决客户真正关心的工作、痛点和收益的产品服务进行价值主张设计的过程的一部分，包括问题-方案契合性测试、产品-市场契合性测试、价值主张-商业模式契合性测试3种类型。

1.问题-方案契合性测试

问题-方案契合性测试发生在价值主张初步形成阶段。该阶段有两个明显特点：第一，有证据表明客户关注哪些工作、痛点和收益；第二，企业设计了一个能解决工作、痛点和收益的价值主张，但尚未有证据表明客户对其价值主张感兴趣。企业在努力识别客户最重要的工作、痛点和收益后，一般会设想多个价值主张。问题-方案契合性测试，可以帮助企业从中筛选出最契合的价值主张。这种契合仅停留在书面上，尚未得到验证，需要进一步证明客户对企业设计的价值主张是否感兴趣或者重新设计一个新的价值主张。

2.产品-市场契合性测试

产品-市场契合性测试发生在有证据表明企业的产品、服务和解决方案能真正为客户创造价值并受到市场欢迎的阶段。在此阶段，企业将努力验证或否认价值主张潜在的假设，将不可避免地了解到早期的许多想法根本无法创造客户价值或者客户毫不在乎，需要设计新的价值主张。事实上，找到产品-市场契合的价值主张是一个相当长且反复的过程。

3.价值主张-商业模式契合性测试

价值主张-商业模式契合性测试发生在有证据表明价值主张一定能够植入可盈利以及可实现的商业模式中的阶段。如果一个好的价值主张无法植入好的商业模式中，则意味着企业无法获得预期收益，甚至会导致失败。没有健康的商业模式，任何一个好的价值主张都不能最终获得成功。价值主张-商业模式契合性测试需要在为客户创造价值的价值主张与为企业创造价值的商业模式之间来回探寻，测试产品或服务是否能得到业务系统保障，是否企业能够设计出有效的盈利模式。

（二）价值主张测试的流程

价值主张测试流程一般包括生成假设、假设排序、设计测试、测试排序、运行测试、获得学习6个阶段。

1.生成假设

价值主张生成过程和生成结果都有相应的假设基础，企业要识别出哪些是成功实施价值主张前必须要得到验证的假设。比如，企业计划为客户提供产品A，那么支持性假设有：第一，产品A能够有效解决客户主要的痛点；第二，客户会持续购买或使用产品

A；第三，企业有能力有效地向客户提供产品A。

2.假设排序

并不是所有的假设都是同等重要的。有些假设可以摧毁企业的业务，而有的假设只是在那些最主要的假设为真的时候才能起作用。因此，企业要从那些主要的、根本性的假设开始测试。

3.设计测试

我们可以设计一个测试卡，测试卡包括假设描述、测试描述、衡量指标和成功标准等内容，具体见表4-16。

表4-16 测试卡

步骤	要求	举例
第一步：假设描述	准确描述需要测试的假设，并展示该测试的关键程度	广告需求商需要寻找有效的方法帮助企业推广产品和服务
第二步：测试描述	描述如何设计实验去测试这个假设是正确的，并展示测试需要投入的成本以及数据可靠程度	为了测试以上假设，广告企业将会实施一个百度关键词广告，广告的关键词是某类产品和服务
第三步：衡量指标	定义衡量的数据，明确衡量测试有效性的指标，并展示测试需要的时间	广告点击率、购买咨询信息
第四步：成功标准	定义一个目标值，指出指标数值达到具体什么标准时，假设才算是得到验证	广告点击率和咨询信息达到什么程度时，假设是对的

对最关键的假设，企业往往需要考虑多个实验来测试。开始时，用廉价和快速的测试；如果有必要的话，可以跟进更精确、更可靠的测试。

4.测试排序

企业要将最关键的假设排在最优先的测试位置，同时考虑将那些可以以廉价成本快速完成的测试在早期进行，因为早期的不确定性更大。随着确定性的增加，可以增加预算，以获得更加可靠的数据。

5.运行测试

从最优先的测试位置开始测试。如果第一次试验使得最初的假设无效，企业可能不得不回到价值主张画布，重新思考创意。

6.获得学习

从测试结果获得新的信息，得到新的结论和洞察，并进一步明确基于新的结论和洞察，企业将会采取什么样的行动。我们可以利用学习卡使获取的洞察力结构化，见表4-17。

表4-17　学习卡

步骤	要求
第一步：假设描述	充分描述进行测试的假设
第二步：结果观察	概述实验数据和成果，可能要综合来自几个测试卡的结果
第三步：洞察与学习	从测试结果得出了什么结论，有没有得到新的结论和洞察
第四步：决定与行动	描述基于新的结论和洞察，将会采取什么样的行动

素养园地

同仁堂：价值视角下的商业模式创新实践

348年前，乐氏家族在北京创办了一间小药铺。此后，这家药铺供奉御药188年，历经风雨而不衰，成为享誉世界的“中华老字号”。秘诀何在？两个字：诚信。“炮制虽繁必不敢省人工，品味虽贵必不敢减物力”，这是同仁堂的承诺；“修合无人见，存心有天知”，这是同仁堂的良心；“同修仁德，济世养生”，这是同仁堂的情怀；“童叟无欺，一视同仁”，这是同仁堂的职业道德。近些年，同仁堂在新的环境中不断探索，基于现实情况采取了一些措施，对其商业模式的要素进行调整，确定新的发展路径，以提高中药老字号企业的竞争力。

1.从顾客角度提供新的价值

同仁堂在市场中积极对客户需求进行探索，努力提供让客户满意的产品和服务。例如，现如今人们生活节奏快，一些中药的使用方法比较复杂，同仁堂则给客户提供切片、粉碎、炮制等服务，方便顾客使用；同时根据各个地区的特点、客户的消费习惯制定特有的销售策略，很好地满足了客户的心理需求。

2.积极优化价值传递途径

近几年来，同仁堂一直在探索传统中药业务与电子商务的有效结合，在2015年10月上线“天然淘”跨境电商平台的基础上，继续从传统营销渠道向互联网销售转型，成立了多个网上药店，旨在能够有更多的客户群体，发挥中药产品的独有优势等。同时，同仁堂健康推出了多个微信公众号，以一些典型客户为原型推广产品，增加了企业对外宣传的渠道和影响力。2017年，同仁堂又选取了同仁堂漱口水和同仁堂娇韵紧润露进军微商领域。

3.努力优化成本结构

同仁堂的研发投入低，2016年的研发投入仅仅占销售额的1.67%，而研发投入中的大部分是用在优化生产工序、环保处理、节能降耗等方面，这大大降低了企业的成本，但是企业的价值主张没有改变。

资料来源：孙妍，茅宁莹.价值视角下的中药老字号商业模式创新路径——基于同仁堂的案例研究［J］.现代商贸工业，2018，39（16）.有删减.

通关练习

一、知识简答

1.什么是价值主张？其组织要素有哪些？

2.什么是客户痛点？

3.客户价值创造的方法有哪几种？

4.如何进行客户的需求定位？

5.简述价值主张的设计流程。

6.简述价值主张的影响因素。

7.简述价值主张与企业商业模式创新之间的关系。

二、实践操作

1.在实践中，企业是如何创造顾客价值的？请举例来具体说明。

2.以小组为单位，选择一家知名企业，分析该企业的客户痛点，并提出相应的解决方案。

第五章　重构业务结构

【学习目标】

1. 知识目标

◎了解企业成长阶段

◎掌握企业重构业务结构契机

◎熟悉业务组件、业务结构、利益相关者等基本概念

◎掌握业务结构设计的基本原则

◎熟识重构业务结构的四大核心关系

2. 能力目标

◎能够正确判断企业业务结构重构的时机

◎能够正确处理重构业务结构过程中与供货商、渠道商、客户和员工的关系

3. 素养目标

◎培养刚毅、果敢、敢于创新和担当的企业家精神

◎培养学生的创新意识和法律底线意识

◎提高学生以客户为中心的服务意识

【知识导图】

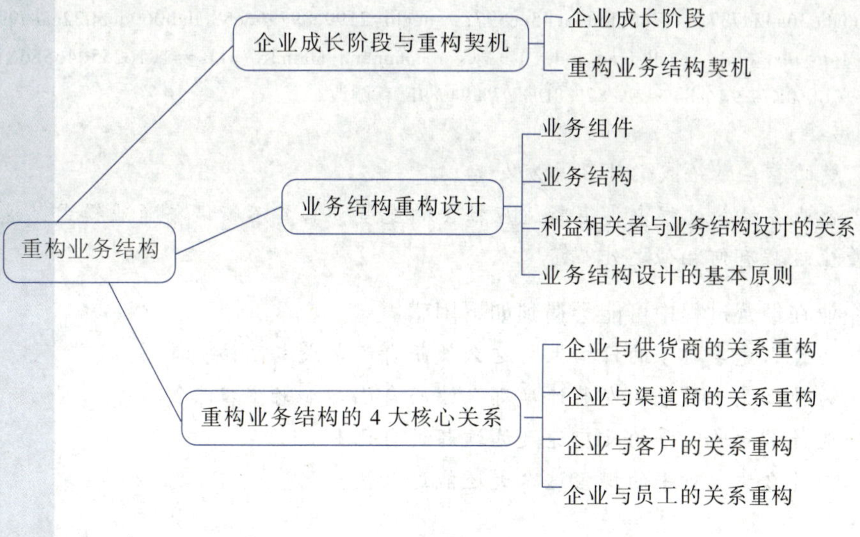

第一节 企业成长阶段与重构契机

案例导入 鹰的重生

鹰是世界上寿命最长的鸟类，它一生的年龄可达70岁。要活那么长的寿命，它在40岁时必须做出困难却重要的决定。这时，它的喙变得又长又弯，几乎碰到胸脯；它的爪子开始老化，无法有效地捕捉猎物；它的羽毛长得又浓又厚，翅膀变得十分沉重，飞翔十分吃力。

此时的鹰只有两种选择：要么等死，要么经过一个十分痛苦的更新过程——150天漫长的蜕变。它必须很努力地飞到山顶，在悬崖上筑巢，并停留在那里，不得飞翔。

鹰首先用它的喙击打岩石，直到其完全脱落，然后静静地等待新的喙长出来。鹰会用新长出的喙把爪子上老化的趾甲一个一个拔掉，鲜血一滴滴洒落。当新的趾甲长出来后，鹰便用新的趾甲把身上的羽毛一根一根拔掉。5个月以后，新的羽毛长出来了，鹰重新开始飞翔，再度过30年的岁月！

资料来源：佚名.鹰的重生［EB/OL］.［2022-11-07］. https://wenku. baidu. com/view/5dc52b6ade36a32d7375a417866fb84ae45cc397? aggId=2199c897a66e58fafab069dc5022aaea998f41bb&fr=catalogMain_text_ernie_recall_feed_index% 3Awk_recommend_main3&_wkts_=1716255046556&bdQuery=%E9%B9%B0%E7%9A%84%E9%87%8D%E7%94%9F.有删改.

思考：

1.鹰的重生带给我们什么启发？

2.企业在经营过程中要不断适应社会的发展，需要不断调整商业模式，这个过程与鹰的重生过程有何相似之处？

企业在经营过程中可能会遇到如下困惑：

· 为什么竞争对手的价格做得这么低而自己却成本高昂？

· 为什么竞争对手的发展速度那么快而自己却如老牛拉车？

· 为什么竞争对手的反应速度远远超过自己？

· 为什么竞争对手的规模这么大还能这么快？

……

不管是一家初出茅庐的公司，还是一家历史悠久的公司，如果遇到了以上这些问题，就是重新考虑业务结构的时候了。业务结构直接决定了一家企业的成本、反应速度和扩张速度。如果企业想在激烈的竞争中脱颖而出，更快速地把企业规模做得最大，就必须在业务结构的设计上有独到之处。

与战略、组织架构、企业文化、业务流程相比，商业模式重构是更为彻底的转型，其重要性远远凌驾于其他转型之上。只有决定了企业利益相关者交易结构的转型方向，才有可能为企业战略、组织架构、业务流程和企业文化的转型定下正确的基调。

和生物一样，企业的发展也有一个生命周期，不同的是，在一定发展阶段，企业可以通过重构商业模式、变革交易结构返老还童，逃逸出原生命周期而进入一个新的循环。如果企业能抓住商业模式重构的每一次契机，就有可能实现真正的长生不老。

一、企业成长阶段

IBM（国际商业机器公司）创立至今已有超过100年的历史，其主要业务从制表机到大型机、个人计算机，再到硬件集成、软件集成和知识集成，商业模式也一直在变化。虽然从1924年开始，IBM这个名字就再没变过，但是IBM的内涵却时刻变化着。

企业生命周期可分为六个阶段：起步阶段、规模收益递增阶段、规模收益递减阶段、并购整合阶段、垄断收益递增阶段和垄断收益递减阶段（如图5-1所示）。每个阶段的供求特征和行业平均状况不同，面对的挑战和机会也大相径庭，有些阶段甚至需要重构业务结构，即重新构造企业内外利益相关者的交易结构。

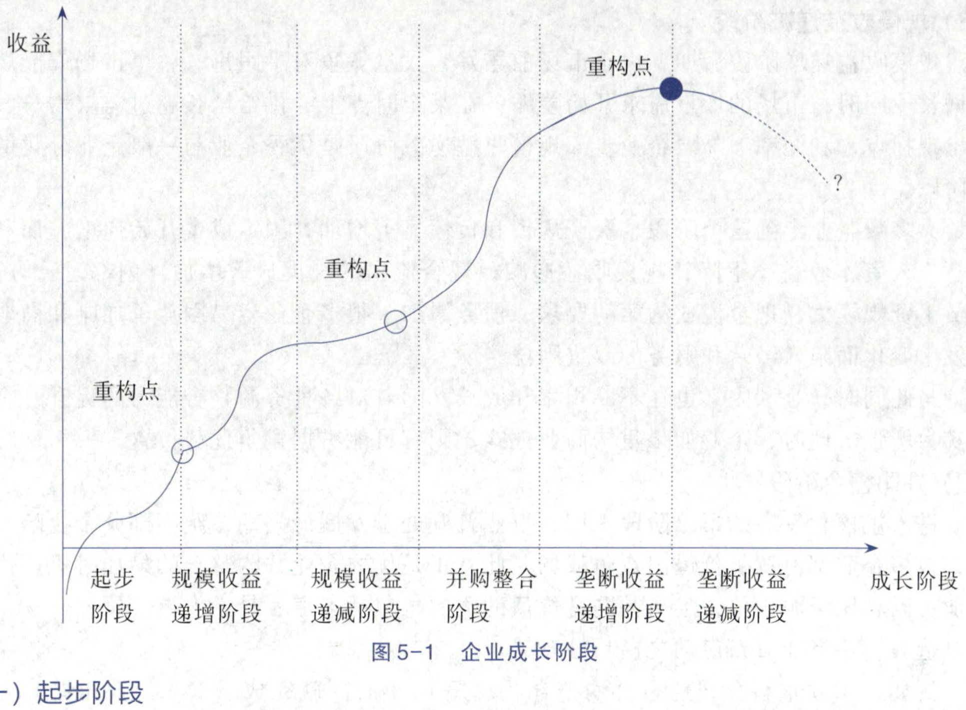

图5-1　企业成长阶段

（一）起步阶段

该阶段企业的主要任务是发现商机，构想并试验商业模式。起步阶段，企业最要紧的是求生存，其次才是求发展。因此，现金流是否通畅极其重要。优秀的企业完全可以通过商业模式的设计做到不差钱，即并不需要外部的资金支持。例如，源美租赁公司引入银行做保理融资，即公司通过将其合法拥有的应收账款转让给银行从而获得融资的行为，解决了设备租赁行业起步投入资金过大的瓶颈，当系统运转起来后企业可以持续不断地拥有巨大的现金流，巧妙地快速完成从起步到腾飞的过程。

商业模式次优的公司由于有巨大的成长空间和很好的盈利前景，而且起步资金并不大，可引入天使投资人或者风险投资。携程旅行的成功，离不开IDG的第一笔投资和软银集团的第二轮融资，两笔融资为携程旅行提供了必需的起步资金，更为后面的高速成长打下了基础。

（二）规模收益递增阶段

企业从起步到规模收益递增阶段，主要面临销售和资金流问题。销售主要解决产品的推广和渠道，渠道搭起来后，企业会迎来一阵销售井喷的发展势头，接下来就要适度扩大产品规模，同时保持产品的推广力度。不论是规模扩大，还是渠道推广，都需要充沛资金流的支持，因此，企业在这个阶段保持销售和资金流的均衡发展至关重要。

这个阶段的企业，假如能够向投资者论证清楚其盈利前景，可以通过企业正式IPO之前的一轮投资（Pre-IPO）、首次公开发行（IPO）、股权再融资（SEO）、债务融资等金融策略解决资金流瓶颈，并通过项目投资的方式扩大产能，提升利润率，实现规模收益递增，从而完成企业从起步到壮大的起飞过程。

（三）规模收益递减阶段

规模收益递增阶段后期，由于市场前景好，大量竞争对手跟进，整个市场产能爆发式增长。同时，市场的增量需求开始萎缩。在某个时点上，供给增长超过需求增长，市场出现拐点，利润率下降。企业步入规模收益递减阶段是优秀企业与一般企业分化的关键阶段。

大多数企业走到这个阶段，资产规模和负债显著增加，固定成本开始递增，而利润率、投入资本收益率下降，规模收益递减，现金流出的规模显著增加。内部运营方面，人员工资规模大，现金流成为第一要求，债务增加。很多企业容易因竞争加剧和商业环境发生变化而陷入经营和财务的双重困境。

与此同时，有利因素也在不断积累和成长。随着对各种资源整合能力的提升，企业软实力增强。此时，企业如果重构商业模式，则有可能占据竞争优势位置。

（四）并购整合阶段

进入规模化发展的第二阶段末期，行业普遍处于发展低潮期，绝大部分企业陷入困境，很多企业都愿意折价退出竞争战场，此时正是优秀企业并购整合的最佳时机。优秀企业可以利用资源优势，趁机并购有价值的资源，包括渠道、骨干人员、研究开发、生产制造等，在行业重新启动之前巧妙布局。

例如，中联重科公司通过并购整合，短短10年时间就完成了未来产业布局。并购整合给中联重科带来了长期的高成长，营业收入从2000年全年2.45亿元，增长至2009年三季度的148.19亿元，净利润由2000年全年的0.53亿元，增长至2009年三季度的16.8亿元。至此，中联重科已经成为全球最大的混凝土龙头企业和工程机械产品种类涵盖最全面的企业。

实例分享5-1　中联重科的并购历程

2001年11月，中联重科整体收购了英国保路捷公司。这次收购，是中联重科在资本市场上与国际接轨的重要尝试，也使我国在系统非开挖领域的技术水平至少提前了20年。这次收购为中联重科填补了非开挖设备在国内生产的空白，同时使其获得了进入国际市场的绿色通行证。

2002年12月21日，中联重科兼并湖机，增添了新军，也使湖机焕发了生机与活力。

2003年8月30日，中联重科、建机院、浦沅集团、浦沅有限公司实现了四方重组并购。

2003年9月，中联重科对中标实业有限公司全部经营性资产及相关负债作了收购。中联重科迅速获得了环卫机械这一优质、成熟的业务，丰富了公司的产品领域，进一步提升了公司的整体核心竞争能力和抗风险能力。

2008年3月25日，重组并购陕西新黄工并组建土方机械公司，标志着中联重科正式进军土方机械领域。

2008年6月23日，中联重科收购湖南汽车车桥厂，组建控股湖南中联重科车桥有限公司。

2008年7月28日，中联重科收购华泰重工82%的股权。此次收购使中联重科成功进军矿用机械、特种机械等行业，并将进一步完善产业链，有利于公司主业进一步做大做强。

2008年9月28日，中联重科联合弘毅投资、高盛、曼达林基金与CIFA在长沙正式签署收购交割协议，正式完成了对世界三大混凝土机械制造商之一CIFA股份的全额收购。

资料来源：佚名.中联重科20周年纪实：并购的中联模式［EB/OL］.［2012-09-27］. https://news.d1cm.com/2012092735870.shtml.有删改.

（五）垄断收益递增阶段

后并购整合时代，行业的小鱼小虾们，或破产自动退出历史舞台，或被收购成为大企业的附庸，行业里往往只剩下屈指可数的几家领头企业，企业进入垄断收益递增阶段，享受着并购整合后的协同红利，在行业内风光数年。

例如，IBM在1995年拉开收购软件的序幕，短短10年间，进行了近50个并购，完成了中间件5大软件产品系列的布局，一举成为中间件的市场霸主。通过把单一软件并购整合到IBM统一运营平台，IBM让很多软件获得了新生。

（六）垄断收益递减阶段

当垄断竞争到一定程度，行业又重新进入普遍收益递减的过程。具体表现为：企业资产规模巨大、人员规模庞大、管理复杂，加上行业管制和规范要求的增加，刚性成本上升，原来的产品线和业务进入成熟阶段缺乏增长机会，替代产品或者更低成本的企业出现，企业经营和财务风险增加。

此时，有些企业开始寻求不相关多元化，挖掘其他行业的增长机会，成败参半。例如，TCL在彩电领域取得成功后，又进入手机、电脑等领域，多元化在曾经的遍地开花之后漏洞百出，集团公司在2004年上市后不久就戴上了ST的帽子。于是，2005年12月，TCL与法国罗朗格公司签署国际电工、楼宇科技资产转让协议；2007年12月，TCL又先后出售了电脑和低压电器业务。

在这个阶段，有些企业会因为重构业务结构而彻底转型，获得新的增长机会，并重新实现垄断收益递增；也有些企业会因业务结构重构不成功而受挫，需要继续进行探索。

二、重构业务结构契机

在如图5-1所示的企业6个成长阶段中，业务重构的契机有3个，起步阶段、规模收益递减阶段和垄断收益递减阶段。抓住这3个重构机会，企业就有可能走出跟竞争对手不同的发展道路，从而逃逸出企业生命周期，历久弥新。

（一）重构业务结构契机之一：起步阶段

不是每个企业在起步阶段都能选择正确的发展道路。在遭遇市场困境时，如果能够发现是商业模式出现了问题，则可以适时重构商业模式，重构企业业务结构。刚起步时，资产和人力资源规模较小，组织架构也简单，重构遭到的阻力也会相对较小。

所谓“船小好调头”，跟长大后相比，企业在起步阶段重构业务结构不用去打破已经做成的“瓶瓶罐罐”，不用去纠正企业文化，不用去打破对原有资源能力的依赖，因此有利条件是内部阻力比较小。但是在这个阶段，企业的很多资源能力还没有成长起来，很难借助外部的客户资源、供应商资源等渡过难关，因此不利条件是外部借力很微弱。因此，此时重构业务结构与创业相似，不过是换种方式创业而已。企业创业前要设计好商业模式，创业刚起步后发现商业模式不对的话就要及时重构商业模式，这才是正确的创业态度。

实例分享5-2　携程网起步阶段的业务结构重构

从1999年创立到2003年年底纳斯达克上市，短短5年间，携程网成就了一段让人津津乐道的资本市场神话，然而，携程网在起步阶段重构过业务结构的往事却并不为大多数人所知。

在1999年刚起步阶段，携程网就获得了IDG、软银等500多万美元的风险投资，充沛的起步资金给了携程网试错重来的机会。最开始时，携程网定位于旅游的网上百科全书，其业务大致可以这样描述：收集各个国家和各个地区旅游景点的详细情况，把它们编辑成百科全书，放在携程网上供网友们查阅，携程网则通过传播旅游景点的广告获得收益。虽然旅游已经成为现代人的主流生活方式，上网查阅旅游信息也逐渐成为一种生活习惯，但是携程网的盈利模式并没有得到合作伙伴的配合，网站迟迟没有盈利。

在重新比较携程网与传统旅行社的优劣势之后，创始人团队决定重构业务结构，给携程网注入传统旅行社的盈利模式——旅游资源的分销业务。携程网一方面到机场等人流密集的地方发放携程卡，吸引潜在客户上携程网，另一方面派人跟酒店、机场等一家接一家地谈判，争取旅游资源。随着合作伙伴的增多和携程网点击率的提升，客户爆炸性增长和合作伙伴给的折扣走高形成相互支持的盈利循环。

几个月后，通过携程网预订酒店的数量一路增长到15万次。到2002年，携程网的营业额已经高达10亿元人民币，2003年12月携程成功登陆纳斯达克，创造了世人瞩目的资本神话。

资料来源：魏炜，朱武祥.重构商业模式［M］.北京：机械工业出版社，2010.

（二）重构业务结构契机之二：规模收益递减阶段

对于规模收益递减阶段的企业来说，企业已经形成了一定的资源能力，只是市场环境或者内部资产结构等导致运营效率不高。这时企业可以通过对业务结构重构，对自身做加法和减法。例如，企业可以转换成本形态、成本结构，降低资产占销售收入的比例，降低固定成本等，从而增加组织的灵活性。此外，企业还可以通过成长起来的资源能力去发展一些新的盈利点增加收益来源，最终重新实现收益递增。

这个阶段的优秀企业一般仍然专注于本行业，也有了在某些环节的竞争优势，假如可以重构业务模式，把不具备竞争优势的环节转为合作或者卖掉，为优势环节重新搭建交易结构，继而寻求以优势环节为中心的市场扩张，有减有加，往往可以在竞争对手陷入困境的时候实现逆势增长，继续保持强劲的增长势头。

实例分享5-3　万豪酒店集团的商业模式重构

1993年，万豪酒店集团一分为二：万豪服务和万豪国际。前者专营酒店地产业务，后者专营酒店管理业务。万豪服务对名下地产进行证券化包装，做房地产信托投资基金（REITs），为投资者提供投资工具，从而享受税收减免，并释放作为固定资产形式的地产业务中蕴藏的巨大现金流。万豪国际则几乎不直接拥有任何酒店资产，只是以委托管理的方式赚取管理费收益。通过做减法，把万豪服务分离出去，万豪集团大大降低了固定资产比率，控制了经营风险。两家公司分离之后，合作仍然紧密：万豪服务融资新建或改建的酒店，与万豪国际签订长期委托经营合同；而万豪的品牌效应则保证了万豪服务的证券化收益。

分离之后，万豪国际在直营的同时开发了特许业务；而经营地产业务的万豪服务则将业务延伸到万豪品牌以外，开始为其他酒店品牌处置固定资产，“轻化”企业负担。减法之后再做加法，重构业务模式后的万豪酒店集团进一步扩大，实现了规模收益递增。

资料来源：赵宸.轻重资产并驾齐驱，万豪何以发展成全球最大酒店集团？［EB/OL］.［2018-02-08］. http://www.360doc.com/content/12/0121/07/67028_728488061.shtml. 有删减.

（三）重构业务结构契机之三：垄断收益递减阶段

进入垄断收益递减阶段的企业要么已经具备丰富的产品线，要么已经通过横向并购等方式消灭了主要竞争对手，形成了专业化寡头公司。前者会面临产品线宽广造成的人员规模过大、管理复杂的困境，而后者则可能面临单个专业化市场经营风险过大的问题，两者面临的共同问题都是收益递减，需要通过业务结构重构追求新的增长点，让企业焕发新的生机。

与规模收益递减阶段相比，垄断收益递减阶段拥有的资源能力更强，同时多年发展形成的桎梏也更严重。是老树发新芽还是积重难返，取决于企业家的魄力和重构商业模式的想象力。

实例分享 5-4　万科业务结构由多元化向专业化转变

1991年万科的多元化布局达到高潮。受日本综合商社的启发，公司提出“综合商社”的发展模式，业务布局横跨十大行业，覆盖进出口贸易、零售连锁商业、房地产开发、文化影视制作等。

1993年，进出口业务虽然占到万科总收入的70%以上，但实现的利润占比却不足20%；与此形成鲜明对比的是，万科在上海的第一个房地产项目的营业收入只占总收入的5%，但其利润却占到公司整体利润的20%！贸易是万科最早发展的业务项目，但在当时面临经营分散、不成规模、缺乏长期稳定客户的局面；地产业务达到了一定规模，但尚缺乏统一协调。

也是在这一年，万科召开了一次务虚会，堪称企业成长历史上的“遵义会议”。会议决定放弃以“综合商社”为目标的发展模式，提出加速资本积累、迅速形成经营规模的发展方针，并确立以城市大众住宅开发为公司主导业务。自此，万科的“减法”战略正式成形。万科的“减法”包括三个方面：一是退出与住宅无关的产业，从多元化经营向专营房地产集中；二是收缩住宅产业战线；三是减少房地产业的产品品种，向住宅集中。

1993年的这次会议之后，万科开始实施一系列的瘦身计划：转让扬声器厂，出售怡宝蒸馏水、转让银都股份等。直到2001年9月，将万佳零售卖给华润后，万科的专业化转型才得以全部完成。万科前后用了整整8年时间，足可见企业转型的难度。但这次转型却让万科抓住了后来的房地产市场发展的喷涌机会，进入了超过20年的黄金发展期。

资料来源：佚名.万科：从多元化到专业化的断臂之路［EB/OL］.［2024-05-23］. https://xueqiu.com/5023189538/149985856.

第二节　业务结构重构设计

案例导入　万达公司的4次业务重构

第一代产品：单体商业——一层散售

1995—1998年，万达在开发住宅的同时，积极向商业地产领域靠拢并逐渐扩大。发展之初，万达的第一代产品叫“单体商业”，就是专门开发一个百货商店，将大量物业面积出租给沃尔玛等国际巨头，之后将底层商铺予以分割出售。这个模式是重资产模式，所以万达的资金压力很大，有时甚至为了回收资本必须将某一部分店铺出售。而真正开始运营的时候，万达发现已经出售的店铺无法被纳入万达商场的整体定位和统一规划中，彼此经常因为经营和利益问题发生矛盾和纠纷。

第二代产品：只租不售

2004年，万达又将出售的商铺全部租了回来，当时一共花了8.9亿元，又是支付店铺款和利息，又是支付投资回报，终于解决了散售带来的种种问题。这意味着万达的经营模式更加重资产化了，这个阶段是万达资金链最紧张的时候。

第三代产品：住宅、写字楼、商铺销售（部分商铺自持）

万达的第三代产品叫“城市综合体”，采用一主三次多辅助模式，即以商业为主核心，住宅、写字楼和酒店为次核心，公共空间、文化娱乐休闲设施相辅助的多功能模式，各业态之间相辅相成。它的盈利点包括住宅出售、出租、装修、管理服务、资产增值等。在现金流方面，住宅项目是销售的首要重点，100%出售；其次是写字楼，按照不同项目的资金情况和写字楼的投资回报期决定出售的比例，这两块销售占到整体项目前期投资的1/3左右。第三代产品使万达找到了合适的商业模式，从此万达进入了快速扩张的阶段，2016年有50个万达广场开业。2016年年底，万达资产的总额为7 961亿元，以地产行业70%的资产负债率推算，承担着将近5 600亿元的贷款；再按5%的贷款利息推算，万达需承担将近300亿元的财务费用。毫无疑问，这意味着高杠杆的财务风险。

第四代产品：向轻资产转变

2015年，万达宣布了第四次转型战略，这次转型只有一个重点，即要从重资产向轻资产转变，引进转型资金，从自己置地、开发、运营的全产业链转变为合作开发，只输出品牌、招商、运营的委托式管理服务。

万达推出了两类合作模式：一是投资类万达广场，就是别人拿钱下订单，万达负责找地、建设、招商和运营；二是合作类万达广场，就是对方出地又出钱，万达负责设计、建设指导、招商运营。这两种合作方式使得万达集团既减轻了资产负担，减少了风险，又获得了稳定的收入来源，从而拥有更多的主动性。

2017年，万达公司完成了上千亿资产的大腾挪，这一系列动作的背后有条非常清晰的主线——轻资产战略。自2017年2月以来，万达集团密集收回万达广场项目公司的注册资本金。在已建成的万达广场中，至少有84家万达广场项目公司的注册资本减少，累计减少了401.63亿元。7月19日，万达、融创中国、富力地产宣布了总额达637.5亿元的交易方案。8月9日，万达公司将万达酒店管理公司和万达文旅集团注入相关上市公司，交易总金额达到70.5亿元。

资料来源：鲍舟波.未来已来：数字化时代的商业模式创新［M］. 北京：中信出版社，2018.

思考：

1.万达为什么要进行业务结构重构？

2.谈谈你对万达第三代产品和第四代产品的看法。

在进行业务结构重构设计之前，我们需要先来理解业务组件、业务结构、利益相关者以及业务结构重构等相关概念。

一、业务组件

金属液体就是在常态下呈现液态，但它是金属的。金属液体同时具有金属和液体的特征，具有三种以上的元素，而且它们互不相斥，具有容易结合的性质。事实上，企业可以通过解构和重构，形成像金属液体一样特殊条件下可随意变形（高柔性）冷却后却又非常坚硬（高抗风险力、高运营效率）的实体。企业的任何人、技术、资源、业务流程等都可以通过业务能力和责任级别进行原子级别的解构，而每个原子级别的单元称为业务组件。业务组件是一组人、技术和资源的集合，能够提供特定商业价值并具备独立运作的潜在能力。把企业分解成业务组件只是完成了对企业商业模式的解构，要重构商业模式，就要把这些已经被打散的业务组件重新组装起来。

根据业务的复杂程度不同，一般的企业会有100～200个业务组件，他们涵盖了企业所有的业务活动。组件和组件之间可以通过标准化的接口相互引用和通信，组件和组件的不同搭建方式可以形成不同商业模式的企业。

组件的界面标准化，组件之间的通信和结合也很方便，因此，企业大可不必拥有所有的组件。组件本身可以成为一个独立的小企业，聚合力强的若干个组件可以组装成组件类，成为中型企业。组件类可以继续聚合成组件群，成为大型企业。

IBM公司的CBM只是形形色色业务组件解构和重构方式中的一种（如图5-2所示）。不同形式的组件分解方式与不同规模的聚合方式，最终造就了缤纷多彩的商业模式，重新定义了企业之间的交易结构，企业将因这种重构获得新生。

图5-2　IBM组件化业务模型CBM：零售业范例

（资料来源：IBM全球企业咨询部）

将来的企业应具有金属液体的特点，能够做相应的变形应对挑战。企业的产业价值环节、产品组合、管理职能和业务流程等，可以按照需要进行重新分解、聚合，聚合后的结果（组件、组件类、组件群）将具有金属液体一样的高强度和高弹性，这将成为未来企业商业模式重构的趋势。

未来企业之间将因为价值观趋同、利益统一和关键资源能力互补而咬合在一起，共同为客户提供高消费价值，每个参与重构的企业因此得到高企业价值。企业之间既相互依赖，又彼此平等。这种依赖并非绝对不可替代，其竞合是一种“合则两利，分则两伤”的局面。商业模式重构将使企业群呈现出一番生态圈的景象，企业“物种”（商业模式）分工不同，却又彼此依存，相生相克。在这个生态圈中，并没有绝对强势的企业，而是很多各擅胜场的企业在一起生存、成长和进化。

二、业务结构

（一）业务结构的概念

业务结构就是说清楚与所有利益相关者的关键活动和交易结构是怎么安排的，我们可以把它理解成业务组件已经组装起来，并形成固定的结构。业务结构本质上体现的是利益相关者之间的价值交换关系，这种价值交换关系的本质又是利益交换。

（二）利益相关者的概念

业务结构与利益相关者有关。企业在确定商业模式的过程中，需要在内部联合员工，在产业链上联合上游供应商、下游渠道合作伙伴，还有可能需要跨界寻找一些拥有不同资源和能力的合作伙伴，大家共同协作，完成价值增值，而这些上游供应商、下游渠道商，以及客户、员工、跨界的合作伙伴就是利益相关者。每一个利益相关者在结构中都应该发挥其作用，利益相关者的关系应该是环环相扣的。

（三）业务结构设计的概念

业务结构设计是指企业和所有利益相关者之间的关键活动和交易结构的设计和安排，目的是绑定利益相关者一起完成客户价值创造，即把相关的人集合起来把事情做成。业务结构设计的就是利益相关者之间的交易活动和利益分配规则。

我们可以把业务结构设计想象成一个搭积木的过程，水平高的玩家，积木不但搭得高大，而且很牢固，但水平低的玩家，积木搭得摇摇欲坠，一碰就会倒。各个积木就是不同的利益相关者，他们拥有各种资源和能力，企业必须整合他们的资源和能力为客户创造价值。整合谁？怎么整合？怎么分工？怎么合作？这些就是业务结构设计必须回答的问题。设计业务结构的目的是把公司做得成本更低、效率更高、反应速度更快、扩张速度更快、规模更大。

三、利益相关者与业务结构设计的关系

如何才能让每一个利益相关者都发挥出自己最大的作用呢？假如一个人要做好一件事情，需要具备两个要素：一是能力；二是积极性。同理，当我们设计业务结构的时候，也要考虑这两点：一是利益相关者承担的工作和责任要在他们的能力范围内；二是

要设计合理的利益机制，从而调动他们的积极性。用搭积木的比喻来看，这两个要素就决定了积木的牢固度。

从时间维度来看，业务结构设计要从长远的角度来考量，不能只看眼前的短期利益或损失。从空间维度来看，业务结构设计要从全局的角度来设计和布局，不能只看到某一个或者某几个利益相关者，要能够全面地审视整条价值链，能统筹考虑供应商、渠道商、客户、员工等多方。“不谋万世者，不足谋一时；不谋全局者，不足谋一域”，业务结构的设计也是如此。

四、业务结构设计的基本原则

在数字化时代，越来越多的商业要素开始互联网化，社会的整体效率大幅提高，未来客户的需求会越来越个性化、便捷，甚至追求越来越便宜。企业进行业务结构设计时必须遵守4个原则：轻资产、去中介、高效率、固定成本可变化。

轻资产是为了降低风险，帮助企业实现快速扩张，提高资本的回报率。去中介减少了交易的中间环节，本质上是为了降低企业的成本。高效率则进一步提升了企业的反应速度，强化了企业的核心能力。

（一）轻资产

轻资产的概念来源于麦肯锡公司所推崇的轻资产运营战略。所谓轻资产、重资产其实并不是严格的财务术语，也并没有严格的量化指标进行区分。轻资产运营战略是指企业只进行少量的硬资产投资，通过输出管理、技术和品牌获取利润，自己则专注于产品研发、销售、服务与品牌推广的商业模式。轻资产运营的核心思想就是充分利用各种外界的资源，减少自身投入，把自身资源集中于利润最高点以提高企业的盈利能力。

数字化时代，在战略允许的情况下，企业应尽可能采取轻资产运营模式，主要有原因有以下两点：

第一，在数字化时代，有一个明显的趋势，过去值钱的厂房、生产设备等硬资产越来越不值钱，而品牌、客户关系、数据、算法甚至是管理能力等看不见的轻资产则越来越值钱。如果重资产本身对企业没有战略意义，重资产的持有意义就不大，而且还会不断贬值，资金的回报率和周转率都很低。这个逻辑和工业时代正好相反。工业时代是一个硬资产升值期，企业可以通过低价购买大量的土地、办公楼，随着房地产的升值狠赚一笔，但是这些都已经成为历史了，现在的土地、办公楼等资产购买成本比较高。

第二，轻资产模式下的企业轻装上阵，发展速度更快，短时期很容易把规模做到更大。数字化时代企业竞争的是速度和流量，比的是谁能最先抢占规模，谁能最大化地获得流量，谁跑马圈地的速度更快。因此，轻资产运营模式的企业往往更具有竞争优势。近几年互联网公司存在这样一种竞争模式：一个风口一旦出现，就会有资本进入龙头企业拼命烧钱，用尽免费及补贴的办法培养用户习惯，迅速催熟市场，淘汰竞争对手，一般3年内胜负就可以见分晓，赢家通吃。

在工业时代中，每一单生意结束，客户和企业依然是独立的。而在数字化时代，每一单生意就是企业和客户的一次深度连接，每一次交易都会给企业留下一个客户数据，这些客户数据可以慢慢累积形成企业的核心竞争力，成为企业最重要的资源。虽然不能绝对地说流量决定一切，有流量也不一定能盈利，但是没有流量却是绝对经营不下去的。

因此，在设计业务结构的时候，首先要注意的是能否让资产更轻一点？如果企业的战略定位真的需要很多硬资产才能运作，也要考虑是否能够借助资本的力量。

（二）去中介

随着数字化时代的到来，渠道的空间属性被打破了，原先传统分销体系的运作方式效率不高，一方面需要多次搬运产品，另一方面原本便宜的商品通过流通领域的几次流转层层加价，价格通常需要涨几倍。通过数字化的平台和互联网技术，商品的信息流、物流和资金流在一个平台上可以实现，任何企业都可以借助互联网平台实现线上销售，直接跨越原本多层的分销渠道体系直连客户达成交易。过去那些只是简单完成交易和商品搬运的批发商将被淘汰，取而代之的是对产业更有价值的服务商。

卖家和买家直连就是去中介化。去中介化是数字化时代的商业趋势，我们在设计业务结构时必须要考虑这个重要原则。一方面要直接联系到供应商进行规模化采购，即买家和作为卖家的供应商直连，降低采购成本；另一方面，要更直接联系到消费者，卖家直连买家，让我们的产品以更低的价格卖给客户，并更快获得客户的反馈。

（三）高效率

数字化时代技术对商业的改造，本质上是从低效率到更高效率的改造。从行业的角度来看，每一个行业都会变得更加快速，更加低成本，更加便捷。我们在设计业务结构时必须考虑如何更快，如何更便宜，如何更方便。

在数字化时代，我们需要考虑的是和利益相关者形成利益共同体，让大家信息共享、利润共享，让大家的库存、物流、仓储变得更加合理，整个供应链变得成本更低、反应速度更快。

互联网时代企业内部的效率也需要加强。企业内部效率归根结底还是要回归到人和流程的效率上。过去，由于企业内部管理不善引起的低效、浪费的现象比比皆是，一个重要的原因是员工打工心态导致的不负责任。未来可以通过结构性调整，让企业和员工不再是简单的雇佣关系，而是形成一种利益共同体，甚至是事业共同体，从结构上来保证员工的积极性和参与度，这是我们设计业务结构时要重点考虑的。

总而言之，在数字化时代的虚拟世界里，企业间的竞争变得更加激烈和残酷，高效率的企业打败低效率的企业，高效率的产业链打败低效率的产业链，只有效率最高的公司，才能生存下来。

轻资产、去中介、高效率，这三点是企业在数字化时代做业务结构设计时必须遵循的原则，也是有别于工业时代的地方，目的则是让企业在数字化时代能够更好地生存，并且迅速做大做强。

（四）固定成本可变化

固定成本可变化指的是企业将固定成本结构变成可变成本结构，降低企业经营成本。对现代企业而言，产业链条上的利益相关者繁多，任何一个需求都有可能通过合作伙伴得到解决，没必要对所有环节都大包大揽。

把固定成本结构变成可变成本结构有两个操作指向：指向企业本身和指向企业的客户。指向企业本身，指的是企业通过合作把原本企业需要大规模投入的固定成本变成可变成本，从而节约成本，提高增长率，降低运营风险。这种方式多见于租赁和加盟。

如家酒店成功有多方面的因素，其把握市场方向，适时地和合作伙伴签订物业租赁合同而不是购买物业是最重要的一步棋。从固定成本结构变成可变成本结构，如家酒店节约了大量资金，从而支持其实现更快速的扩张。肯德基采用加盟的方式，将门店固定资本投入变成可变成本，异地扩张的速度也就不会受到资金的制约。

固定成本结构变成可变成本结构同样可以应用于客户。例如，施乐复印机在美国市场上采用“按量收费”模式，即复印机每月的基本租赁费为95美元，每月复印的页数低于2 000张时不收取额外费用，超过2 000张时每张收取4美分。国内电影行业采用的经纪人模式也是这种方式。计划经济时代，国内的影视制作模式是成立很多电影制片厂，如北京电影制片厂、上海电影制片厂、八一电影制片厂等。这些电影制片厂往往拥有自己的演员和剧团，需要负担固定成本。市场化后，电影制片厂、演员、剧团纷纷解散，代之以经纪人制度。影视制作由制片人和导演负责，按照剧本需要和创造最大票房收入的目标招募演员，拍摄完就散伙，无须负担演员的固定成本。

有些行业甚至把固定成本转变为收益。例如，旅行社以往雇佣导游，支付工资，按业绩奖励。实际上，导游还可以从门票、餐饮、购物等旅游活动中获取报酬。现在，很多旅行社演变为管理公司，拥有资质，重点是联系客源，导游考取资格证后，成为个体户，不再是旅行社的固定员工，旅行社不但不支付导游薪资，不投入管理成本，反而要向导游收取带团费。

通过把固定成本结构变成可变成本结构，企业有效地打破了扩张的关键资源能力约束，降低了投资及管理成本，彼此互为平台，互搭便车，增加了收益。

实例分享5-5　远大空调从卖空调到卖“冷”和“热”

制造企业的成本总是随着品牌、规模等的成长而不断增加，远大空调的技术和品牌在行业内数一数二，但是依旧要面对价格战的困扰。远大在行业拼杀出来之后，竞争对手一时无法在空调品牌、性能和服务上与之一决高低，于是就纷纷采取价格战，而中央空调的采购基本都是招标的形式，当委托方没有完全了解远大空调的优势时，价格往往是决定是否能中标的关键因素，所以远大在竞标时胜算不大。

为了摆脱恶性的价格战，远大的营销团队意识到只有改变销售方式才能走出困境。在走访了多个客户之后，远大在当时大胆地提出了卖“冷和热”服务的理念，因为他们发现客户购买空调实际上是需要冷和热的服务，那么公司直接卖这种服务好了。

为此，2005年远大开始调整盈利模式。远大为客户提供能源管理合同，用户在选用远大空调产品时可以不作先期投资，所有铺装和改造工程由远大完成，日常运营也由远大派专人管理。双方针对每平方米的耗电量进行估价，假如一幢大楼改造前的用电量是200元/平方米，远大测算自己的空调设备、日常管理、设备折旧费，如果可以将用电量控制在130元/平方米，双方即达成价格协议，比如签约150元/平方米，超支或节支都与客户没有关系。这样客户既没有设备购置费，也没有日常管理费，只需向远大支出日常运营费。根据远大的估算，这样的设备投入可在5年后实现回收（设备寿命周期为20年左右）。过了回收期后，远大会向客户承诺再次让利，只保持赚取10%～15%的利润。假若合同期满后，用户因感受到节能效果，愿意购买并自行运营，远大也欢迎。

远大的利润来自两部分：一部分是系统优化出来的利润，即来自于帮助客户节约成本，因为经过以系统最优来整合的系统避免了很多的浪费，节省了大量的成本；另一部分是整体采购带来的利润，是系统销售扩展出来的利润，中央空调系统涉及几十个产品，这些产品都由远大采购，公司能获得批量采购带来的利润空间。

资料来源：张伟.卖产品和卖服务——一个中央空调营销经理的销售心得［J］. 机电信息，2008（7）.

第三节　重构业务结构的4大核心关系

案例导入　国美重构与供应商的关系

在数字化时代，作为一个传统线下渠道商，国美受到的冲击不言而喻，而它一直在谋求转型发展之路。

国美总裁王俊洲说："以前的经营方式是，供应商做什么，我们卖什么。零售价、订单由供应商管理，库存由供应商承担责任，零售商变成了'物业场所'，竞争力由供应商左右"。

而在数字化时代，国美采取了新的做法，基于大数据分析，与厂家共同研究差异化商品的定制。国美自己来决定订单、决定零售价，自己管理库存、管理物流，采取定牌生产、贴牌生产、一步到位价、包销买断、反向定制等各种方式，加大差异化产品的占比。目前，国美的差异化商品占比已经达到40%。

其实，这种差异化商品就是由国美根据自己对消费者的理解来引导制造商生产的。对国美而言，差异化商品的售价由自己决定，可以有更高的毛利空间，和供应商的关系也变成友好共赢了。自2014年以来，格力的董明珠、TCL的李东升、美的的方洪波先后到访国美并达成大订单合作，这充分说明了供应商对差异化商品模式的认可。到2017年，国美差异化产品已经占到了47%。

资料来源：王志灵.转型迟来者国美：O2M全零售战略能否弯道超车［N］. 21世纪经济报道，2015-10-01.

思考:

1.转型前的国美，其竞争力把握在自己手里，还是在供应商手里?

2.国美业务重构后，与供应商构建了怎样的关系?

在数字化时代，不仅业务结构设计的原则发生了改变，企业与利益相关者之间的关系也必须随之作出相应的调整，必须从企业竞争走向产业链竞争，从注重外部效率到内外部效率兼顾。

数字化时代每个个体都成了媒体，也都成了渠道。企业连接到每个个体的成本大幅度降低，效率之争成为竞争的要点。在设计业务结构时，要站在产业链竞争的高度，站在提升全面效率的高度。企业不仅要考虑如何设计产业链上下游的关系从而获得效率，还必须把内部的员工、外部的客户纳入考虑范围，更全面地提升效率。

设计业务结构时，对企业最基本也是最重要的4个利益相关者——供应商、渠道商、员工和客户，必须改变以往的思维方式，与之建立新的关系（如图5-3所示）。

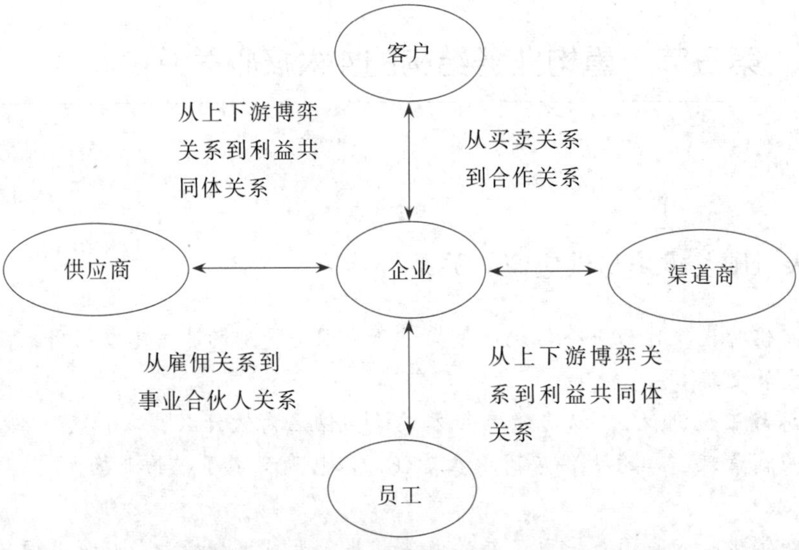

图5-3　企业与利益相关者的4大关系

一、企业与供货商的关系重构

(一) 工业时代的专业化分工不能带来真正的共赢

工业时代的产业链本质上是一条“推”的链条，将产品制作出来，然后推销给用户。在这种情况下，产业链的每一环都只与自己直接上下游发生联系，企业不关注也很难关注到整个链条的终端客户的情况。在整个产业链条中，每家企业各自经营自己的业务，企业关注的往往是自己的利益，很难做到围绕客户统一布局。这时，如果客户的需求是稳定的，整个链条还可以保持相对的健康，一旦客户需求有波动，问题就会出现。尽管消费者需求只发生了很小的变化，但经过下游零售商、中游批发商的层层传递，到达上游制造商的时候往往信息已经失真，从而造成大量库存。

京东公司创始人刘强东曾经做过一个比喻，他把消费品行业的产业链总利润比喻成“十节甘蔗”，企业要获取更多的利润，就要在十节甘蔗中多占几节。而真实的情况是，每一节甘蔗的长短不一样，因为每个位点的集中度和准入门槛、技术门槛是不一样的，这导致不同位点对于产业链的重要性也不一样，那么实力强大、掌握核心技术的企业，占据了产业链上最重要和最关键的位置，也只有他们才有能力在产业链上去延伸，多占几节甘蔗，因此，他们就成了产业链的主导者。

例如，在PC产业链中，英特尔和微软两家公司就是产业链上的主导者，他们一个控制着芯片，一个控制着操作系统，在整个产业链上发挥着不可替代的作用，他们的利润十分丰厚，而其他企业，由于可替代性强，属于产业链微笑曲线的底端，利润微薄。整条产业链的总利润是一定的，这些主导产业链的企业对其他环节的企业一定是攫取尽可能最大化的利润。如果上游供不应求，上游就会压制下游，攫取尽可能多的利润，一旦上游供过于求，下游就压制上游。整条产业链上的企业在彼此钳制、彼此争夺议价权的过程中相互博弈。

最可怕的是，这种博弈一旦失去底线，整条产业链就陷入恶性循环。这种上下游的博弈会带来产业链整体的效率低下，大家考虑的不是怎么把蛋糕做得更大，不是怎么让终端消费者更加满意，而是如何从上下游手里多“割点肉”下来。没有人是赢家，大家都是输家。因为一方有政策，另一方就有对策。一味地压低对方的利润，对方就以次充好。比如，奶粉行业曾出现三聚氰胺事件。

（二）数字化时代改写产业链格局带来共赢的机会

数字化时代渠道发生了3大改变：一是对空间的依赖大大降低；二是渠道的价值和意义也大不相同了；三是企业和渠道之间的关系也必须发生改变以适应数字化时代新要求。企业和渠道在工业时代是相互博弈的关系，而这种关系不再适应数字化时代的要求了，互联网把客户推向了产业链的中心，数字和算法击穿了原本的行业壁垒，跨界竞争成为常态，产业链的上下游只有本着共赢的合作心态，才能在这个速度化、生态化的竞争系统中赢得一席之地。

如今消费者逐渐走到了产业链的核心位置，他们的声音能直接传递到原材料、生产、研发等产业链的任何一个环节。产业链不再是一条单向的链条，而是一个围绕消费者的环状链条。产业链中各个企业之间的信息互联化被大大提升，产业链中的信息流、物流、资金流的效率也得到了大幅的提升。这意味着产业链的竞争规则发生了改变，谁能抓住客户这个中心谁就更有优势，而供应链的管理和协作变得比以往更加容易了。

从本质上来看，数字化时代的基础设施改善了，这使得很多行业的供应链管理变得简单了，也给了真正掌握消费者喜好的“英雄”们用武之地。例如，像小米这样毫无手机生产经验的公司，进入手机市场后可以迅速做出手机来，并且以非常快的速度迭代产品，随后他们又进入路由器市场、进入新能源车市场，这在过去是不可思议的。不仅是小米能创造这样的奇迹，曾经的英语老师罗永浩也在跨界做直播。数字化时代改写了产业链的格局，为共赢创造了机会。

如果说数字化时代基础设施的发展只为企业和供应商合作共赢提供了可能性，那么多变的客户则为这种合作共赢提供了必要性。数字化时代的消费者有一个特点，就是极度缺乏耐性并多变，因为消费者选择的范围扩大了。开发游戏有一个8秒钟定律，如果不能在8秒钟之内吸引客户的兴趣，接下来就没有机会了。所以，对未来的每一个行业来说，都有一个必需的要求，那就是快。很难想象，传统的供应链怎么能快起来，每次下订单前，可能都需要根据订单量的大小进行谈判；更有甚者，一手交钱一手交货，不给钱就不发货。

只有实现智能供应链的终极目标——信息流、物流和资金流的三流合一，才能大幅提升整条产业链的效率，才可以实现以客户为中心的柔性体系良好运转。想要实现三流合一，不仅仅是技术问题，更需要企业改变过去的观念，即企业和供应商之间不仅仅是生意的关系，更是利益共同体的关系，一荣俱荣，一损俱损。如果企业永远只站在自己的角度，只考虑自己的利益，就没有资格在数字化时代成为领军人。

（三）构建与供应商共赢关系的正确方法：从钳制者转变为领导者

过去在产业链中占据主导地位的企业通常是产业链的钳制者，他们从自己的角度出发，获取了行业的大部分利润，这些企业最终都成长为强大的企业，但其实对产业链生态的发展未必起到积极的作用，对于产业链上的其他企业来说，也许并不好。

在数字化时代，企业面对的不仅仅是产品和服务的竞争，更是产业链效率的竞争。产业链的主导者必须转变思维，从钳制者变成产业链生态维系者，领导整个产业链满足日益变化的客户需求，让整个行业的蛋糕越来越大、效率越来越高、竞争力越来越强。正如前阿里巴巴菜鸟网络首席战略官陈威如所言："未来我们要思考的不只是做一个极致的产品，还要思考这个行业会怎么走，一个跨行业的时代会怎么演化，并以此来引导我们要做哪些产品，要做哪种企业。"

从钳制者到领导者，最重要的是思维的转变，行业老大的目标不仅仅是一家公司的输赢和利益，而是整个行业的输赢。当然，这并不是一件容易的事。但不完成这个转变，在数字化时代是无法成为产业链生态的引领者的，不管企业今天的行业地位多高，利润多高，在未来注定沦为产业链生态中的一个配角。

从钳制者到领导者，不仅要有思维的转变，也不仅是做一个简单的利益共享机制就够了，还必须在行为上真正与产业链的其他企业形成一个整体，开放、共享，共同形成数字化时代的智能供应链。

二、企业与渠道商的关系重构

在数字化时代，在企业构建渠道时，如果只是简单设计线下的分销体系已经远远不够了，未来的零售已经不再是简单地卖货，而是需要利用各种数字化技术来满足消费者升级后的个性化消费需求。未来的企业在构建渠道体系时要注意以下3个要点：第一，线上线下相结合。线下要做，线上也要做，缺一不可；光有线上缺乏规模，光有线下没有未来。第二，数据融合。线上线下的产品信息流、仓储物流要合一。如果没有信息流和仓储物流数据的合一，渠道各部分就各自为政，在未来是不可能满足消费者越来越个性化的购物需求的。第三，构建利益融合的连锁模式。连锁模式是一家公司扩大规模、扩大品牌影响力的有效做法。一般而言，连锁模式有两种：第一种是特许加盟；第二种是直营连锁。古人云：宁为鸡首，不为凤尾。这也许是特许加盟模式在我国蓬勃发展的文化原因。很多人喜欢自己当老板，认为即使是小老板，也比给人打工强。因此，连锁加盟模式在我国发展得特别红火。当每个加盟商都使劲干的时候，品牌的扩张和发展是惊人的，尤其是在市场从无到有急剧扩大的经济环境下，这种模式特别高效。因此，不管什么行业，不管战略上是否适合，连锁加盟模式的发展轰轰烈烈，包括餐饮、服装、美容、珠宝、酒店、电子、建材、家具……

但这种传统的连锁模式在数字化时代碰到了一个巨大的问题，就是线上和线下的冲突。线上是个整体，一般由企业自己经营或请人代运营。线上是全国性渠道，和每一个线下加盟商都形成了实际上的竞争关系，于是冲突就出现了。很多线下实体店发现自己成了线上的体验店，客户来实体店看商品，在线上下单。加盟商在线下努力了半天，消费者在线上支付购买，这严重挫伤了线下加盟店的积极性。在未来，企业必须设计一个利益融合的连锁加盟模式，把线上的收益和线下的收益绑定起来。

实例分享5-6　名创优品的加盟新玩法——你投资，我管理

在实体店低迷的当下，名创优品凭借着超低的价格、精良的产品设计以及良好的品质，将年轻的消费群体又拉回实体店中。在名创优品的店中，商品平均单价只有10～30元，但每张客单消费价却能达到50元左右。

名创优品采用一种“投资型加盟”的扩张模式，简单来说，就是你投资开店，我来运营，大家共享盈利。名创优品以“180平方米，年营业额700万元起+38%营业额返利+当甩手掌柜”的诱人宣传口号成功吸引了众多实体店小老板们的关注。对于加盟商来说，投资100万～200万开个180平方米的店，一年就可收回投资，这样的生意太值得做了，所以名创优品的加盟者络绎不绝，成就了名创优品的神话。

开店前的装修环节：加盟商负责选址装修、办理工商税务等事项，承担开店所有费用和办理所有手续；名创优品负责输出选址标准、装修标准并指定装修供应商；名创优品收取15万元品牌使用费和75万元货品保证金。

开店后的运营环节：加盟商负责承担租金、水电、税费、人员工资等各种费用；名创优品负责门店运营、员工聘用、商品配送、库存管理、人员培训、客户服务等所有运营层面的工作；利益分配层面，采取按比例分成的方式，加盟商和名创优品分成比例为38：62。

从加盟模式来看，名创优品的资产极轻，本质上更像一个供应链管理公司。它将产品的设计、研发、供应链掌握在手中，将门店租金、装修、人工等“重投入”交给加盟商，从而减轻总部负担，使其能快速扩张。

名创优品还通过创始人叶国富创建的P2B平台贷款给加盟商，通过这种模式既规避了企业不还钱的风险，又帮助加盟商找到新开店的资金来源，助推名创优品的加速扩张。

名创优品采取自主设计、自有品牌、商品直采，甚至是买断式的规模化采购，把整体毛利率控制在46%之内。在商品品类中，选择消费者使用频率低、制造成本低但是宣传推广流通成本高的商品来作爆品引流，如香水、眼镜等。“大牌的制造商、大牌的品质，但是只要10元钱，就能拥有你人生中的第一支眉笔。”这些爆品的销售量都是以亿元为单位来计算的，他们不仅给名创优品贡献了销售量和利润，更成为名创优品的活广告，让所有接触到他们的消费者产生强烈的认知——买优质低价的产品就到名创优品去！

同时，名创优品又建立了大数据系统，每天对后台数据进行扫描分析，不断加深对目标消费者偏好和购买习惯的了解，提升产品开发的精准度，在此基础上不断推陈出新。

叶国富本人总结名创优品成功的秘诀：高效的商品开发能力和店铺运营能力，解决了供需错配的问题，拉近了消费者与生产端的距离，极大提升了生产、流通和交易的效率。供应商可以高枕无忧地履行订单而无须担心库存成本问题，消费者以合理的价格买到称心实惠的产品，加盟商和代理商持续收获投资回报。正因为赢得了消费者、投资人、供应商的信任，名创优品才得以发展壮大。

资料来源：鲍舟波.未来已来——数字化时代的商业模式创新［M］. 北京：中信出版社，2018.

三、企业与客户的关系重构

传统的企业和客户是商业交换关系，企业提供价值，客户给予企业回报。企业之所以要打造品牌、要诚信经营、要服务好客户，无非就是为了获取更多新客户以及老客户的重复购买。但是在数字化时代，客户变得越来越强大，越来越有影响力，客户不仅向企业购买产品，也在参与、指导企业的研发、设计，同时把自己最宝贵的行为习惯偏好数据给企业。

在数字化时代，客户参与已不再困难。企业可以通过互联网的多种方式和客户直连互动，采集客户的需求，然后不断迭代自己的产品和服务。例如，小米在创业初期用论坛来集聚粉丝，让一批专业级的粉丝参与小米的研发、测试、发布等各个环节。

当企业积累了大量客户的数据后，可以利用大数据技术来分析客户特征和产品特性，并精准地针对客户的需求迭代自己的产品。例如，网飞公司用数据挖掘观众的细节，包括观众喜欢什么类型的节目、什么类型的制作人、什么类型的演员……在收集到这些细节后，他们信心满满地决定要制作一部剧——关于一位参议员故事的电视剧《纸牌屋》，结果一经推出就大获成功。

身处这样一个新时代，企业只有摒弃以往利用信息不对称的优势操纵客户的认知及不断引导客户消费的做法，老老实实地以客户为中心，深入了解客户，持续创新，创造出真正满足客户需要的产品，才能获得可持续发展。

在数字化时代，以下3个要点是企业在构建客户关系的时候必须要注意的。

（一）直连客户，建立互动机制

直连客户、建立互动机制，是一家公司以客户为中心的战略基础。只有直连客户，才能和客户互动，从而加深对客户的了解，才能让客户参与产品研发等各个环节。只有直连客户，才有客户的数据，未来没有客户数据的企业将成为商业社会的配角。直连客户并不是说任何企业都不要渠道了，必须自己去做销售、做客户。对不同的行业和企业，渠道依然有渠道的价值，但是每家企业必须要做到和渠道共享数据，共同围绕客户创造价值。

（二）锁定客户，培养客户黏性

锁定客户不是控制客户，未来的客户是不可能被控制的，企业唯一能做的就是不断地提升产品的体验，让客户重复消费，最终形成客户的消费黏性，愿意为我们转介绍其他消费者。

很多人都对“互联网思维”提出过自己的观点，其中雷军的七字诀尤为出名。“专注、极致、口碑、快”，这是雷军对互联网思维的总结。在这个“七字诀”中，核心是客户的“口碑”。“专注”意味着“少就是多”，当你少做一点事情的时候，当你专注在把一点事情做好的时候，少就是多。“极致”就是做到你能做到的最好的程度，就是做到别人达不到的高度，就是做到别人看不到的东西也做得非常好。不仅是好的产品才有口碑，更重要的是只有“超出用户预期”，就是比用户想象得还要好，才能真正有口碑。“快”是指快速迭代，不追求完美，一次次地改进。小米强化客户思维中的参与感，就是在迭代过程中不断让客户参与产品的研发和改进。正是凭借锁定顾客，培养顾客黏性，小米在竞争对手如云的手机领域能够脱颖而出。

（三）融合客户，与客户形成伙伴关系

经营客户已经成了每家企业的必修课，同时经营客户也是一件很难的事情。因为无论企业怎么经营，都不可能让客户从一而终。管理咨询公司埃森哲曾做过一个有关中国的城市消费者的研究，发现中国消费者具有尝新精神，愿意进行品牌转换；中国消费者在购物的时候，通常会在各个品牌间进行货比三家。对于那些想要经营客户，并最终通过品牌忠诚度来获得品牌溢价的企业而言，这样的消费者就有点难经营了，很难建立忠诚度。

客户忠诚度并不可靠，某一天一个新的品牌出现了，客户就会去试一下；把客户经营成粉丝也不可靠，友谊的小船说翻就翻，“粉转黑”也就是一瞬间的事。在中国经营客户的最高境界也许有一个方式，就是把客户从结构上变成“一家人”，中国人对家的重视程度无可比拟，对家人的包容与爱护也是无可比拟的。

四、企业与员工的关系重构

“打工”，是当代普及面非常大的一个词，从农村到城市，从内陆到沿海地区，数亿的打工人口给中国的经济带来了飞速的发展，从每年春运的数据就可以看到我国庞大的打工群体。“打工”这个词就把企业和员工的关系讲得非常清楚了，其本质就是一种雇佣关系。对工厂来说，铁打的营盘流水的兵，员工走了，再雇一批。

而数字化时代，一个很明显的趋势是，企业运营对人的要求越来越高，人的价值也越来越大。当企业完成数字化改造后，整体效率会大幅提升，对人的要求也大幅提高。未来简单的、低价值的生产线工人将被人工智能淘汰，而管理人工智能的人才会越来越重要，越来越值钱。京东创始人刘强东说的一句话也许能体现数字化时代对人的要求：

“我不建议个人卖家到网上卖东西，淘金的时代已经过去了。将来，必然是专业的时代。”

当人的价值越来越重要，用过去雇佣的思维再来看员工显然已经落后了。如果能把企业与员工的关系上升到商业模式层面来考虑，就会更加适应未来的时代。在整个商业模式构图中，人才已成为一个重要的利益相关者，不能再用工业时代的雇佣关系来看待员工，也不能简单地用传统的管理思维去约束员工。管理大师彼得·德鲁克认为，管理的本质就是激发人的善意和潜能。所以，当我们从商业模式的角度去看企业和员工的关系时，本质上同样是为了激发人的善意和潜能，只不过我们不是用说教的方式，而是从结构上解决这个问题，这符合数字化时代的趋势。

(一) 数字化时代人的变化趋势

在数字化时代人们获取信息的能力和人的影响力被社会结构放大了，主要变化趋势有以下4个方面：

1.自媒体

每个人都可以向所有人发布信息，本质上每个人都成为一个媒体，这是一个自媒体的时代。

2.自渠道

每个人都可以卖东西给所有人，本质上每个人都成了一个渠道，这是一个自渠道的时代。

3.自品牌

每个人都可以成为一个品牌，本质上每个人本身就是一个品牌，这是一个全民创品牌的时代。

4.自组织

这是一个去中心的时代，我们可以自己给自己打工，也可以跟多个组织合作，公司的物理边界正在被击破。

以微商为例，他们天天向朋友圈、各种群组发布信息，从这个角度来看，他们是自媒体；他们卖东西给朋友或者线上的陌生人，他们是自渠道；朋友们买他们的东西，本质上是冲着他们的人而来，他们经营的是自品牌；他们不仅仅卖一家的货，甚至也在跟很多企业合作，是一个自组织。

(二) 数字化时代组织的变化趋势

进入数字化时代，随着基础设施的不断完善，新经济发展速度变得越来越快。过去一个产品可以在市场上存活七八年，现在几乎三五年就是一个行业的全周期。企业的生生死死，就在转瞬间。当所有的行业周期都在缩短的时候，企业面临的挑战是非常大的，过去大量的所谓行业经验，在社会经济结构整体转型的时候显得苍白无力。

在未来，组织的变化有以下几个趋势：

1.更加敏捷，更加快速

面对变化如此之快的客户，任何企业想要生存，首先就要真正以客户为中心，让自己快起来。华为创始人任正非一直在呼吁：“谁来呼唤炮火，应该让听得见炮声的人来决策。”让战斗在一线的人拥有决策权，本质上就是让最接近客户的人能够更敏捷、更快速地适应瞬息万变的市场，让组织能够更快一点。

2. 去中心化、扁平化，科层制的组织架构将会被打破

科层制的主要特点是各个部门分工明确、层级清楚，下级服从上级，每个人在组织里就像一颗螺丝钉，都有自己明确的岗位和职责。在以产品为中心的时代，科层制是非常有效的组织形式。但是在数字化时代，市场瞬息万变，科层制的职能化、层级化结构已经不能适应时代的发展。很多组织的职能部门被打散，取而代之的是网络型的组织架构。一个员工可以是这个项目的成员，也可以是另外一个项目的成员，通过这种模式实现适应外部环境的快速变化，并激发人的活力（如图5-4所示）。

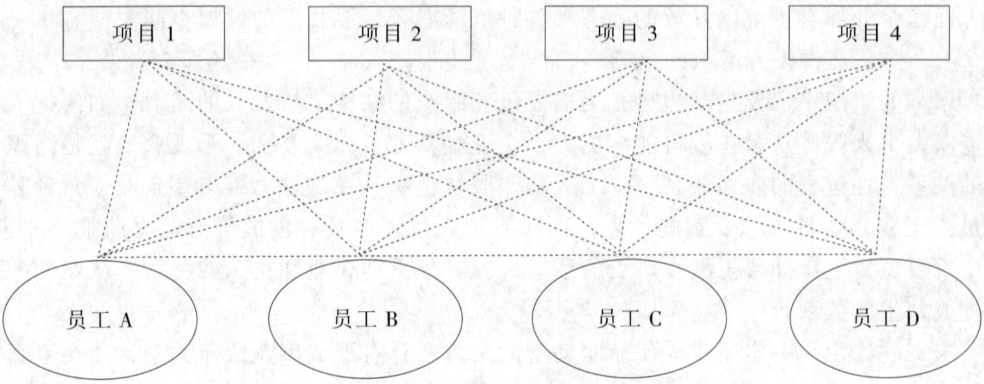

图5-4　网络型组织架构

现在我们经常会听到一个词叫去中心化，指的是在系统中，每一个人都是一个节点，而每个节点都有可能成为一个项目的中心，任何中心都不是永恒不变的，而是不断变化、随时转移的。在过去，中心是恒定的，而组织的每一个节点都依赖中心来决策。

去中心化要求我们传统组织里的中心放弃对每个节点的控制。海尔是去中心化的典范，海尔原董事长张瑞敏把这种机制叫“创客所有制”，把企业的股份激励量化到每一位创客，让每一位创客都有机会成为企业的主人，成为企业的合伙人。海尔集团总裁周云杰表示，海尔通过人单合一的模式将企业变为了创业平台。通过这种探索，我们将企业逐渐从封闭的组织变成了开放的组织。转变中的海尔已经不是一个家电帝国，而是做成了生态圈，更成为了一个开放平台。在成为平台之后，海尔的层级消失了，同时消失的还有1万多名中层管理人员。目前这个平台上只有三类人，平台主、小微主和创客，对于每一个创客来说，新的发展动能来自驱动机制，主要是激励机制或者薪酬制度的创新。

创客所有制包含了3个特点：一是用户付薪，创客的薪酬不是领导决定，而是用户决定的，叫用户付薪，创客只有为用户创造了价值，自己才能分享到价值；二是资本社会化，创客小微一定有社会资本的参与，只有得到外部风险投资，企业才会投，创客也必须跟投；三是动态优化，创客的股权是动态的，创造价值大，股权就多，没有创造价值，股权就不存在。事实证明，海尔通过去中心化大大激发了员工的积极性和主动性。

2023年海尔全球收入3 718亿元，全球利润总额267亿元，收入利润双双实现6%的增长。

3.打开组织边界，全球性地整合资源将成为企业的常态

在未来，企业经营的关键不在于拥有多少资源和能力，而在于企业能关联、链接、聚集多少资源和能力。每一个组织都需要打开自己的边界，这不仅是产业和金融资产的整合，也不仅是实体世界和虚拟世界的融合，还包括产业与产业之间、企业与企业之间、各利益相关者的跨界和融合，以形成一个全新的产业生态的多维发展空间。从这个意义上来说，未来对企业家的要求越来越高：一方面企业要具备全球性的战略视野，不能再局限于自己在产业链中的位置，纵向要统观全产业链，横向要突破产业的边界；另一方面，企业要真正地以开放的心态和各种资源融合，寻找新的发展空间。

4.合作共享将成为组织的主流形态

未来的组织不仅要打开边界，更需要改变组织的结构，激发人的活力。如何把人的潜能激发出来呢？这个挑战可能会更大，企业经营者首先要改变一个观念，就是组织和人的关系。在过去的雇佣关系中，个人必须服从组织，在这种思维中，企业经营者其实把员工当成企业各资源要素的一环，而没有把人放在“具有创造价值能力的唯一要素”这个重要位置上。如果想激发员工的活力，就必须重塑企业和员工的关系，从雇佣关系发展成共生的关系。

未来的组织，一定要建成使命驱动型的组织，只有形成事业伙伴关系，才会有真正的使命感。雇佣就是拿钱干活，很难产生企业文化核心理念的认同感。反之，形成了事业伙伴关系就是要共创事业，从让我干，到我要干，再到像老板一样拼命干。

一个真正共享的组织，要做到3个层面的分享：第一，价值观的分享，包括对使命、愿景、企业文化的认同；第二，能力的分享，愿意和组织进行知识、能力的分享，把个人的能力转变成组织的能力；第三，财富的分享，不是老板吃肉员工喝汤的分享，而是真正按照科学的方式来共担重任、共享财富。

（三）企业构建与员工合作分享关系的途径

事业合伙人将会是企业构建与员工合作分享关系的一种比较好的方式。事业合伙人和合伙人不是一回事。合伙人是一个法律概念，指的是公司法定的股东，不管其拥有多少股权，都享有法律规定的股东的权益和责任。事业合伙人制度指的就是以共同事业为牵引，以客户为中心，以奋斗者为本，企业平台化、员工合伙化的企业经营模式。事业合伙人就是价值观相互认同，愿意并且有能力为企业赋能的人。

我们从以下4个维度来定义事业合伙人：第一，价值观认同。事业合伙人对企业文化要高度认同，并为之贡献自己的智慧，成为企业文化的共建者。第二，要有坚定的信念。事业合伙人要能把企业当成自己的事业平台，持续学习进步，时刻燃烧自己，身先士卒。第三，要具备相应的能力。事业合伙人在企业经营中，要能够独当一面，或者领导一方，主动承担经营责任。独当一面就是能“掌控”一个领域，领导一方是能“驾驭”一支队伍；第四，要有大的格局。事业合伙人要能够识大局，懂进退，带团队，培养人，始终把企业利益放在第一位。

既然是要打造事业平台，对于老板而言，就要意识到，企业是大家的，自己只是企业中的一分子，要把企业平台开放，让大家有赋能的机会，一起共建企业。同时，还要与团队共享企业成长带来的利益，除了物质利益，还有精神利益。股权是物质和精神利益结合最好的分享方式之一，能增强团队对企业的归属感、成就感和自豪感，推动企业一起成长。老板还要有意识地把个人的欲望和梦想转化为大家都能接受的使命、愿景和价值观，转化为企业文化，让大家的追求目标和行为方式保持一致、形成合力，这就是共创。

过去合伙人制度之所以不普及，是因为企业的出发点和管理的技术有问题。一般认为律师行业、会计师行业、咨询行业和投资行业比较适合合伙人制度，因为这些行业的经验多半都集中在有经验的员工身上，从控制资源的角度出发，必须采取合伙人制度。但数字化时代，合伙不是为了控制，而是为了激发，为了适应组织未来的变化趋势。未来不是合不合伙的问题，而是怎么合伙的问题。

实例分享5-7　永辉一线员工的合伙人制

2015年永辉超市的创始人张轩宁在巡店调研时发现，超市里面的一线员工每月只有2 000元收入，刚刚解决温饱问题，一点干劲都没有，很难看到他们脸上的笑容，流动率非常高。同时他们码放果蔬的时候会随意乱丢，受过撞击的果蔬很快就会变黑，无法吸引消费者购买，严重影响了超市的盈利能力。但问题是，单纯增加员工工资非常不现实：每人每月增加100元，全国近7万员工，一年就要多付8 400万元的工资。不仅效果短暂，又不能经常涨薪，而且100元对员工的激励作用极小，这也是大部分企业面临的问题。为改变困局，永辉超市推出了合伙人制+赛马制，把员工变成经营合伙人，员工不用出资，只要经营得好，就给分红。

第一种：合伙制。

1. 初次分配：总部和门店。首先永辉总部会根据历史经营数据，提前与分店设定一个业绩目标，只要门店完成该业绩目标，增量部分的利润，就会给门店分50%以上的利润，这就在不增加成本的情况下，能够充分激发门店的积极性。公司的利润增加了，门店员工的收入也提升了，形成双赢的局面。

2. 二次分配：门店和员工。门店店长拿到奖金包后，再根据内部岗位的贡献进行二次分配，从而让分红机制能够照顾到每一个员工。把每一个员工的利益和超市的经营业绩绑定在一起。①员工级：门店奖金包×70%；②课长级：门店奖金包×13%；③经理级：门店奖金包×9%；④店长店助：门店奖金包×8%。

如此一来，员工做起事来都特别起劲，同时永辉超市还给团队充分放权，激发员工能动性。比如，员工不仅轻拿轻放果蔬，还会在每晚8点主动把当天不是很新鲜的果蔬都作低价处理，减少损耗；再比如，人员的招聘和解雇都是由团队成员决定的，团队可以招聘很多名员工，但是分红是团队共同分享的，于是团队就会尽可能减少人数，提升效率，极大地降低永辉总部的管理难度。

第二种：赛马制。

永辉读懂了竞争，良性竞争往往能够带来无与伦比的力量。永辉每半年做一次末位淘汰，淘汰后20%的门店。第一次淘汰后，予以警告，再给一次机会，如若第二次还被淘汰，就会失去合伙人的机会，失去分红资格；而赢了的合伙人分配系数会变高，彻底激发员工潜力。

资料来源：佚名.永辉超市合伙人制度详解［EB/OL］.［2021-12-21］. https：//baijiahao.baidu.com/s?id=1719734409343272598&wfr=spider&for=pc.

素养园地

中消协：加强网络消费领域算法规制，保障消费者公平交易权

2021年1月7日，中国消费者协会在京召开“网络消费领域算法规制与消费者保护座谈会”。中消协在座谈会上提出，要加强网络消费领域算法规制，保障消费者知情权、选择权和公平交易权。近年来，平台经济快速发展，网络购物、交通出行、旅游住宿、餐饮外卖、网络游戏等生活消费领域都出现了大型平台企业。这些平台通过大数据、人工智能等手段为消费者提供了更丰富的产品或服务，为社会创造了价值。但与此同时，也存在个别侵害消费者权益的行为，引发社会广泛关注。比如，网络游戏抽奖概率不明、大数据杀熟、网络消费促销规则繁复、网络搜索竞价排名推荐、网络直播推送内容违反法律规定和公序良俗、刷好评隐差评使评价结果呈现失真、平台采用算法限制交易等。

根据消费者投诉、有关调查和相关报道，网络领域涉及消费者权益的算法应用问题主要有推荐算法、价格算法、评价算法、排名算法等。例如，有的经营者利用算法进行价格歧视；个别平台及平台内经营者为了获得好评，运用刷单等方式，编造虚假高分评价，或者隐匿中评、差评；平台经营者制定各类排名榜，声称基于消费者好评率、销量等，对店铺或商品服务类别进行排序，引导消费者选择，但排序是具体如何计算得出的难以知晓；一些线上经营者开展有奖销售、抽奖兑换，特别是部分网络游戏公司经常性推送游戏道具抽奖活动，虽然公示了中奖（掉落）概率，但是其算法程序不透明，实际中奖概率缺乏管控，屡遭消费者诟病；一些平台利用所处优势地位通过算法在流量分配、搜索排名等方面设置障碍和限制，控制平台内经营者开展交易，影响公平竞争和消费者选择。

算法本身是一种技术手段，经营者本应该利用算法提升经营效率，为消费者提供更丰富、更优良的产品和服务，但是有的经营者利用算法钻法律的漏洞，实施违法违规行为，侵害消费者的合法权益。一些常见的网络消费领域不公平的算法应用，具有技术性和隐蔽性，潜移默化地影响着消费者的购买决策，消费者很难通过个体力量与之抗衡。如果任其无序发展，一方面不利于市场经济的公平有序竞争，不利于经济可持续发展；另一方面也会使消费者面临数据算法压榨，成为技术欺凌的对象，甚至被算法扭曲价值取向和道德观念，沦为平台经营者的掌中“玩物”。

为更好地保护网络领域消费者权益，有效规制算法应用中的问题，切实解决消费者维权难的问题，中消协认为：互联网条件下，由于信息占有、技术应用等原因，网络经

营者处于更为强势的地位。在算法应用中，经营者应加强自律，切实承担应尽的义务和责任。

中消协指出，网络经营者的算法应用应当坚持全面客观，反对片面诱导；坚持公平公正，反对消费歧视；坚持诚实守信，反对欺诈、霸凌；坚持正确导向，反对错误观念。

资料来源：王惜纯.中消协建议加强网络消费领域算法规制［N］.中国质量报，2021-01-11.

通关练习

一、知识简答

1.企业成长阶段可以分为哪几个阶段？

2.企业重构业务结构有哪些契机？

3.什么是业务组件？

4.什么是业务结构？

5.企业有哪些利益相关者？

6.企业做业务结构设计时必须遵守什么原则？

7.企业重构业务结构应关注哪些利益相关者的关系？

二、实践操作

请你对本地一家知名企业进行实践性调研，描述其成立至今经历过哪些业务结构重构。

第六章　企业资源的整合

【学习目标】

1. 知识目标

◎了解企业 5 大核心资源

◎了解资源整合的内容、特征与作用

◎熟悉资源整合的关键要素

◎掌握资源整合的管理手段

◎掌握企业 5 大核心资源与企业成长的关系

2. 能力目标

◎能够把握企业资源整合进程中的关键要素

◎能够掌握利用企业资源整合促进企业成长的方法

3. 素养目标

◎培养加强企业资源整合的能力，获得整体最优的创新创业思路

◎强化学生对资源整合促进经济社会发展的重要意义的理解

【知识导图】

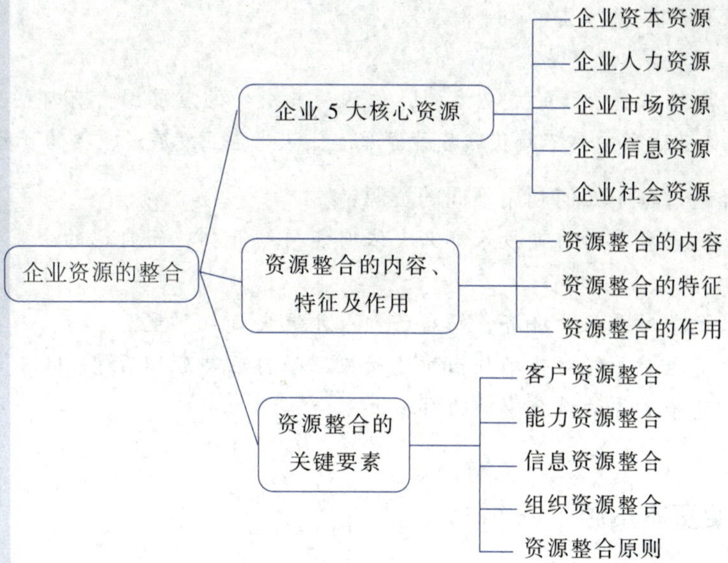

第一节　企业5大核心资源

案例导入 **第六帝国“罗斯柴尔德”**

罗斯柴尔德，是一个拥有50万亿美元、富过八代的财富家族，曾控制并主宰西方世界的金融业长达百年。其被认为是用金钱征服世界的“第六帝国”，是人类历史上最有权势的商业集团之一。

有人曾这样评价这个家族：罗斯柴尔德家族是地球上最为神秘的古老家族之一，一个隐藏在这个世界阴暗面的控制者，一个控制西方世界经济命脉近两个世纪的强大家族。

或许对绝大多数普通人来说它是陌生的，因为在大众传媒时代，人们或许只会关注洛克菲勒家族或者摩根家族这些声名显赫的家族。而第二次世界大战前，曾经有一句经典的话形容当时美国的情况“民主党是属于摩根家族的，共和党是属于洛克菲勒家族的……”其实在这句话后面还应该跟一句“洛克菲勒家族和摩根家族，都曾经是属于罗斯柴尔德家族的!”

资料来源：作者根据相关资料整理而成.

思考：

1.了解罗斯柴尔德家族的成功案例，你认为其成功的重要因素有哪些？

2.企业在经营过程中要不断获取各种资源，你认为企业发展最重要的资源包括什么？

企业在经营过程中如何利用不同的资源：

·为什么竞争对手的前期投入那么大依旧能持续开拓，而自己的企业资金匮乏运营艰难？

·为什么竞争对手人才济济，而自己却人才流失日益严重？

·为什么竞争对手能对市场作出快速反应，而自己却后知后觉？

·为什么竞争对手的社会影响力那么大？

……

一、企业资本资源

(一) 企业资本资源的概念

资本资源是企业投资人通过投资形成的企业资产。这种资源不仅指企业直接拥有的净资产，还包括企业所能调动运用的资产，即通过多种形式的商务合作获得对其他社会主体所拥有资产的直接或间接支配和使用权。资本资源，就其存在形式来看，具体包括：

1.固定资产

这是企业所拥有的资产中难以进行空间变换，或者空间变换要追加相当大投入的资产，包括厂房、设备、土地等。

2.商品资产

这是比较容易变现的实物资产，包括原材料、产成品、在产品。

3.有价证券

这是企业所拥有的在证券市场上可以自由流通的各种有价证券，包括股票、债券、国债、期票。未到期的应收账款也可归入这一类。

4.货币资产

这是以银行存款、现金储备和到期能即刻收回的应收账款的形式存在的企业资产。这类资产不包括已到期但已成为呆账、死账的应收账款。

（二）企业资本资源的特点

1.增值性

资本增值是指随着企业生产经营规模、股权融资的不断扩大，企业将增值的一部分作为积累再投入到扩大再生产中去，如此周而复始，良性循环，企业资本不断增加，促进企业的进一步发展壮大。企业营运重点是加速资本流动周转，尽量缩短物质在企业各环节的流动时间，其最关注的是投资的使用效益和资金循环增值。

2.开放性

资本经营者通过将资本不断流到报酬率高的部门、行业和产品，获得增值契机而不断增值。

3.多元化

资本经营者往往把资本多元化，靠多个产业或多元化经营支撑企业，减少或分散经营风险。商品经营者往往依靠单一性的产品经营，注重产品开发和换代。

4.高效益

资本经营者以效益为中心，关心的重点是技术改革投入的回报率，不追求无效益的先进技术。

实例分享6-1　利用资本资源创造财富

有一个IT人士，获得了博士学位，有在国外学习、生活的经验和圈子。这些就构成了他的资源，于是，他充分利用这些资源来实现自己的梦想。

他的做法是：首先，他提出了在中国建立一个搜索引擎网站的设想（那时，中国网站很少，不像现在）。他把这个想法告诉了他的老师，老师借给他10万美元。经过一段时间的折腾，他探索出一个有可能赚钱的模式，于是他又找到国外的风险投资机构进行游说，并成功获得了新的投资。几年后他成功在纳斯达克上市。赶上股市正疯狂炒作互联网概念，他的公司股票价格和其他类似股票一样，一路飙升，于是乎，该IT人士一举进入中国富豪榜。

资料来源：作者根据相关资料整理而成.

（三）企业资本资源的作用

获得资本资源有利于完善企业制度。企业制度是企业产权制度、企业组织形式和经营管理制度的总和，是一个以产权制度为基础建立起来的企业组织形式和经营管理制度体系。企业制度的变革与完善，是民营企业内在成长的标志。资本运作带来的规模扩大、市场占有率提高等企业成长的外在效果，要求企业适时改革和完善企业制度，建立推动企业健康、有序、可持续发展的制度体系，调整企业与内部员工及外部经济主体之间的经济关系。

获得资本资源有利于优化资本结构。一般来说，企业的资本结构是股权和债权的资本比例关系，反映着企业内部的权益关系。资本结构是否合理，不仅关系着企业正常的生产经营活动，而且还对企业的发展、壮大起着不可忽视的作用。合理的资本结构，会使企业的投入资本起到四两拨千斤的效果，而企业有效的资本运作方式，恰恰能优化企业的资本结构，降低资金成本。

获得资本资源有利于企业规模扩张。作为企业成长的表现形式之一，企业规模的扩张，需要通过优化配置企业内部资源，运用收购、兼并、融资租赁等资本运作手段，整合企业内外部资源，获得企业发展所需的重要资质和技术能力等竞争优势，形成规模经济，获取规模效益，实现企业跨越式的发展。

获得资本资源有利于盘活企业存量资本。经过一段时间生产经营的企业，或多或少都会存在一些不可用、无用或很少用的闲置资产，这些闲置资产长期被置于生产经营活动之外，不仅会占用企业一定的人力、物力资源，形成资源浪费，而且还会造成企业资金沉淀，影响企业经营效益。资本运作能够通过资本交易等方式，将无用资产转换成可用资产，进而提高资本收益水平。

获得资本资源有利于调整产业结构。为适应不断变化的经济环境，企业必须以市场为导向，调整产业结构，提高企业自身的市场竞争能力。资本运作能借助资本市场，调整产业结构，优化企业生产经营的方向，规避和分散结构变化给企业发展带来的风险，实现企业向本行业或跨行业渗透、扩张的目的。

二、企业人力资源

实例分享6-2　人力才是企业根本

海尔有句名言，“赛马不相马”。在海尔，人的命运绝对掌握在自己的手中，任何员工都有可能凭借自己的出色业绩脱颖而出，成为“千里马”。海尔集团总裁张瑞敏在谈到海尔集团的企业管理经验时，曾这样说：“这么多年，海尔一直得到发展，应该说与引进竞争机制有关。海尔人才的培养，不是靠‘相马’而是靠‘赛马’，海尔就是职工的赛场，而赛场是最容易使人产生激情的地方。我们这里不管什么样的人，每个月都可以申报提升。申报后竞争胜了，就可以上任，竞争不上是你自己的问题，如果你认为不公平，尽可提出来，还可以再探讨。总之，千里马要通过赛场比赛选择，否则好马也退化了。你竞争上岗了，后面还有人追你，跑慢了就会被淘汰。我们现在这个集团，干部平均年龄只有26岁，充满了朝气，给了每个人向上发展的空间。”

公开竞聘这种方式能够更好地激发员工参与企业管理的热情，从而在内部形成一种积极的工作态度和良好的竞争氛围，有利于各项工作的开展。这样可以充分体现公司公开、公正、公平的竞争原则，给“想干事，能干事”的员工提供更广阔的发展空间。

资料来源：作者根据相关资料整理而成.

人力资源是一种重要的经济资源，进行人力资源管理，必须先理解人力资源的性质与作用、人力资源管理的原理和方法，然后结合企业组织的特性，优化人力资源管理体系，发挥人力资源管理作用，促进企业与员工的共同发展。

(一) 人力资源的相关概念

1.人力资源的定义

人力资源指一个国家或地区一切为社会创造物质财富和精神、文化财富的，从事智力劳动和体力劳动的人口的总称。与“人力资源”这一概念容易混淆的有“人口资源”“人才资源”和“劳动力资源”三个概念。

人口资源是指一个国家或地区的人的生命体的总和，其主要是数量概念，它是一个最基本的底数，就如一个高大建筑物的底层，与之相关的人力、劳动力、人才资源皆以此为基础。

人才资源则是一个国家或地区具有较强的管理能力、研究能力、创造能力和专门技术能力的人的总称。它重点强调人的质量，强调劳动力资源中较杰出的、较优秀的那一部分，表明一个国家和地区所拥有的人力资源的质量，反映了人力资源的素质和其可能拥有的发展前途。任何地区之间人力资源的竞争，主要集中在这一部分，人力资源的竞争优势也主要通过这一部分的人力资源来体现。

劳动力资源是指一个国家或地区有劳动能力并在劳动年龄范围之内的人口总和，即人口资源中拥有劳动能力且进入法定劳动年龄的那一部分，这个概念除了偏重劳动者的数量，也强调劳动者应具有一定的劳动能力，通常指按规定进人劳动年龄（16岁至60岁）的人口群体（剔除该范围内丧失劳动能力的人口）。上述四个概念之间的关系可以用图6-1来表示。

2.人力资源与一般资源的异同

人力资源与一般资源之间有相同点也有不同点。

人力资源与一般资源的相同点：

第一，人力资源是公共社会、企业等集团和个人投资的产物，其质量高低主要取决于投资程度。从根本上说，人力资源的这个特点起因于人的能力获得的后天性。因为任何人的能力都不可能是先天就有的，为了形成能力，必须接受教育和培训，必须投入财富和时间。

第二，人力资源是在一定时期内能源源不断地带来收益的资源，一旦形成，就一定能够在适当的时期内为投资者带来收益。

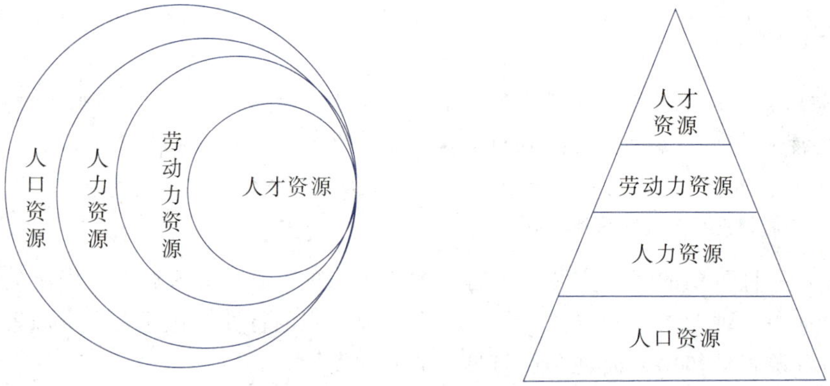

(a)人口资源、人力资源、劳动力资源、人才资源四者的包含关系

(b)人口资源、人力资源、劳动力资源、人才资源四者的数量关系

图6-1　四种资源的区分

第三，人力资源在使用过程中会出现有形磨损和无形磨损。例如，劳动者自身的衰老就是有形磨损，劳动者知识和技能的“老化”就是无形磨损。

人力资源与一般资源的不同点：

对一般实物资源普遍适用的收益递减规律，不完全适用于人力资源。在现代社会的经济发展中，人力资源一般表现出收益递增规律，这使得当代经济的增长主要应当归功于人力资源。

3.人力资源的特征

第一，人力资源是具有能动性的资源。人力资源的能动性是人力资源与其他资源最根本的区别。一切经济活动都首先是人的活动，并由人来使用、控制其他资源。另外，在经济活动中人力资源是唯一起创造作用的因素，经济活动的生命力来自发展、进取、创新，而只有人力资源才能担负起这种发展、进取和创新的任务，其他任何生产要素都不具有这样的能力。因此，人力资源的主观能动性是人力资源的首要特征。

第二，人力资源是具有时效性的资源。时效性是指人力资源的形成与作用效率会受到人的生命周期的影响。人力资源的开发与管理必须尊重人力资源的时效性特征。从生物性角度看，人力资源存在于人的生命之中，它是一种具有“生命”的资源，它的形成、开发和利用都要受到时间的限制。个体生命周期可分为幼年期、青壮年期、老年期。幼年期是人力资源的投入期，没有劳动能力；青壮年期个体逐渐拥有劳动能力，并不断增加产出的数量和质量；老年期人力资源由于个体体力和精力下降，劳动能力开始下降直到丧失，最终退出人力资源的范畴。从社会性角度看，人力资源可分为培养期、成长期、成熟期和老化期。

第三，人力资源是具有特殊资本性的资源。人力资源作为一种经济性资源，它具有资本属性，与一般的物质资本有相同之处。

第四，人力资源是高增值性资源。目前在国民经济中，人力资源收益的份额正在迅速超过自然资源和资本资源。在现代市场经济国家，劳动力的市场价格不断上升，人力资源投资收益率也不断上升，同时劳动者的可支配收入也在不断上升，高质量人力资源与低质量人力资源的收入差距在扩大。可见人力资源的经济作用日益增强。

第五，人力资源是具有社会性的资源。人处于一定的社会环境中，人力资源的形成、开发、配置和使用都离不开社会环境和社会实践，是以社会存在为前提的。因此，从本质上讲，人力资源是社会资源，具有社会性。另外，人既是社会财富的生产者，又是社会财富的消费者，具有双重性。双重性的特点就要求我们既要重视对人口数量的控制，又要重视对人力资源的开发、管理、培养和充分利用，以发挥人力资源的巨大效益。

第六，人力资源是具有流动性的资源。人力资源的流动性首先表现为跨岗位、跨单位、跨地区甚至是跨国家的流动，而且流动的特点是"人往高处走"；其次就是人的派生资源即科技成果在空间上的流动，随着市场经济的发展，这种流动日趋频繁。

实例分享6-3　曹操的用人哲学

为了招揽人才，曹操数次发布《求贤令》，而《求贤令》中的那句话，正是曹操用人哲学的核心：唯才是举，吾得而用之。在用人方面，刘备喜欢谈道德，孙权喜欢看出身，唯有曹操百无禁忌，只有一个标准——才能。

曹操大战袁绍时，袁绍的谋士许攸前来投靠，曹操居然高兴得忘了穿鞋，直接光脚出门迎接。后来，正是采纳了许攸的建议，曹操才成功偷袭袁绍的粮草重地乌巢，赢得了官渡之战的胜利。

大才子陈琳，曾在袁绍手下做事。他为袁绍写了一篇讨伐曹操的檄文，把曹操骂了个狗血喷头。他不仅骂曹操，还把曹操的祖宗八辈给骂了个遍。尤其是骂曹操为太监之后（曹操之父是太监的养子），戳中了曹操心中的痛点。据说，曹操当时正患头痛病，读了陈琳的檄文后，头痛病立即痊愈——由此可见这篇文章的威力。后来袁绍大败，陈琳被曹操所俘。虽然痛恨陈琳骂其为太监之后，但由于爱惜陈琳之才，曹操还是让陈琳当了官。陈琳感叹曹操胸怀之宽广，从此对曹操忠心耿耿。

大将魏种，深得曹操赏识。兖州被吕布所夺后，很多人都背叛曹操，转投吕布。曹操说，他们背叛我，我不意外，魏种是不会背叛的。话音未落，就传来了魏种投靠吕布的消息。曹操怒发冲冠，他扬言："除非我抓不到魏种，只要抓到，我一定扒其皮、食其肉。"后来，吕布被曹操打败，魏种成了曹操的俘虏。这时候，曹操终于可以报仇了。可面对魏种，曹操却"怂"了，不但没有扒其皮、食其肉，还让他当了大官。对此，曹操的解释是：唯其才也。什么叫爱才如命？曹操真正做到了这一点。

资料来源：佚名.曹操的用人哲学［EB/OL］.［2016-06-13］. https://www.sohu.com/a/82741134_403350.有删减.

（二）人力资源的作用

1.人力资源是社会经济管理活动的前提

人力资源是社会经济运动的基本前提。从宏观的角度看，人力资源不仅在经济管理中必不可少，而且它还是组合、运作其他各种资源的主体。因此，人力资源成为最重要和最宝贵的资源。

2.人力资源是经济增长的主要动力

研究经济增长问题的经济学家一致认为，“知识的进步”是促进20世纪经济增长的最主要因素。所谓知识的进步，主要是对人力资源进行投资、开发，使社会劳动者的文化水平和专业理论、专业技能得到提高，具有更强的运用物质资源的能力。据美国经济学家丹尼逊计算，在美国长达60年的国民收入增长中，“增加投入量”的比重在下降，“提高产出率”的比重在上升。进一步分析可以知道，投入方面比重下降，主要在于物力因素，尤其是资本投入的下降；产出方面比重增加，主要在于人力因素。这一结果也表明，国民经济增长的主要潜力，正在于人力资源。

3.有利于把人口转化为财富

我国作为人口大国，肩负着养育14亿人口和提高其生活质量的重大任务。巨大的人口压力与我国尚不发达的经济水平，决定了我国必然存在诸多经济社会问题。解决好我国的人口向人力资源的转化问题，意味着将沉重的包袱转化为巨大的财富，将消极的压力转化为经济社会发展的强大动力，是21世纪我国既重大又紧迫的课题。这就要求我们必须搞好人力资源的开发与管理。

4.有利于塑造现代劳动者

我们知道，人的认识具有巨大的潜能，也具有巨大的可塑性。一个社会的现代人力资源管理组织，包括宏观组织和微观组织，对于人力资源进行开发与管理的种种活动，有利于人力资源本身的能力培养、潜能发挥和文化赋予。这些活动在为组织创造效益的同时，也塑造了现代劳动者。

5.有利于塑造现代组织

现代管理学认为，员工是组织的主体，是组织的主人，是组织的内部顾客，即是组织的“上帝”，组织的目标与员工的利益和目标是一致的。因此，进行人力资源开发与管理也就是在进行组织建设，是在塑造新时期的现代组织。

实例分享6-4　联想的人力资源管理

联想集团从1984年创业时的11个人、20万元资金，发展到今天已成为具有一定规模的贸、工、技一体化的民营高科技企业。当外界纷纷探索“联想为什么？”的时候，当一大批优秀的年轻人被联想的外部光环吸引到联想的时候，我们不妨走入联想内部，去看看联想的人力资源管理。

观念的转变：从“蜡烛”到“蓄电池”

和每一家企业的成长历史相类似，联想也经历了初创、成长、成熟几个阶段。在企业成长过程中，随着企业规模的扩大，企业领导层越来越认识到人的作用。1995年，集团“人事部”改名为“人力资源部”，这种改变不仅是名称变化，更是一种观念的更新。

蒋北麒先生说：“过去的人才管理把人视作蜡烛，不停地燃烧直至告别社会舞台。而现在，我们把人才看作资源，人好比蓄电池，可以不断地充电、放电。现在的管理强调人和岗位适配，强调人才的二次开发。对人才的管理不仅是让他为企业创造财富，同时也要让他找到最适合的岗位，最大地发挥自身潜能，体现个人价值，有利于自我成长。”

中关村是人才争夺“重地”，贝尔实验室、微软研究院、IBM研究中心等外资研发机构纷纷在此安营扎寨。在这场人才抢夺战中，联想并不是被动挨打，而是主动迎战。联想认为这些跨国公司的进入，刺激了中国的人才市场，同时也给国内企业提供了一个不断更新人才观念、创新管理机制的机会。为此，联想提出了自己的崭新理论：项链理论。该理论认为：人才竞争不在于把最大最好的珠子买回去，而是要先理好自己的一条线，形成完善的管理机制，把一颗颗珍珠串起来，串成一条精美的项链。而没有这条线，珠子再大再多还是一盘散沙。没有好的管理形成强有力的企业凝聚力，仅仅依赖高薪很难留住人才。

在赛马中识别好马

联想为那些努力、上进、肯奋斗的年轻人提供了很多机会。从1990年起，联想就开始大量提拔和任用年轻人，几乎每年都有数十名年轻人受到提拔和重用。联想对管理者提出的口号是：你不会授权，你将不会被授权；你不会提拔人，你将不会被提拔。从制度上保证年轻人能脱颖而出。

联想起用年轻人采取的策略是“在赛马中识别好马”。这包括三个方面的含义：一是要有“赛场”，即为人才提供合适的岗位；二是要有“跑道”，不能乱哄哄挤作一团，必须引导他们有秩序竞争；三是要制定比赛规则，即建立一套较为科学的绩效考核和奖励评估系统。

媒体评论联想“爱折腾”。从1994年开始，每年3月至4月，联想都会进行组织机构、业务结构的调整。在这些调整中，管理模式、人员变动都极大。通过“折腾”，联想给员工提供尽可能多的竞争机会，在工作中崭露头角的年轻人脱颖而出，而那些故步自封、跟不上时代变化的人就会被淘汰，这就是“在赛马中识别好马”。

善于学习者善于进步

联想创始人之一、公司副总裁李勤总结自己时说过一句话：“办公司是小学毕业教中学。”其含义是：办企业对他来说是一项全新的挑战，需要学习的知识太多。不仅是李勤一个人，不仅仅是联想一家企业，可以说中国整个企业界需要学习的地方太多，善于学习者善于进步。

联想注重向世界知名的大公司请教。在人力资源管理方面，IBM、HP等都是联想的老师，联想和这些公司的人力资源部都保持着亲密的关系。同时，联想与国际上一些知名的顾问咨询公司合作，引入先进的管理方法与观念。联想和CRG咨询公司合作，参照该公司的“国际职位评估体系”在集团开展了岗位评估，统一工薪项目，推行“适才适岗、适岗适酬”的管理方针。

蒋北麒经理介绍说：“适才适岗，要求首先对岗位进行分析评估，岗位职责明确并有量化考核指标；其次，对员工的技能素质、心理素质和潜质等进行分析；最后，还必须有一套机制来保证适才适岗。通过建立企业内劳动力市场，通过轮岗制度，来实现人和岗位的最佳配置。”

“所谓轮岗，是指同一人在同一岗位不能待太久，应有意识地在集团内进行岗位轮换。实行轮岗，既有利于个人发掘潜能，找到自己最适合的岗位，亦有利于工作的创造性发挥。通过后来者对前任工作的‘扬弃’，保证该岗位得到创新、进步。”

资料来源：佚名.联想的人力资源管理经验［EB/OL］.［2021-03-21］. https：//www.yjbys.com/qiuzhizhinan/show-213951.html.

（三）人力资源管理的基本原理

人力资源管理的基本原理是指导人力资源制度建设和管理实践的思想、理论的总和。这些原理是否正确，运用是否得当，关系到人力资源能否有效开发、合理配置、充分使用和科学管理，关系到人力资源管理工作的成败。提出和确立人力资源管理的基本原理是一项重要的理论建设，需要吸取其他学科的研究成果，更需要在实践中不断总结，不断补充和修正。

1.能级对应

人的能力有大小，这是普遍的社会现象。由于先天和后天条件的不同，每个人所蕴含的人力资源也就有层次和级别的差异。此外，组织系统内的职位或工作岗位，由于任务的难易程度不同，责任大小有异，所需资格条件也就各不一样。如何使有能力大小差别的人力资源和所需资格各不一样的工作岗位科学地、合理地配置起来，实现人适其事、事得其人、人事两宜的目标？这就需要坚持能级对应的原则。

一是设立合理的能级结构。现代组织中的“级”不是随便设置的，各个级也不能随意组合。稳定的组织结构应该是正三角形的能级分布。要破除“人多好办事”的小生产的效率观，树立“用最少的人办最多的事，多一个人就是多一个故障因素”的现代观念。

二是不同的能级应表现出不同的权力、责任、利益和荣誉。

三是能级的对应不是一成不变的，它是一个动态的过程。人的能力可以随着知识的增长和经验的积累等而不断增强，也可能因年龄的增长、体力和智力的减退而下降。随着社会的发展、事业的前进，对各个职位的要求也会不断变化，因此，企业应该经常调整“能”与“级”的对应关系。

2.分类管理

分类是任何管理的基础和前提。没有分类，不能发生管理活动，而分类不科学，同样不能使管理活动取得成功。人力资源的管理分类可按不同的标准，如按分类需要和分类对象本身的特点逐一、逐层分解。常见的分类把员工分为管理人员和非管理人员两类，管理人员又可分为高级管理人员、中层管理人员、基层管理人员三类，非管理人员又可按工种进行细分。

3.系统优化

系统是由两个以上要素所组成的，既相互关联又相互作用的，具有特定功能，向同一目标行动的有机整体。系统可大可小，可简单可复杂。大系统由许多子系统组成，而每个子系统又可能由更小的子系统组成。每个组织都是一个系统，每一个组织机构、每一个管理者和每一个员工都是组织系统的要素。如果系统内各个要素合理组合，就可以发挥整体功能大于个体功能之和的优势。如果系统内各个要素组合不合理，就会产生内耗，不能形成合力，导致整体功能小于个体功能之和。系统优化原理要求系统内各部分之间要相互协调，使整体功能大于部分功能之和。人力资源管理就是这样的系统，其各个环节都是这个系统的组成要素。在人力资源管理中，系统优化原理对于人力资源效能的最大化有着重要的意义。

运用系统优化原理应遵循以下4个原则。

（1）整体性原则

整体性原则即要求管理者在管理工作中重视整体效应，把着眼点移到系统整体上来，把具体事物放在系统整体中来考察，在必要时舍弃部分保存整体。此外，还要注意处理好各部分的比例关系。

（2）结构性原则

系统的结构决定着系统的整体功能。所谓结构，是系统内各要素的组织形式，是要素间的关系，系统通过结构将要素联结起来。结构是保持系统稳定性的根据和基础。它通过对要素的制约，使要素的变化限制在一定的范围内。例如，员工可以看作组织的要素，规章制度可以看作组织的结构。规章制度约束着员工的自由，维护组织的整体利益，保持组织的生机和活力。这就表明，一个组织不仅要提高人员的素质，还要进行人事制度、管理体制等方面的结构改革。否则，人员素质再好，也难以充分发挥作用。

（3）层次性原则

系统要素的组织形式是系统的结构，但结构又可分为不同的层次。在简单的系统里，结构只有一个层次，在复杂的系统里，存在着多个层次。例如，员工按年龄分，可分为老、中、青不同年龄段的员工；按文化程度分，可分为初中、高中、专科、本科、研究生等。因此，要根据系统的实际情况，合理设置结构层次，处理好层次之间的关系，解决好集权与分权的问题，扬长避短，提高组织活动的效率。

（4）相关性原则

相关性原则要求系统的要素之间、要素与系统整体之间、系统与环境之间是相互联系、相互影响的。它要求管理者在管理工作中注意事物之间的相互联系，防止孤立片面地看问题。

人的能力不仅有大小的差别，而且各有所长。任何一个有劳动能力的人都可以在不同的组织系统中和工作岗位上发挥作用。没有无用之人，只有不用之人。“智者千虑，必有一失”，而近乎平庸的人，也有其闪光的一面。这就是互补增值的客观可能性。所以，在人力资源群体中，如果能够把各有所长的个体合理地组织在一起，取长补短，就能形成1+1>2的新的整体优势，达到互补增值的基本要求。

实例分享6-5 L公司的人本管理

L公司是一家投资近3亿美元建设的中外合资企业，坐落于上海浦东高新技术开发区。整个厂区宽敞、漂亮，整片的绿地与现代化的厂房交相辉映。

L公司的张总经理是中方选派的。张总经理对企业发展与管理颇有想法："我们L公司技术设备先进，产品先进。作为一家高科技企业，作为一家新成立的企业，我们并不担心技术与市场的问题，而担心文化的冲突，担心新员工进入企业后能否迅速融合的问题。中外合资企业中通常拥有不同投资方所在国文化的背景，来自不同国家的员工具有不太一致的价值观、思维方式、行为习惯。这些不一致可能导致文化冲突。我认为解决这个问题的关键在于迅速建立本公司的特定文化。我设想的本公司的企业文化要有一个核心理念，要有一整套将核心理念层层演化于各部门、各员工的具体表述。但是，我反对形式化、千篇一律、没有变化的核心理念，企业文化活动应丰富多彩，应以员工为中心。"

张总经理不久便在公司成立了企业文化建设委员会，开始了研究，希望在不久的将来可建立L公司自己的文化。企业文化建设委员会经过研究开展了以下工作。

员工座右铭活动

员工座右铭活动是这样开展的：每个新进入公司的员工应自己掏钱买一棵公司指定范围内的树，然后亲手种在公司的地域之内，在这棵树上挂上种植人的姓名，并由种植人负责照看，意即"十年树木，百年树人"，员工与公司一起成长。与此同时，每个员工在经过公司的新员工培训后，提出自己的人生座右铭。公司希望每个员工的人生座右铭能够成为他们各自生活、工作的准则。员工的座右铭确定后也可以修改，但公司要组织评选，看一看哪一位员工的座右铭最好、最有意义。

集思广益活动

集思广益活动就是全体员工为了把生产、经营、管理等诸方面的工作做得更好而出主意、想办法、提建议。员工有建议、有设想，就可以写出来贴在公司各处安放的"集思广益招贴板"上，如果其他人对这些意见有不同看法或更进一步的想法，可以把自己的意见贴在旁边。每周五，各部门、车间等将安排一个小时讨论本周本部门内的各项建议，以期取得一致意见，安排具体改进的人员和任务；如果本周无建议，则可研究下周的工作安排等事项。

文化活动

公司开展了一系列文化活动，如摄影比赛、体育比赛、书画活动等，让每个员工都参与活动，充分展示他们各自的才能，并比赛评奖。例如，摄影比赛可评出一等奖、二等奖等奖项，但评选方法并不是找几位领导和专家来打分决定，而是把选票放在展品旁边，每个人都可以去投一票，选出其认为最佳的作品。更有意思的是，公司将食堂的桌椅都设计得富有变化，如桌子的形状有三角形、六角形、长方形、正方形、圆形等，椅子的色彩也富有变化。

一段时间后，上述这些活动变得难以深入开展了，因为老是这些活动，搞几次便成了形式，员工们也开始厌倦了。怎么办？是公司的理念未定，还是企业文化本身就很难从变化中建立？张总经理也陷入了深思，他希望从更高层次上来看待企业文化问题，但应从何处着手呢？

资料来源：周三多，贾良定.管理学：原理与方法（第七版）习题与案例指南［M］.上海：复旦大学出版社，2018.

（四）人力资源管理与企业竞争优势

恰当处理人力资源的组合，往往对人力资源利用和发展具有直接作用。这是因为，两个人在一起工作发挥的作用，不等于两个人单独发挥的作用之和，既可能出现1+1>2的情况，也可能出现1+1<2的情况。前一种情况的出现，可能是由于员工之间能力或品性等方面具有互补性，因而相得益彰，使各自的潜在能力得到充分发挥；而后一种情况的产生，可能是由于员工配置不当，产生了摩擦和损耗。美国人力资源协会和人力资源规划委员会经过研究发现，在人力资源管理方面要取得竞争优势面对一系列挑战，只有解决好面对的挑战，才能提升企业竞争优势。

1.全球化：人力资源管理的新环境

当企业面对“全球化”时，不得不平衡一大堆复杂的有关不同地理、文化、法律和商业实践的问题。人力资源的问题隐藏在这些问题的背后，包括确认能在国外生活和工作的有能力的驻外经理、设计培训课程和发展机会，以加强经理对外国文化和工作实践的理解，调整薪酬计划以确保在不同生活成本地区工作的员工得到公平的待遇。因此，全球化组织带来了新的、更广泛的机会，也意味着人力资源管理的复杂性大大增加了。

2.信息技术：人力资源管理的利器

人力资源信息系统能为控制和决策提供及时、精确的数据。从这个意义上来说，它已经超出了数据存储和检索的功能，而有了更广泛的应用，包括撰写报告、预测人力资源的需求、制定战略规划、规划职业生涯和制订晋升计划，以及评价人力资源政策和实践。

信息技术对人力资源管理本身的影响是广泛而深远的。信息技术使公司能够快速、低成本地对大量信息进行存储和检索。它还能使公司迅速而准确地对数据进行组合和重构，从而形成新的信息。另外，因为它能使组织存储和迅速使用由专家开发的判断和决策模型，所以它有助于形成组织化的知识库。利用信息技术，经理能够在世界各地更方便地、更有选择性地与其他人进行沟通，由此能够更好地利用他们掌握的信息。

从这一点上来说，信息技术是降低管理成本、提高生产率、减少反应时间、改善决策及加强服务的有力武器。它对协调与公司外部的合作伙伴的共同行动也起着重要作用。信息技术能够提供一个数据和沟通平台，有助于连接人力资源和调节公司的人力资本，以获得竞争优势。

3.组织变革：动态的人力资源管理

全面质量管理、持续改进、削减规模、流程再造、外包等都是组织为了获得发展而采取的改变运营方式的手段。一些变化是被动的，在外部力量影响组织的绩效时发生。其他变化则具有前瞻性，是企业抓住目标机遇主动发起的，尤其是在追随者不易成功的变革非常快的行业里。

4.人力资源开发投资：人力资本是第一位的

要在组织内开发人力资源，企业就必须不断地提升其员工的知识、技能和经验水平。员工招聘计划着眼于确认、招聘和雇用最好、最出色的人才。培训计划则着眼于提高技能，特别是那些即使员工离开后也不会变成其他公司财富的技能。另外，员工需要在工作中获得发展的机会。其实，与竞争能力相关的最有价值的知识是在实践中获得的经验，也是最难教会的。因此，经理必须要做好的一件工作就是为员工提供可以从中获得发展的工作任务，并确保这些工作任务和要求有足够的灵活性，让员工能在其中不断地学习和成长。

三、企业市场资源

（一）企业市场资源的概念

从定义来看，市场资源是存在于市场环境中的，是能够被企业加以开发利用的资源要素。企业的市场环境极其复杂，在市场环境中与企业有关的资源要素有许多。依据资源要素对于企业的资源价值以及可被企业开发利用的程度，企业可将一些资源要素划入市场资源的范畴。核心市场资源可以被划分为：产品资源、品牌资源、市场需求、市场规模与范围、渠道资源、市场信息、交易模式。实际上，市场资源内涵十分丰富，不止以上所列内容，例如，政府的市场政策、市场制度、法律法规以及竞争者、替代品等都是市场资源，但这些市场资源处于宏观层面或者竞争层面，企业对这些资源的运用能力十分有限，因此不宜将其作为市场资源研究的重点。市场资源是市场中的资源要素，图6-2显示了市场资源与企业、消费者的关系。

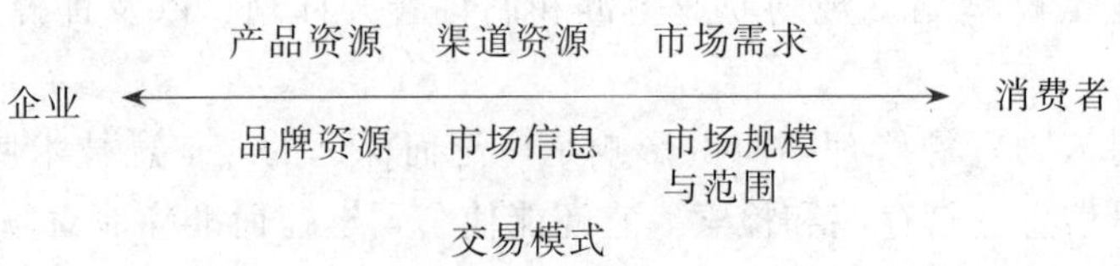

图6-2　市场资源与企业、消费者的关系

图6-2为我们揭示了市场资源的内容以及市场资源与企业、消费者的关系：靠近企业一端的市场资源是产品资源与品牌资源，产品和品牌是企业向市场提供的供给资源，是企业参与市场活动的主要方式。渠道资源、市场信息与交易模式位于企业与消费者的中间位置，它们是企业与消费者相互传递价值和实现价值交换的平台。靠近消费者一端的市场资源是市场需求、市场规模与范围，市场需求、市场规模与范围是消费者向市场提供的需求资源，是消费者参与市场活动的主要表现形式。

企业市场资源的内容概括起来主要包括技术资源、渠道资源、品牌资源、自然资源四大类。这些资源对于企业发展目标的实现具有直接的保障作用，并且可为企业在更高、更大的目标决策制定上提供支持。

1.技术资源

它是指为企业所拥有的全部技术的总和。一般而言，它又可分为具有绝对垄断地位的专有技术、具有相对垄断地位的专利技术，以及不具垄断性质的一般技术。其数量可以其带来的交易收益的大小来计算。

2.渠道资源

它是为企业所直接控制的有一定密度和广度的渠道网点。企业的产品和服务要靠它传递到客户手中，以实现其价值。其数量可以其重置成本即构建所必须投入的费用来计算。

3.品牌资源

它是企业社会形象的一种体现，其内涵是企业社会美誉价值的增值和积累，其核心内容是诚实负责的理念在企业发展过程中和组织运行过程中的体现，以及所提供的产品和服务，得到方方面面的社会主体，包括产品客户、合作伙伴、国家政府、社会公众，认同称道的广泛性和程度。其数量可参考品牌中介机构的估算价值计算。

4.自然资源

它是指被企业直接或间接垄断的原材料，或者与产品生产、市场销售具有特定关联关系而形成的地域区位优势。其数量可按其在产品经营收益中所占的比重、垄断程度、企业经营收益规模三者的乘积计算。垄断程度是指企业对这种资源所能控制的程度。比如，企业所在地接近加工原材料的产地，尽管这种原材料并不完全为它所垄断，但它可因这种地域区位获得一定的优势。对于生产加工原材料的相对垄断程度可用这种原材料的运输费用在整个产品销售价格中所占的比重来计算。

（二）企业市场资源的特点

1.层次性

市场资源作为资源的一种类型，具有一定的层次性，这种层次性是由其自身资源属性和被开发利用的水平来区分的。

2.开放性

市场资源不从属于具体企业，而是对于任何企业都具有开放使用的性质，即所有市场参与主体都有平等获取、开发利用市场资源的权利。市场资源的开放性是由市场开放的性质决定的，市场是一个开放的系统，在市场系统中各种市场要素自由出入，不受任何条件的限制。市场资源在市场的这种开放系统中形成，从而促使市场资源本身具有开放性的特征。开放性使市场资源成为市场中的公共资源，各市场主体都可以从市场资源中获得一定的价值，但这种价值却受到市场主体自身能力的限制，有能力的企业将获得更多这种公共资源，从而在市场中处于有利位置。市场资源的开放性促使更多市场要素参与到市场资源的形成过程，使市场资源自身的价值得到增强，但更多的市场主体参与其中却为市场资源的获取增加了难度。

3.竞争性与非竞争性

竞争性是指在已被占有的情况下，资源具有排他性，表现为在产品资源、渠道资源、市场规模被特定企业占有使用的情况下，其他企业被排除了再占有使用的可能性。以渠道资源为例，一家企业在占有一部分渠道资源后，即排除了其他企业使用该渠道资源的可能。非竞争性则表现为相反的性质，即市场资源在被特定企业使用的情况下，其他企业仍然可以使用，品牌资源、市场信息、交易模式和市场需求即表现出此类特性。

（三）企业与市场资源的关系

市场不仅仅是企业的外在环境，还对企业有着更深层次的作用关系，企业利用内部资源条件生产市场需要的产品，而市场则通过交易过程将企业产品传递到市场需求的末端消费者手中，企业与市场共同促使这一价值过程的实现，这揭示了企业与市场更为深刻的关系，即企业与市场具有互补性。一方面，企业依据市场需求调配各种内部资源生产产品，并向市场供应产品，体现了企业的生产价值功能。另一方面，由企业供应的产品则通过市场交换过程传递到消费者手中，实现了企业内部价值向市场需求末端的传递，这体现了市场的交换价值功能。企业与市场存在内在的互补关系，市场作为企业的补充，将企业内部的产品价值传送至处于市场核心位置的消费者，使企业价值与市场价值统一。企业与市场之间的互补关系是互融关系的延伸，是企业与市场关系的本质内容。

实例分享6-6　华为的市场角逐之路

20世纪80年代后期、90年代初期，“巨大中华”（巨龙通信、大唐电信、中兴通讯、华为技术）从国内市场起步。当时国内通信设备与国外相比差距很大，以数字程控交换机为例，国内市场上没有国产产品，全部是进口货。华为创立后不久，不满足于低端产品的代理和仿制，集中精力甚至孤注一掷地主攻数字程控交换机，并于20世纪90年代中期取得突破，既抢占了市场份额，也迫使国外进口产品大幅度降价。除数字程控交换机外，华为后来陆续开发的网络通信产品（比如路由器等），也基本上是按照“模仿–创新–替代”的路径在国内市场逐渐取得优势的。国内市场上对国外产品的替代，我们称之为“一次替代”。这种“替代”对于后发国家经济发展具有重大意义，是后发经济体实现工业化、追赶发达经济体的必由之路。

资料来源：施炜.华为成长的战略逻辑：详解华为为什么能称霸世界［EB/OL］.［2016-03-15］. https：//www.sohu.com/a/63463026_343325.有删减.

四、企业信息资源

（一）企业信息资源的内容

1.企业信息资源的概念

企业信息资源属于信息资源的一部分。狭义的企业信息资源是指企业经营活动中经过有序化加工处理并积累起来的有用信息的集合，如企业内部信息、竞争对手信息、市场需求信息、经营环境信息（包括政治与法律环境、经济环境、科技环境以及社会、文化与自然环境信息）。

从狭义角度来看企业信息资源，可以从信源和信宿两方面来理解：从信源即从信息的源头来理解，它是指对企业的生产经营活动进行反应的那部分信息；从信宿即信息的接受者角度理解，它是指企业在经营活动中所需要的一切信息，它不仅包括所有同行企业的生产经营信息，还包括更多的相关信息，如客户信息、供销商信息、社会政治经济信息、法律法规信息、科技发展信息等。广义的企业信息资源除了包括信息内容外，还包括信息在交流、处理和传输过程中不可缺少的相关要素，如信息的载体、信息处理和通信的软硬件设施、制造上述设施的关键设备，以及有关标准规范与政策法规。信息资源不仅体现为信息系统中的资料、表格、图形和运算能力等，更成为企业中独立于人力、原材料、资金、技术和设备等资源之外的重要新型资源，是创造经营财富的重要因素。

信息资源从内容上看应包括下述4个部分：

① 相关社会经济活动中经过加工处理有序化并大量积累起来的有用信息的集合。

② 为某种目的而生产有用信息的信息生产者的集合。

③ 加工、处理和传递有用信息的信息技术的集合。

④ 其他信息活动要素（如信息设备、信息活动经费等）的集合。

与企业发展相关的信息，主要有3个方面：一是市场信息；二是科技信息；三是政策信息。

① 市场信息。

它是指企业所拥有的有关产品和行业发展现状及发展前景的信息。但这里的信息绝不能是道听途说的不确定传闻，而必须是真实可靠且系统完整的信息。

② 科技信息。

它是指企业所拥有的有关产品和行业发展的现有科学技术及其发展前景的信息，这种信息必须系统而完整。它可直接为企业在进行产品和行业选择时提供支持。

③ 政策信息。

它是指企业所掌握的不同国家或地区关于企业发展的种种政策优惠或限制的法律法规信息。

2.信息资源的分类

根据不同的划分标准，信息资源的类型也有所不同。例如，按信息资源的组成与内在关系划分，信息资源可分为元信息资源、本信息资源、表信息资源；按信息资源的有形与无形划分，信息资源可分为有形信息资源与无形信息资源；按信息资源的地域（所处空间范围）划分，信息资源可分为国际（世界）信息资源、国家信息资源、地区（部门）信息资源；按信息资源的加工程度划分，信息资源可分为一次信息资源、二次信息资源、三次信息资源；从其管理和开发的角度，信息资源可分为记录型信息资源、实物型信息资源、智力型信息资源与零次信息资源；按人的感官对信息的接收方式或信息对人感官的作用，信息资源可分为视觉信息资源、听觉信息资源、视听信息资源与触觉信息资源；按信息传递的范围，信息资源可分为公开信息资源、半公开信息资源、非公开信息资源。

(二) 信息资源的特点

1.动态性

信息资源是一种动态资源，信息资源产生于自然界和人类社会的实践活动之中，它随时间的变化而变化。人类社会经济活动是一个永不停歇的运动过程，信息也总处在不断产生、积累的过程中，并呈现不断丰富、不断增长的趋势。

2.有限性

信息是普遍的、无限的，有物质的地方就一定有信息存在。只要物质不灭，信息就会像物质一样永恒地存在。物质取之不尽，信息就用之不竭。一方面，信息资源仅是信息中的一部分，是经过人类选择的有用的那部分信息，是有限的。另一方面，人类对信息资源的需求是无限的，与这种无限的需求相比，人类所拥有的信息资源则永远是有限的。

3.人工性

信息作为物质或事物运行的状态与方式，无论人类是否感知它，它都是自然客观存在的。信息资源化离不开人类的参与。信息资源的生产、形成乃至组织、建设、开发、利用无不打上人类加工的烙印。信息资源的人工性特点正是我们建设、开发、利用信息资源的理论依据。

4.有序性

信息浩如烟海，但却杂乱无章，处于一种混沌无序状态，面对浩瀚无边的信息海洋，人们常常发出无可奈何的感叹和“信息爆炸”“信息污染”“信息垃圾”的惊呼。大量无序的信息，常常造成信息通道的“阻塞”，使信息的传递发生迟滞性干扰，人类也无法利用。而信息资源则是人类按照一定次序组织起来的，具有有序性。

5.积累性

信息资源是有用信息的总和或集合。一条信息或几条信息构不成信息资源。只有经过一定时间的积累，达到一定的丰度和凝聚度，信息才能成为信息资源。正是这种积累性，才使不断流散在空间和时间中的信息，能够汇集到信息机构，跨越时空限制，从不同的角度、不同的方向满足人们特定的信息需求。

6.共享性

信息资源的共享性是指信息资源可以为许多用户所共同使用的特征。物质资源和能源资源的利用表现为占有和消耗。当物质资源或能源资源的量一定时，各利用者在资源利用上总是存在着明显的竞争关系，而信息资源的使用则不存在这种竞争关系。在信息资源的使用中，使用者彼此之间不存在直接的制约作用，同一信息资源可以同时被不同的使用者所使用。信息资源的这种共享性为信息资源在社会经济生活中更有效地发挥作用奠定了基础：在信息资源开发出来以后，不同的信息资源获得者都可以根据自身的情况对信息资源进行开发与利用，使信息作为资源在社会经济生活中充分体现其价值。

7.时效性

信息资源比其他任何资源都更具有时效性。一条及时的信息可能价值连城，一条过时的信息则可能分文不值。信息资源具有时效性并不意味着开发出来的信息资源越早投入利用就越好，这中间并没有必然的前因后果关系。早投入利用固然可能易于实现其使用价值，但相反的情况亦屡见不鲜。随着时间的推移，某些信息资源是可以像陈年老酒一样不断增值的。所以，信息资源的时效性不但表现为及时性，更突出表现为开发、利用的时机性。这就要求信息资源的使用者要善于把握时机，只有时机适宜，才能发挥效益。

（三）企业信息资源管理的作用

企业的存在和发展离不开信息资源。信息资源关系着企业经营环境、市场发展等信息的掌握和掌控能力。信息资源丰富，也就意味着能够全面、准确地把握与企业发展相关的信息，以使企业能够及时制定恰当的决策，提升企业对外部环境变化的反应效率和效果。尽管信息资源与人力资源存在一定的关联：人力资源是信息资源的一个重要载体。但二者并不完全相同，信息资源的积聚依靠人，但也依靠企业所建立的信息收集、处理网络和机制。同时，对信息的处理和运用能力本身也是信息资源的一个构成部分，而这却取决于企业对信息技术的运用和掌控程度。企业信息资源管理的主要作用包括：①加强企业信息资源管理是企业实现科学化管理和正确决策的需要；②加强企业信息资源管理是增强企业竞争能力的重要途径；③加强企业信息资源管理有助于企业提高经济效益；④加强企业信息资源管理是企业摆脱困境的有效手段。

实例分享 6-7　沃尔玛早期的信息化建设

沃尔玛创始人山姆·沃尔顿曾经说过，他主张不惜代价建立先进信息系统的原因其实很简单，“我如果看不到每一件商品进出的财务记录和分析数据，这就不是做零售”。沃尔玛的神话无疑印证了信息化对现代零售企业的重要性。尤其是在信息技术全面应用的环境下，商业企业一旦落后，就会步步出错，直至被淘汰。

经营之初，相较其他大型连锁零售企业，沃尔玛只是一个不起眼的竞争者，但这种态势在上个世纪末却发生了巨大的扭转。就在其他连锁零售商仍旧以传统方式经营时，沃尔玛开始重金投入各种信息系统建设。沃尔玛在信息系统方面投入的热情在全球的企业当中都可以说是首屈一指。沃尔玛早在1983年就同休斯公司合作，将一颗耗资2 400万美元的人造卫星发射升空，成为全球第一个发射物流通信卫星的企业。至20世纪90年代初，沃尔玛在电脑和卫星通信系统上就已经投资了7亿美元，而它自身不过是一家纯利润只有营业额2%～3%的折扣百货零售公司。此外，沃尔玛还制定了“企业核心竞争力，降低总体成本”的新经营策略和理念，把电子商务和企业资源计划（ERP）提升到企业核心竞争力的战略高度。通过新型的信息应用，沃尔玛的经营效率得到了革命性的提升。在沃尔玛全球的4 000多家门店，通过该公司的网络在1小时之内就可对每种商品的库存、上架、销售量全部盘点一遍。整个公司的计算机网络配置在1977年完成，可处理工资发放、顾客信息采集整理和订货-发货-送货流程，并实现了公司总部与各分店及配送中心之间的快速直接通信。

资料来源：佚名.沃尔玛的信息化.[EB/OL].[2022-11-04]. https://wenku.baidu.com/view/5b91785d084e767f5acfa1c7aa00b52acec79c79.html?_wkts_=1709799883843.有删减.

五、企业社会资源

(一) 企业社会资源的概念与分类

1.企业社会资源的概念

企业的社会资源，是指能对企业发展起到推动促进作用的种种社会关系。即使在市场经济发展完善、民主法制健全的西方社会，社会关系也是构成企业发展的重要资源之一。如果企业能与一个社会名人结成特定的关系，社会名人本身就会给这个企业带来一定的广告效益。这实际上就是对企业发展的一种支持。而在市场经济发展不完善、民主法制不健全的国家，社会资源对企业发展的作用更是巨大的。

企业是存在于社会这个大系统之中的，特定的社会关系可以从资本资源、人力资源、市场资源等多个方面给企业发展带来不同性质和程度的支持。

2.企业社会资源的分类

企业的社会资源，概括起来主要包括工商界关系、金融界关系、政界关系、新闻界关系、学术界关系、文艺界关系等方面的关系。

工商界关系是指企业与其他工商企业建立的，没有竞争冲突，并可为企业的生产经营提供不确定的方便和支持的关系。其数量可按所联系的规模工商企业的个数来计算。

金融界关系是指企业与银行等金融机构建立的密切关系，使企业在需要融入资金时能得到不同形式的支持和帮助。其数量可按所联系的金融机构的个数来计算。

政界关系是指企业与经常来企业参观考察，并与企业建立一定个人关系的政界人物的关系。这种人物并不一定能为企业的发展提供政策上的倾斜和支持，但他们的光临能够引起社会的关注。就大范围来看，有媒体给予报道，就小范围来看，有社区公民的议论和传播。其数量可按所联系的政界人物人数来计算。

新闻界关系是指企业与新闻机构所结成的稳定联系。企业发生了重大事件，需要新闻媒体予以宣传沟通时，就有相应媒体机构提供方便。对于企业不希望曝光的事件，它们也不会违背企业的意愿强行曝光，为难企业。其数量可按所联系的媒体机构的个数来计算。

学术界关系是指企业与在学术理论界有影响力的人物建立的个人关系。他们能经常来企业参观考察，甚至把企业的一些正面典型事件融入他们的学术理论研究之中，成为案例，以传播企业的价值观念和形象。其数量可按所联系的人物人数来计算。

文艺界关系是指企业与在文化艺术界有影响力的人物，包括作家、诗人、歌星、影星、主持人等，建立的个人关系。他们能经常来企业参观考察，并能把企业正面典型事件作为素材融入他们所创作的作品中去，以传播企业的价值观念和形象，提升企业的知名度和影响力。其数量可按所联系的人物人数来计算。

（二）企业社会责任与企业成长

对企业来说，企业应利用好社会资源在合理范围内尽可能多地承担社会责任。企业要从文化上树立社会责任观，按照企业公民理论，股东虽然是企业的所有者，但企业并不只属于股东们，企业的行为更关系到众多利益相关者。如果企业拥有良好的企业文化，愿意承担社会责任，会促进管理层具有良好的责任意识，企业整体会形成乐于奉献、勇于担责的风气，同样也会影响员工们的观念与行为，为他们带来正向的影响。同时，市场上的劳动者们会更加倾向于加入一个具有良好责任感的企业，因为在这种企业中个人福利能够得到更好的保障，人员的稳定与人才的加入也会使得企业效益变好，更容易从投资者处获得资金支持。而资金充足的企业又更愿意承担社会责任，拥有良好的企业文化，从而形成正向循环，不断促进企业进步。

第二节　资源整合的内容、特征及作用

案例导入　**无名氏的精妙资源配置**

在一个偏僻的小乡村里，住着一个老头，他有三个儿子。大儿子、二儿子都在城里工作，只剩下帅气、聪明、能干的小儿子和他在一起，老头年纪已大，实在舍不得让小儿子也离开他。突然有一天，一个人找到老头，对他说："尊敬的老人家，我想把您的小儿子带到城里去工作。"老头气愤地说："不行，绝对不行，你滚出去！"这个人说："如果我在城里给你的儿子找个对象，可以吗？"老头还是很愤怒："不行，你快滚出去！"这个人又说："如果我给你儿子找的对象，也就是你未来的儿媳妇是大富豪的女儿呢？"老头想了想，终于心动了。

之后，这个人找到了大富豪，对他说："尊敬的先生，我想给你的女儿找个对象。"富豪被激怒了，说："请你离开吧！"这个人又说："如果我给你女儿找的对象，人非常英俊，才华横溢，而且是世界银行的副总裁，可以吗？"听他这么一说，富豪同意了。

紧接着，这个人找到了世界银行总裁，对他说："尊敬的总裁先生，你应该马上任命一名我推荐的副总裁！"总裁先生说："不可能，这里有这么多副总裁，我为什么还要任命一个副总裁呢，而且必须马上？"这个人说："如果你任命的这个副总裁是大富豪的女婿，可以吗？"总裁先生同意了。

这虽然是一个不尽真实的小故事，却对理解配置资源有帮助。能把三种看起来八竿子打不着的力量以最佳的形式组合到一起，故事中的无名氏展现的就是一种精妙的资源配置手段。

资料来源：佚名.有关“沟通”的典型故事［EB/OL］.［2017-12-15］. https://zhidao.baidu.com/question/1573783584283166980.html.有删改.

思考：

1.请简要分析一下无名氏是如何将不同资源组合到一起的。

2.你认为资源整合能力对当今企业家而言有着什么样的作用和意义？

一、资源整合的内容

什么是资源整合？

谈完什么是资源，我们现在来谈谈什么是资源整合。整合，字典里的解释为：“通过整顿、协调重新组合。”资源整合简单讲就是对一定范围内所拥有的财力、物力、人力、信息等各种要素进行整顿、协调并进行重新组合以产生更大效益的行为。

资源整合不仅是一种系统的思维，也是一种重构和优化资源配置决策的方法。它是一个对不同地点、不同层次、不同组织、不同内容的资源进行筛选、选择、配置和调整的动态过程，它的目标是通过整合分散在不同子系统中并服务于不同子目标的各种资源来提高整个组织的整体效率和竞争水平。也可以说，资源整合就是在现有资源类型和数量不变的前提下，按照效率优先的原则，将资源分散在每个子系统再集合到一个新系统的资源分配过程，以实现组织的总体目标，从而提高资源要素对组织效率的贡献。

形象地讲，资源整合就像图6-3所示的两幅图。不是将黑色长方块和白色长方块简单地放在一起，而是将它们有机结合起来，做到融合、统一、协调，将它们变成一个整体，成为一个黑中有白，白中有黑的太极八卦图。

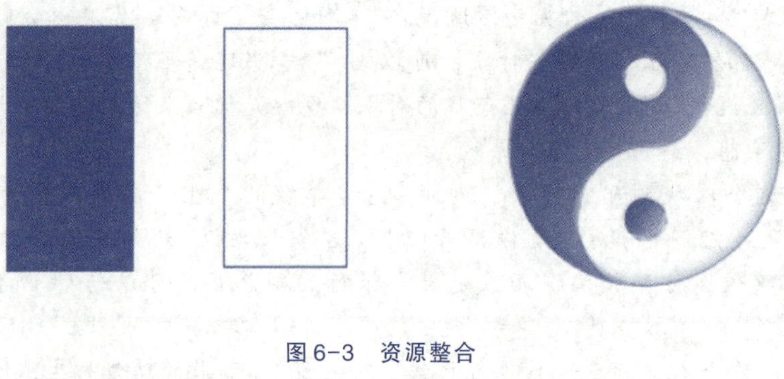

图6-3　资源整合

二、资源整合的特征

（一）动态性

新创企业所面对的外部经营环境是在不断变化的。所以资源整合也应随着环境的变化而不断调整和改善。无论是资源的构建还是资源的激活与配置都应当具有灵活性，与动态环境保持一致。

（二）价值增值性

资源整合是对企业各种资源科学配置与融合，而非对资源机械简单地组合或拼凑。通过对资源的合理配置以期达到“1+1>2”的放大效应。

（三）系统性

新创企业的资源整合具有系统性的特点，体现在通过对一系列散乱的资源进行整合，使其变成有组织、有条理的系统资源，从而为企业创造价值。

（四）可激活性

资源不能自动为企业创造价值，必须进行整合将其激活，才能使资源的价值发挥出来。

三、资源整合的作用

（一）四两拨千斤的杠杆效应

未来企业的资源除了人、财、物以外，还包括知识、时间、关系网络、智慧组合、公共关系等无形的要素。管理者如果不具备把资源整合在一起的能力，就会失去竞争的优势和先机。尤其在竞争日益激烈的情况下，对手已经变得越来越难以应付，所以，管理者如何借力打力、如何四两拨千斤、如何调动所有可以调动的力量和资源，是考验管理者整体素质的关键所在。

实例分享 6-8　“天上掉下”的2 000万美元

有一个人，空手变出一个油轮来。他是怎么做的呢？

奥地利有个名叫图德拉的工程师，他一无关系，二无资金，居然想做石油生意，而且居然做得很成功，他是怎样做的呢？当时，图德拉了解到阿根廷牛肉生产过剩，但石油制品比较紧缺，他就来到阿根廷，同有关贸易公司洽谈业务。“我愿意购买2 000万美元的牛肉，”图德拉说，“条件是，你们向我购进2 000万美元的丁烷。”图德拉知道阿根廷正需要2 000万美元的丁烷，这正是投其所好，双方的买卖很顺利地确定了下来。接着，图德拉又来到西班牙，对一个造船厂提出条件说：“我愿意向贵厂订购一艘2 000万美元的超级油轮。”那家造船厂正为没有人订货而发愁，当然非常欢迎。图德拉又话头一转：“条件是，你们购买我2 000万美元的阿根廷牛肉。”牛肉是西班牙居民的日常消费品，况且阿根廷正是世界各地牛肉的主要供应地，造船厂何乐而不为呢？于是双方签订了一项买卖意向书。然后，图德拉又到中东地区找到一家石油公司提出条件说：“我愿购买2 000万美元的丁烷。”石油公司见有大笔生意可做，当然非常愿意。图德拉又话锋一转：“条件是你们必须包租我在西班牙建造的超级油轮运输。”在产地，石油价格是比较低廉的，贵就贵在运输费上，难也就难在找不到运输工具，所以石油公司也满口答应，彼此又签订了一份意向书。由于图德拉的周旋，阿根廷、西班牙和中东公司都取得了自己需要的东西，又出售了自己亟待销售的产品，图德拉也从中获取了巨额利润。细细算起来，这项利润实质上是以运输费顶替了油轮的造价。三笔生意全部完成后，这艘油轮就归他所有。有了油轮，他就可以大做石油生意，图德拉终于梦想成真了。

资料来源：佚名．“天上掉下”的2 000万美元［EB/OL］．［2024-04-11］．https://www.sohu.com/a/133279605_545010.有删减．

（二）借网捕鱼的渔网效应

渔网效应原理：渔民用渔网捕鱼时，如果用很密的渔网，很多小鱼会被捞入网中，大量的小鱼在触网后会立即意识到危险逼近，于是纷纷四处逃亡，这样也定将惊动尚未触网的大鱼，于是大鱼也将意识到危险的来临，会采取躲避和逃离措施，于是捞到大鱼的概率大大降低。而如果用较稀的渔网，大量小鱼会从大网格中穿出，即被过滤掉，而大鱼却没那么幸运了，而且这时大鱼也没有那么多小鱼为其发出危险信号，于是被捕获的概率就增大了。另外，选好撒网点也非常关键，往鱼多的方向拉网与向鱼少的方向拉网产生的收网结果是完全不一样的。

实例分享6-9 无孔不入的康师傅

精耕细作，遍及乡镇。在过去几年中，康师傅在渠道布局上投入的费用已经高达3亿多元。现在康师傅在内地已经拥有一个包括300个营业点、近5 000个经销商、55万个销售点、139个仓库的巨大销售平台。康师傅在渠道上的特点之一是渠道下移，其销售网络已经深入到乡镇底层，这是康师傅与竞争对手争夺市场时的一个巨大优势。有统计表明，在城市市场，统一与康师傅几乎是平手，但在县级以下的乡镇，统一的销售量远不如康师傅，可以说是乡镇市场拉开了二者的差距。康师傅在渠道上的另一个特点是精耕细作、全面覆盖。康师傅把全国划为1 500个小区域，每一个区域都有业务员负责。康师傅要求每一个业务员每天要拜访30个零售点，了解他们的销售情况及需求，收集他们对于产品的意见和建议。这样，康师傅编织起了一个组织严密、分工明确、由点到面都有专人负责的动态的营销网络。而这个网络中的每一个人都是渠道管理员，不仅要负责新网点的开发，还要负责已有网点的维护和提升。针对大卖场，业务代表必须学习掌握相应的技巧。例如，当康师傅的直营业务代表拜访家乐福、沃尔玛这样的大型超市时，他们会着重强调品牌的影响：康师傅是方便面第一品牌，市场占有率高达40%，卖康师傅的产品，会有更大的走货量，因而可以获取更多的利润。对于经销商的管理，康师傅一方面非常严格，在经销商选择、窜货、价格控制等原则性的事情上非常强硬，另一方面又对有潜力的经销商大力扶持，帮助经销商成长。经销商成长了，康师傅就会跟着成长。每当经销商遇到产品、销售上的难题时，康师傅的业务代表就会想办法协助其销售，增强经销商对经销康师傅产品的信心。大卖场内的产品品种数不胜数，但当我们走进卖场时，总能发现康师傅特别地引人注目。在这方面，康师傅也有不少的诀窍，重点是三个“易”字。第一个是“易看”。康师傅要求将商品和相关宣传品整齐地陈列在顾客容易看到的地方，最佳位置是在水平视线上下。另外，导购牌要标示清楚且吊放在顾客易看到之处；价格牌的规格应尽量与卖场统一，内容要简单明了。第二个是“易取”。这是为了方便顾客，以高度为165厘米的货架为例，商品的黄金陈列线的高度一般在85~120厘米，它是货架的第二、三层，是眼睛最容易看到、手最容易拿到的陈列位置。另外，在商品陈列时，要注意陈列的稳定度，不能像多米诺骨牌一样，一拿便全倒。第三个是“易买”。商品分类要清晰，价格牌、产品规格、口味等产品相关资讯应一目了然。康师傅理货员不在场时，顾客也能尽快自行挑选自己想要的产品。

资料来源：佚名.康师傅的通路［EB/OL］.［2022-05-04］. https://wenku.baidu.com/view/02734e2fdd80d4d8d15abe23482fb4daa58d1d00.html?_wkts_=1716270301895.有删改.

第三节　资源整合的关键要素

案例导入　鱼还是钓鱼竿，殊途同归的选择

两个年轻人外出旅行，由于迷路而越走越远，到了一个人迹罕至的地方。离这个地方最近的村镇也有几百千米。眼看着所带的食品没有了，而要返回是不可能了，正在失望的时候，他们碰到了一个钓鱼的老人。老人手里拿着一个钓鱼竿，鱼篓里有一些鱼。他们立即向老人求救。老人说，从这里走到有人烟的地方，至少有七天的路程，我手里的两样东西分别送给你们，请你们自己看着渡过难关吧。老人请他们自己选择，要么要鱼篓里的那些鱼，要么要钓鱼竿。年纪大些的要了鱼篓里的鱼，他说，我没有力气钓鱼了，我吃着这些鱼往回走。他拿了鱼篓就上路了。年轻一些的拿了钓鱼竿以后，心里想，有了钓鱼竿就去找有鱼的地方钓鱼，也没有问题。他很愉快地从老人手里接过钓鱼竿就上路了。几天过去了，拿了鱼的那个人把鱼吃光了，但是他仅仅走了一半的路程，就去世了。而拿了钓鱼竿的人呢？他拿了钓鱼竿以后就寻找能够钓鱼的地方，当距离有鱼的地方还有十几千米的时候，他再也爬不动，也在路上饿死了。

资料来源：佚名.鱼竿和鱼篓的故事［EB/OL］.［2017-10-10］. https://www.sohu.com/a/197473638_300818.有删改.

思考：

如果你是这两个人中的一个，你会如何选择呢？

一、客户资源整合

客户资源整合是指企业根据客户的价值为其提供差别化的产品和服务，并与客户建

立长期伙伴关系。企业的客户广义上包括上游的供应商和下游的需求方，而狭义上只包括下游需求方。因此，企业资源整合包括客户需求满足程度、挖掘新客户的程度、服务差异化的程度。客户需求满足程度在客户资源整合中起到重要作用，企业通过提供服务满足客户的需求，使客户的需求与企业的服务形成一种“黏性”关系。挖掘新客户的程度也就是开发市场份额的能力，它是指随时跟踪主要客户和特定的市场的发展，及时寻找和开发新的客户资源。服务差异化的程度是指针对不同层次的客户提供不同的服务，对客户实行分类管理，实施专家营销。

二、能力资源整合

企业能力资源既包括有形的实体资源，如设备和设施等，又包括无形的技能、人力资源，如核心技术及商业模式等。企业的合作是基于互惠共享的理念，企业往往会抓住自己核心能力进行纵向的发展，成为某一个领域的领头羊。但有时候依靠单一的能力不足以维持企业的发展。

三、信息资源整合

企业信息化是企业资源整合的重要途径，是企业业务运作的神经中枢，主要包括：电子商务的应用水平、信息的共享水平、快速响应水平、IT系统的支持水平。电子商务的应用是指企业与客户之间进行商贸活动，改变传统的“面面交易”，利用互联网，通过电子手段实行网上交易和在线电子支付。企业的电子商务应用水平越高，对企业的竞争力和效率促进作用越强。信息的共享是指企业与客户、企业与企业以及企业自身各部门通过网络共同管理、分享各自的数据信息。信息集成是指系统中各子系统和用户的信息采用统一的标准、规范和编码，实现全系统信息共享，进而可实现相关用户软件间的交互和有序工作。IT系统的技术支持包括网络技术、通信技术和软硬件技术支持。由于技术支持的保障，各个物流企业可以实现企业之间、功能小组之间、人员之间以及客户之间的一对一、一对多、多对一、多对多等多形态的协同方式。

四、组织资源整合

企业均有自身的行政职能，通过有效整合组织资源实现企业合理分工，有效协作，统一管理，高效运作，可以提高企业的运行效率。组织资源整合包括各职能部门的分工协作度，运营管理成本，组织内部纵向、横向的整合，以及组织内部成员的文化程度。其中分工协作度是指企业打破以往组织工作条块分割、资源浪费或效能发挥不足的现状，大力提高各部门的分工协作水平，提高工作效率。运营管理成本是指企业日常运作需要的费用和成本。组织内部纵向、横向的整合是组织资源整合的核心，关系到组织资源整合的成败。组织内部成员的文化程度是指内部成员特别是中高层管理人员的知识水平和认识程度。

五、资源整合原则

新创企业为了高效有序地整合资源，应当遵循一定的原则，否则资源整合就会陷入盲目的状态，产生资源的浪费。资源整合应当遵循的原则有整体性、目标性、经济性。

（一）整体性

资源整合应当遵从整体性的原则，注重各类型资源之间的相互关联。把开始时处于散乱状态的资源激活融合为系统的组织资源，并通过合理的配置，达到资源整体发挥作用的效果。在资源整合的具体实施过程中，企业应时刻以整体性的眼光来进行考虑。

（二）目标性

资源整合应当具有清晰的目标。目标性原则是资源整合的基本原则。资源整合的一系列行为都应是建立在企业目标基础之上的，只有这样才能在资源的汲取、配置、利用中有的放矢，取得资源整合的最佳效果。反之，远离了企业目标的资源整合会使资源的融合与配置陷入混乱无序的局面，产生资源的浪费。此外，资源整合目标的确立也是有其基本条件的：一是企业能力所能及的；二是围绕一定目标进行的资源整合，应当能给企业带来持续的竞争优势。

（三）经济性

资源整合是为了挖掘资源的最大潜力，使其发生规模效应。在资源整合的过程中应把握好整合的“度”，科学合理地利用这些资源，使资源整合的成本控制在合理的范围之内。资源整合的过程中尤其是资源取得的过程中，应当有所取舍，不能单纯追求资源的数量，而要综合考虑资源的经济性，即合理、有效、适宜。应当通过科学的途径，选择经济的方法，以减少资源整合中的浪费。

素养园地

整合资源，运营生态，共赢智能时代

在以“因聚而生·智能进化”为主题的华为中国生态伙伴大会上，华为企业BG中国区副总裁、华为生态大学校长杨文池发表题为《整合资源，运营生态，共赢智能时代》的主题演讲。他表示，面对智能时代下快速迭代的产业技术和客户需求，生态发展模式需要从生态合作演进到生态协同。其演讲稿如下：

总体来讲，我们的策略就是：四个主动+三个协同。

首先说“四个主动”。

第一，主动开放生态。我们会整合包括AI在内的各类资源，面向AI做好生态规划，逐步卷积AI生态伙伴进入华为生态圈，同时开放更多技术、市场、服务、资金、营销等方面的资源，增强生态土壤的渗透性，帮助各类多元化生态伙伴灵活协同。

第二，主动让利伙伴。通过降低激励政策门槛、扩大激励范围、加大激励投入等方式让伙伴更多获利，实现共赢。比如今年我们降低了企业云通信、网络能源、云软件等单产品银牌的准入业绩门槛，同比2018年降低了50%；也进一步扩大了“计业绩”“计

返点”的产品范围。

第三，主动统筹资源。2019年我们会引入银行、投资机构等投融资伙伴，给伙伴提供优质的资金支持，共同做大产业蛋糕。

第四，主动培养人才。2018年3月，华为合作伙伴大学正式升级为华为生态大学。华为生态大学作为ICT人才生态的新载体，积极聚合政府、企业、教育机构及合作伙伴等生态各方，从人才的在校培养到就业再到就业后的不断进阶，全流程匹配市场的发展与需求，端到端培育和打造ICT人才供应链，致力于成为中国数字化转型的人才引擎。同时我们也紧随ICT技术演进趋势，积极主动地基于AI展开人才培养业务布局，联合浙江大学、上海交大等300余所重点高校，开设大数据、AI相关课程，产学研协同培养AI人才。我们希望通过这“四个主动”，构建协同共进的生态环境，打造开放、合作、共赢的多元生态系统。

接下来介绍“三个协同”。

2019年我们刚刚发布的华为合作伙伴全景中，包含了五类伙伴：销售合作伙伴、解决方案合作伙伴、服务合作伙伴、投融资合作伙伴以及人才生态合作伙伴。面对各类生态角色的不断扩展和多元化的诉求，业务场景的复杂化程度越来越高，我们期望在2019年通过各类伙伴差异化的政策、资源投入、强化生态运营等，增强华为生态“黑土地”的肥力和渗透力，帮助华为生态圈实现战略协同、资源协同和能力协同。

总之，我们期望以“四个主动”和“三个协同”的生态策略应对AI给生态建设带来的潜在挑战，从个体主动转向集体主动，最终实现军团作战，打造客户、伙伴、华为多赢的命运共同体。

资料来源：杨文池．整合资源，运营生态，共赢智能时代［EB/OL］．［2024-03-23］．https：//www.sohu.com/a/303389024_615309．有删减．

通关练习

一、知识简答

1．企业5大核心要素分别是什么？

2．企业资本资源对企业成长有什么作用？

3．人力资源管理的原理是什么？

4．企业社会资源对于企业的实际意义是什么？

5．企业资源整合的内容有哪些？

6．企业资源整合的4大关键要素是什么？

7．企业资源整合管理中需要注意哪些问题？

二、实践操作

请你对本地一家知名企业进行实践性调研，了解其如何进行各种资源的整合，目前已经整合较好的资源有哪些？

第七章　优化盈利模式

【学习目标】

1. 知识目标

◎了解盈利模式基本定义

◎了解盈利模式发展时期的特点

◎掌握盈利模式的内容、特征及作用

◎掌握优化盈利模式的两个维度

◎掌握优化盈利模式的四大途径

2. 能力目标

◎能够正确判断企业盈利模式是否合法

◎能够正确找到优化盈利模式的方式

3. 素养目标

◎培养刚毅、果敢、敢于创新和担当的企业家精神

◎培养学生的创新意识和法律底线意识

◎提高学生辨别传销、自我保护的意识

【知识导图】

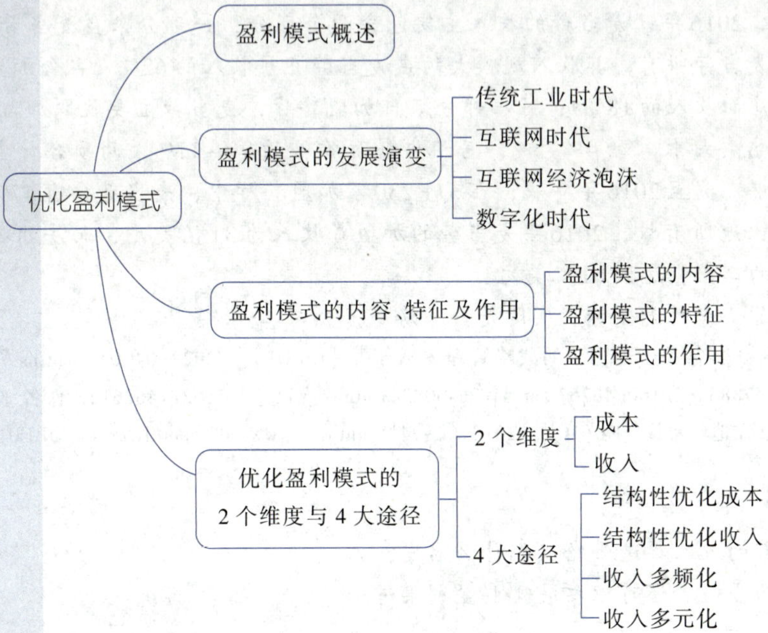

第一节 盈利模式概述

案例导入 麦当劳的盈利模式

2017年，麦当劳（中国）更名为“金拱门”一事引发热议。从1990年在深圳开设中国第一家餐厅开始，麦当劳就成为中国餐饮市场“洋快餐”的代名词，以标准统一、安全卫生的特点和特许连锁经营的模式，迅速得到市场的认可。

从发展特许经营之初，麦当劳就确定了一些发展加盟商的基本原则。比如，不发展实力雄厚的加盟商，以避免店大欺客，改变麦当劳的标准；不发展区域整体授权，只做单一店面的加盟授权等。在发展加盟商的过程中，麦当劳也遇到了诸如加盟商因为实力不足而难以获取足够的资金，或者缺少银行信用而无法贷款，从而无法支付店面的房租和建设费用等问题。遇到这些情况，麦当劳就代加盟商寻找合适的店址，并长期承租或购进房屋，然后出租给加盟商。这一方面解决了加盟商的资金问题，另一方面充分利用了麦当劳的资信实力，同时麦当劳通过控制房产来加强对加盟商的管理。因此，麦当劳加盟业务的收入构成中，除了加盟费，还有房租收入。

据统计，2016年，麦当劳的收入主要包含两个部分：一部分来自麦当劳的直营店，收入全部归麦当劳所有，其收入规模大约占麦当劳直接收入的62%（占含加盟店在内的所有麦当劳店面收入的18%）；另一部分来自加盟餐厅，麦当劳主要收取加盟费和房租，其中加盟费占餐厅收入的4%~5%，房租占餐厅收入的9%~11%，两项合计占麦当劳直接收入的38%。截至2016年年底，在311 230家加盟餐厅中，麦当劳持有47%的加盟餐厅的房屋或土地所有权，2016年麦当劳的加盟费收入为31亿美元，而房租收入几乎是加盟费收入的二倍，达到61亿美元！

所以，你认识的麦当劳，实际是一家房地产公司。

资料来源：佚名.关于麦当劳的战略管理案例分析［EB/OL］.［2022-04-04］. https://wenku.baidu.com/view/8c5bf178834d2b160b4e767f5acfa1c7aa0082ca.html?_wkts_=1716277462612；佚名.作为快餐界巨头，麦当劳主要靠地产赚钱［EB/OL］.［2018-02-24］. hhttps://www.163.com/dy/article/DBE013T00512E47M.html.有删改.

思考：

1.麦当劳的收入渠道带给我们什么启发？

2.你认为麦当劳还可以拓展哪些盈利渠道？

假如你是创业者，在初步构建企业时，请思考以下问题：

·我打算靠什么主打产品赚钱？购买人群有哪些？

· 我如何让这群人来买我的产品?

· 我如何让这群人只买我的产品?

· 万一有人模仿我的盈利模式，我该怎么办?

……

盈利模式回答的是企业怎么赚钱的问题，其本质就是研究企业的收入和成本结构。

盈利模式是指企业利润的来源及方式。从谁那里获取收益？谁可以分担投资或支付成本？相同行业的企业，定位和业务系统不同，收入结构与成本结构即盈利模式也不同。即使是定位和业务系统相同的企业，盈利模式也可能千姿百态。

很多企业都非常关注营业收入和市场份额的增长，对于企业应该如何盈利的问题却缺乏深度的思考和设计。企业决策者往往认为，某个阶段只要有了规模，利润自然会随之而来。这种观点以某种既定的盈利模式为假设前提，一般以产品或服务的收入成本差作为单一的盈利来源，以行业内约定俗成的成本加成定价、计件定价等作为主要的盈利方式。在盈利来源和盈利方式既定的前提下，企业盈利模式大多围绕由供求状态决定的价格水平展开，主要考虑企业成本结构、竞争对手定价，以及产品或服务带给客户的价值认知。企业盈利的提升更多通过客户价值的提高和客户规模的扩大来达成，忽略了企业盈利模式创新带来的盈利空间。

在传统的盈利模式下，企业收入来源单一，基本依赖主营业务。而行业竞争的加剧，往往会引发价格战、无效的宣传促销、无差异的品牌认知等问题，导致企业利润越来越低甚至亏损，净资产收益率和投资价值迅速下降。

而成功的企业往往能够通过主动设计盈利模式，提高交易效率，创造竞争优势。通过调整盈利来源和盈利方式，企业能够拓展原有价值空间的规模和价值实现的效率。盈利模式指企业的收支来源与收支方式及其相应的结构，也就是企业如何获得收入、分配成本、赚取利润。良好的盈利模式不仅能够给企业带来更多的收益，更能为企业编织一张稳定共赢的价值网络。

盈利模式的设计主要由3个维度构成：定量问题，即产品和服务价格高低的确定；定向问题，即企业盈利来源的确定；定性问题，即企业通过何种盈利方式获得收入。其中定量问题主要是定价的策略性问题，市场营销领域讨论较多，而商业模式领域主要讨论定向和定性的问题。

第二节　盈利模式的发展演变

案例导入　梅西百货和亚马逊的引例模式变更

梅西百货公司（Macy's）是美国知名的百货商店，其盈利模式在多年间经历了数次更新。梅西百货通过对消费者的大量研究，针对目标顾客的需求变化进行定位调整。其最初主要定位于广泛的消费者群体，提供多样化的商品选择。然而，随着市场竞争的加剧和消费者需求的日益个性化，梅西百货逐渐将目标顾客定位在中产阶层，该阶层顾客注重商品品质以及时尚消费。为了满足这部分顾客的需求，梅西百货不断优化商品结构，提升购物体验，并通过线上线下融合的方式拓宽销售渠道。这种盈利模式的更新换代使梅西百货在激烈的市场竞争中保持领先地位。

亚马逊作为全球最大的电子商务平台之一，其盈利模式也经历了多次更新。最初，亚马逊主要通过销售图书等实体商品实现盈利。随着互联网技术的发展和电子商务市场的兴起，亚马逊开始逐渐转型为综合性电子商务平台，提供包括电子商品、家居用品、食品等各类商品的销售服务。同时，亚马逊还通过推出会员服务（如Prime会员）、云计算服务（如AWS）以及广告业务等方式进一步拓展其盈利模式。这些创新举措不仅提高了亚马逊的盈利能力，还使其在全球电子商务市场中占据了重要地位。

资料来源：作者根据相关资料整理而成。

思考：

为什么企业盈利模式需要随着时代更新？

一、传统工业时代

工业发展至今虽然已有几百年的历史（如图7-1所示），但论盈利模式的变化和创新，过去远不如当今数字化时代丰富。工业时代中，企业的盈利模式基本是单一和简单的，开餐厅的靠餐饮赚钱，做产品的靠产品赚钱。

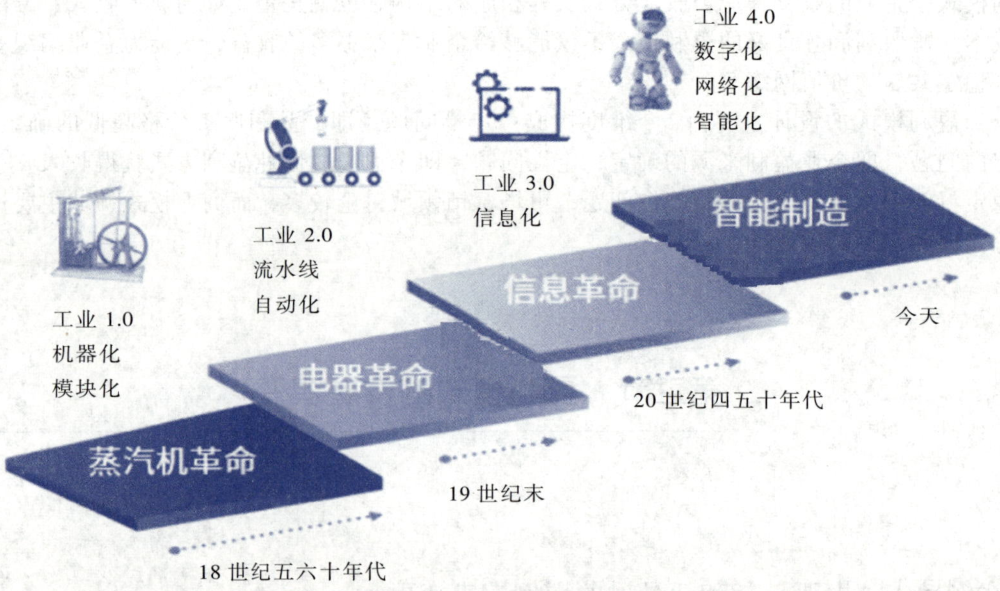

图7-1 工业的发展历程

为什么会如此？这得从工业时代的特征讲起。传统工业时代讲的是专业分工，专业分工使得整个社会的生产效率大幅度提升，人类社会的物质财富剧增，所以在工业时代，最厉害、最优秀的企业往往都是“专业选手”。

正是这种高度的专业分工造成了企业盈利模式的单一性，企业生产的产品是其唯一的利润来源，生产的速度决定盈利的数量。

在工业时代，优化盈利模式往往体现在“开源节流”这四个字上面。企业通过大营销、大渠道、大推广不断增加新客户，通过大规模、大生产不断提高生产效率，降低生产成本。

随着人类社会整体从卖方市场向买方市场转变，企业之间的竞争日趋激烈，外部打价格战，企业就面临微利；在企业内部，虽然生产效率能达到一个稳定的水平，但企业始终无法控制房地产成本和人力成本这两项要素，而且越到竞争后期，这两项成本越是不断提高，压缩企业的利润空间。

很多优秀的企业意识到了盈利模式的单一性给企业带来的巨大风险，开始着手进行多元化经营、盈利模式的改造等。2007年，美国哈佛大学教授亚德里安·斯莱沃斯基（Adrian J. Slywotzky）就写了一本书叫《发现利润区》(The Profit Zone)，探讨了当时12家最成功的企业及其领导者的利润策略，总结出22种不同的盈利模式。但在当时，这些盈利模式落地的难度非常大，其原因在于社会的整体连接效率和数据化程度低下，而企业的盈利模式改造涉及方方面面因素的调整，绝非“思想有多远，你就能走多远”的美妙故事。

二、互联网时代

互联网刚兴起的时候，新兴的互联网企业为了迅速做大客户数量和规模，最常用的一个手段就是免费，甚至补贴。对于消费者而言，这是天上掉馅饼的好事；但对那些本分的传统企业来说，这就是噩耗。如果某个企业的产品被互联网企业当成了免费菜，那么，这个企业“不死也得脱层皮”。

瑞星曾独步国内杀毒软件市场，截至2008年12月31日，瑞星在中国杀毒软件市场的占有率是38%。但在2010年，瑞星遭遇了奇虎360的免费模式进攻，结果在不到200天的战役中，瑞星的市场份额跌至33.15%，甚至在2011年，瑞星被迫跟进免费模式，宣布个人安全软件产品全面、永久免费。

最可悲的是，高度专业分工下的传统企业面对互联网企业的免费、补贴等竞争方式时，几乎没有什么有效的应对手段。

三、互联网经济泡沫

在互联网泡沫兴起的时候，很多公司其实仅仅只是包装了一些互联网的概念，讲了一个漂亮的故事，就从风投那里融到了大量的资金。

对于企业而言，仅仅靠外来资金输血是无法长远发展的，企业需要真正拥有造血能力，也就是盈利模式，否则它不管表面看起来多么风光，都将难以为继。在每一次互联网泡沫破灭的时候，我们都可以看到一大批没有盈利模式，或者说盈利模式有问题的企业轰然倒下。相信在未来，风投介入企业的初期发展将成为常态，对于企业家而言，永远要在外来的资金面前保持一份冷静和自省，时刻问自己：在泡沫破灭的时候，自己的盈利模式还能支撑企业发展吗？

(一) 第一次互联网泡沫

互联网时代的到来似乎总是伴随着“免费”，“免费”被誉为互联网的基因，起码从用户的角度来看，我们已经习惯了从互联网上获得免费的产品和服务。

大量的互联网公司都在创造一个类似的神话，它们不需要有盈利能力，只需要会讲故事，就能获得投资并且在纳斯达克上市。我们看看数据，就知道市场有多疯狂了。

· 2000年3月10日，纳斯达克综合指数报收于创纪录的5 048点；随后网络股泡沫开始破灭。

· 2002年10月9日，纳斯达克综合指数报收于1 114点，创自互联网泡沫破灭以来的最低点位。

在第一波互联网泡沫破灭后，大量的互联网公司灰飞烟灭，潮水退去的时候，我们才知道谁在裸泳。倒闭的原因很简单，公司的盈利模式不成功，投资者撤退，公司自然就消亡了。在这一波泡沫中，只有少数找到盈利模式的企业生存了下来了。

(二) 第二次互联网泡沫

从2013年开始，随着智能手机的普及，移动互联网时代快速到来，移动互联网替代PC互联网的趋势不可阻挡，另一波革命开始了。餐饮、美容、旅游、教育、农产品、金融……似乎一切都开始往互联网上搬。

在上一波互联网泡沫中尝过甜头的风投又开始疯狂起来。对它们来讲，风险当然存在，但趋势是最重要的，只要有5%的成功机会，就值得投入。在2013年到2015年这三年中，几乎每个星期都可以听到某个新的O2O项目融到资金，融资金额从几百万元到几千万元再到几亿元，越来越大。

这一波O2O的玩法比第一次互联网泡沫时代更加疯狂，补贴模式出现了，消费者不仅仅享受到比传统渠道更方便的服务，还享受到比传统渠道更便宜的价格，甚至是免费的，是谁提供的补贴呢？

当然是这批创业者。他们能盈利吗？当然不能。谁在支持他们这么烧钱？当然是风投。风投为什么愿意支持他们烧钱？因为时间很重要。如果通过补贴烧钱可以迅速扩大客户规模，达到市场垄断，未来还是可以赚钱的。大家都把盈利的期望放在了未来。

我们把这种模式叫割喉式竞争，大家比的不是盈利能力，而是融资能力。本质上这种商业模式是病态的，甚至是可笑的。一些国际企业纷纷退出中国市场，例如，世界最大的订餐平台外卖超人（Delivery Hero）在2016年剥离了中国业务。公司联合创始人尼克拉斯·奥斯伯格（Niklas Ostberg）表示：“中国市场的竞争已经失去理智，各大公司通过向用户提供免费食物和不向餐厅收取佣金的方式抢占市场。”

自2015年下半年开始，O2O的资本突然就进入了寒冬。社会上流传着一份O2O死亡名单，2015年和2016年，我们差不多每个月都可以听到，又有平台倒下了。一场热闹过后，又是一地鸡毛。

背后的逻辑依然简单——没有明确的盈利模式。如果没有资金的支持，企业是不能生存的。风投们当然不傻，有时候他们投钱给创业者并不是真的相信创业者可以赢得未来，他们只是在玩一个风险和概率的游戏。遗憾的是，很多创业者自己却相信了。这些人不是倒在资本寒冬中，而是倒在经营企业的常识上。这个常识是，企业必须有行得通的盈利模式。

四、数字化时代

1994年，中国第一台计算机接入了互联网，从此中国进入了互联网时代。互联网是打着免费的旗号走进千家万户的，新闻、博客、搜索、通信工具、邮箱、游戏、软件、应用等，所有的一切都是免费的。让传统企业家们想不通的是，免费意味着收入为零，那企业还怎么盈利呢？

令人吃惊的是，它们不仅真的免费，居然还获得了实实在在的利润。在免费的旗号背后，其实掩藏着各种复杂的盈利模式，有靠增值服务赚钱的，有靠第三方赚钱的，有靠广告赚钱的，甚至有靠游戏中的虚拟道具赚钱的……腾讯也好，阿里巴巴也好，无不是靠免费赢得天下，然后又赚得盆满钵满。

互联网科技企业令人眼花缭乱的盈利模式，一开始传统企业看都看不懂，更别提学习和反击了，等它们看明白之后，早就错过了市场先机。

更有意思的是，并不是所有的互联网企业都有一个超牛的盈利模式，其实很多也是混乱不堪。残酷的现实是，即使互联网企业仅仅靠着风投的力量而风光一时，最终搞得一地鸡毛，受伤的还是老实本分的传统企业。

第三节 盈利模式的内容、特征及作用

案例导入 | 逆流而上的美团和拼多多

美团是中国领先的本地生活服务平台，其盈利模式涵盖了餐饮外卖、酒店预订、旅游等多个领域。通过搭建连接消费者和商家的平台，美团实现了双边市场的盈利。商家通过美团平台获得更多曝光和订单，而消费者则能够享受到便捷的服务和优惠。此外，美团还通过广告推广、数据分析等方式为商家提供增值服务，进一步拓展其盈利空间。

拼多多以社交电商为特色，通过用户分享和团购的方式实现低价销售。其盈利模式主要依赖于商品销售、广告收入和平台佣金。拼多多通过精准的用户定位和创新的营销策略，吸引了大量价格敏感型消费者。同时，平台上的商家也通过拼团和分享获得更多流量和订单。这种盈利模式使得拼多多在短时间内迅速崛起，成为中国电商市场的一股重要力量。尤其是当前，人民生活普遍进入消费收缩模式，拼多多以其高性价比迅速出圈。

资料来源：作者根据相关资料整理而成.

思考：

企业应如何找到自身的盈利点？

一、盈利模式的内容

盈利模式包括企业特有的赖以盈利的商务结构及其对应的业务结构两大内容。前者是指企业外部所选择的交易对象、交易内容、交易规模、交易方式、交易渠道、交易环境、交易对手等商务内容及其时空结构，它反映的是企业资源配置的效率。后者主要指满足商务结构需要的企业内部的科研、采购、生产、储运、营销等业务内容及其时空结构，它反映的是企业内部资源配置的情况，如图7-2所示。

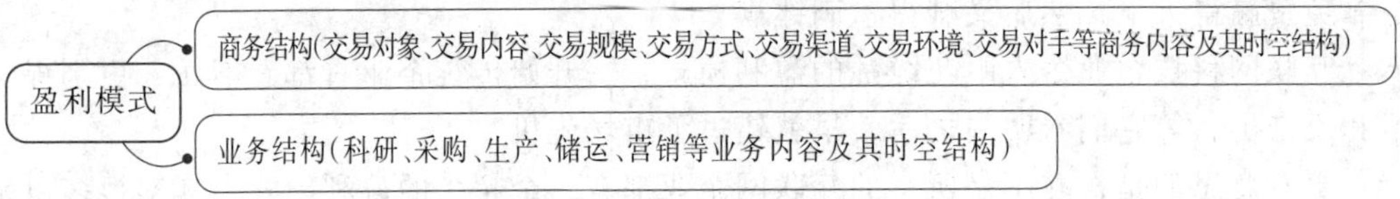

图7-2 盈利模式的内容

二、盈利模式的特征

盈利模式不是苍白无力的模式，而是独特的、创新的、能赢得更多顾客的模式，它有以下几个显著特征，如图7-3所示。

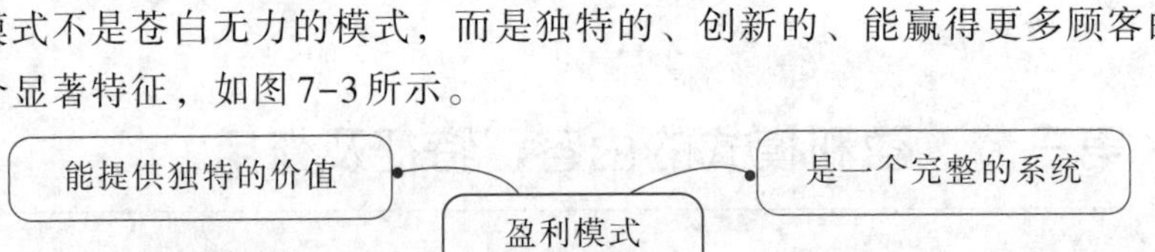

图7-3 盈利模式的特征

第一，能提供独特的价值。盈利模式是价值活动创造过程的凝练，是独特的。这种独特的盈利模式，往往能带来与众不同的利润。当然，成功的盈利模式并不是一定在全过程盈利，但即使有一些短时的亏损，那也只是成功模式中长期战略的有机部分。

第二，是一个完整的系统。盈利模式本身不仅是一个局部的创新，或者是某个技术的突破，还是企业通过投入自身经济要素，整合周围所有经济关系和利益相关者的力量及相关资源而形成的一种用来实现价值创造、获取收益并最终实现利润分配的组织机制与架构。盈利模式涉及企业内部的战略定位、人力资源及技术创新与研发等众多要素，是一个系统。

第三，具有稀缺性。这当然是相对的，对于绝大多数行业，当竞争已到了无利可图、人人都可以进入的时候，这个模式也就宣告失败了。真正的盈利模式与众不同，具有稀缺性，如“人无我有、人有我新、人新我精、人精我廉、人廉我转”，要有较高的进入门槛，才能有较高的利润。始终保持这种相对稀缺性才是盈利模式的根本特征。

第四，难以模仿复制。企业盈利模式的成功，是其战略定位准确、资源配备到位，内外部资源整合有效的综合作用，不是想复制就可以复制的。一个模式有时看似简单，但要做到极致也是不容易的。如直销模式，谁都能懂得其中的意思，但只有戴尔公司等少数公司做成了标杆，因为在其简单的直销模式背后，有着一套完整的、极难复制的资源整合和生产流程。

三、盈利模式的作用

如图7-4所示，盈利模式的作用有以下几点。

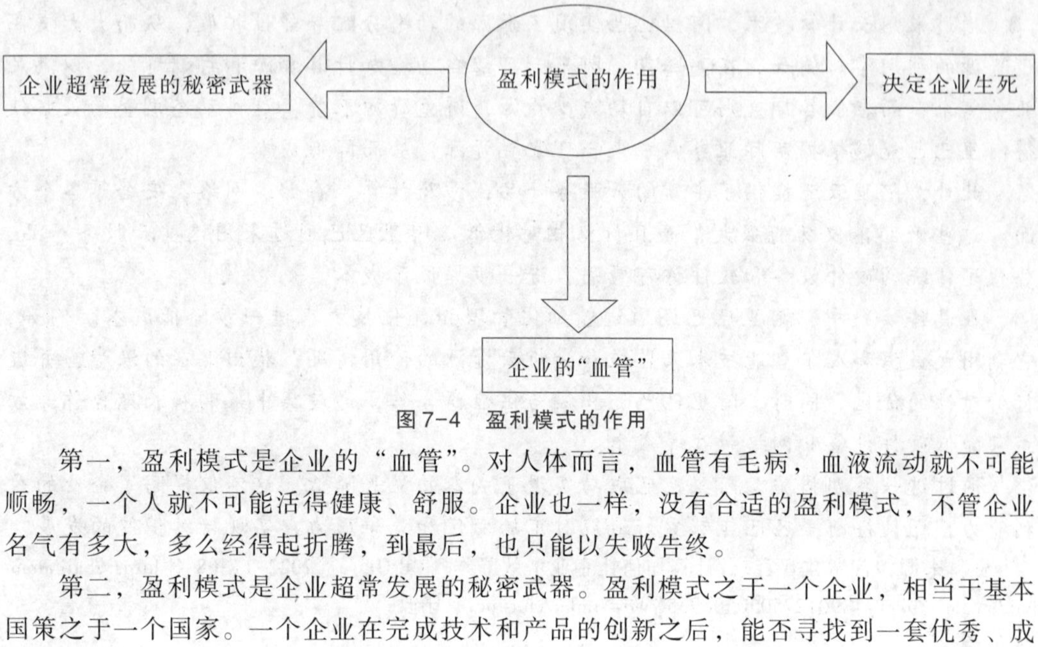

图7-4 盈利模式的作用

第一，盈利模式是企业的“血管”。对人体而言，血管有毛病，血液流动就不可能顺畅，一个人就不可能活得健康、舒服。企业也一样，没有合适的盈利模式，不管企业名气有多大，多么经得起折腾，到最后，也只能以失败告终。

第二，盈利模式是企业超常发展的秘密武器。盈利模式之于一个企业，相当于基本国策之于一个国家。一个企业在完成技术和产品的创新之后，能否寻找到一套优秀、成熟的盈利模式，往往是这个企业能否走向成功的关键所在。因此，盈利模式是企业生存和发展的决定性因素。在短缺经济时代和市场经济初期，企业的生存和发展大多靠销售利润来实现，到了充分竞争的经济全球化时代，企业的生存和发展便要由盈利模式来决定。

第三，盈利模式决定企业生死。各行各业以盈利为核心的时代已经到来，而“为销量而销量”“为品牌而品牌”的时代已经过去。现在与未来的几年内，盈利模式决定着企业的生死，竞争的胜利只属于“对现金流和利润近乎疯狂的家伙”。因为在经营实践中的企业领导者明白：企业盈利并能够持续盈利才是关键，也是最终目标。

第四节 优化盈利模式的2个维度与4大途径

案例导入 阿里巴巴：云计算降低企业成本

阿里巴巴在早期的业务发展中，面临着巨大的数据存储和处理需求。随着业务量的快速增长，传统的IT架构已经无法满足其需求，同时维护和管理这些架构的成本也在不断增加。为了解决这一问题，阿里巴巴决定转向云计算，并逐步构建自己的云计算平台——阿里云。

通过采用云计算技术，阿里巴巴实现了资源的动态分配和弹性扩展，从而大大提高了资源的利用率。例如，在高峰期，阿里云可以自动增加计算资源和存储资源，以满足业务需求；而在低谷期，则可以自动减少资源，避免资源浪费。这种动态调整的策略使得阿里巴巴能够根据实际业务需求来合理配置资源，从而降低成本。

此外，阿里云还提供了丰富的云服务产品，涉及计算、存储、网络、安全等各个方面。这些产品不仅功能强大，而且价格相对较低。阿里巴巴通过采用这些云服务产品，替代了传统的硬件设备和软件许可费用，进一步降低了成本。

在具体实践中，阿里巴巴还通过精细化管理和优化技术来进一步降低成本。例如，它利用大数据和人工智能技术来监控和分析云资源的使用情况，找出潜在的浪费，并进行针对性的优化。同时，阿里巴巴还积极与供应商合作，通过集中采购和长期合作等方式来降低硬件设备和网络带宽等成本。

通过这一系列措施，阿里巴巴成功实现了成本的显著降低。这不仅提高了企业的盈利能力，还使得阿里巴巴能够更好地应对市场变化和竞争压力，实现持续稳健的发展。

资料来源：首席数智官.云计算如何让企业增效降本［EB/OL］.［2022-11-08］. https://baijiahao.baidu.com/s?id=1748901275050586935&wfr=spider&for=pc.有删改.

思考：

结合自己的生活经验，找出优化盈利模式的两个维度。

我们还是回到这个基本的公式上来：利润=收入-成本。对企业而言，收入来自为客户提供的产品或服务，支出取决于企业提供这个产品或服务的所有成本。收入大于成本，企业就盈利。所以，研究盈利模式其实就是研究收入和成本这2个维度。

优化盈利模式主要有4个途径：结构性优化成本、结构性优化收入、收入多频化、收入多元化。

一、结构性优化成本

结构性优化成本不是指偷工减料，降低质量标准，也不是给员工降工资，牺牲员工的待遇水平，而是通过结构性调整，使成本要素发生改变，将成本点减少甚至把成本点化为盈利点。具体而言，在优化成本方面，我们可以在固定成本、可变成本以及库存上下功夫。

·企业家一定要有管理会计的思维，认真审视自身的固定成本、可变成本、库存。

·轻资产这一原则运用到盈利模式上的具体表现就是优化固定成本，而数字化时代的互联、瞬联则让企业在可变成本上也有了腾挪的空间。

·消灭库存在工业时代是一件高技术含量的管理工作，到了数字化时代，任何一家小企业，只要拥有全球化的思维，就能以很低的成本建立起这样一套消灭库存的系统。

想要优化成本，我们首先得了解一些关于成本的基本知识。

很多企业家不太会看报表，只关心销售额这个数据，其实销售额并不代表盈利能力，销售额大也不一定能保证盈利。利润是怎么来的？我们用一个管理会计学的公式来看一下：

企业利润（NP）=销售收入（SP）-可变成本（VC）-运营费用（OE）

销售收入很好理解，就是销售数量乘以销售单价。这个公式里出现了两个陌生的概念：可变成本和运营费用。所谓可变成本，又叫变动成本，简单地讲就是随着业务量的变动而变动的成本，包括员工奖金、直接生产材料等。而运营费用，也就是那些跟企业的业务量几乎没有关系的成本，即使企业的销售额为零依然要承担的成本，包括租金、员工工资等。

举个例子，一家公司，每个月的运营费用是10万元，产品的原材料成本每台是1万元，售价为2万元/台。如果这家公司每个月生产10台，卖掉10台，利润是多少？按照公式，企业利润=销售收入-可变成本-运营费用，我们很容易算出来，这家公司利润为零。这个时候，公司处于盈亏平衡点上。

我们再想一想，如果这家企业每个月生产20台产品，卖掉10台，赚钱吗？按照经营管理者的思维，其实还是不赚钱，甚至是亏钱的，因为投资了30万元，最后只收回了20万元。但如果按照成本会计的思维，一个月生产10台时，每台产品的平均成本是2万元，而一个月生产20台时，平均成本是1.5万元，所以生产越多，企业越赚钱。

事实上，企业不是生产出产品就能赚钱的，只有把产品卖给客户才能赚钱。因此，对于企业而言，能销售出去的部分叫有效产出，有效产出就是公式中“销售收入-可变成本”的部分，生产了却销售不出去的就是无效产出。

为什么同样的运营费用，同样的销售收入，后一种情况却不赚钱呢？答案就是，多生产出来的库存产品占用了企业的现金流，却无法变成企业的利润。当然，库存能不能变成钱，这是后话。但从社会发展的快速性趋势来看，库存变成钱的可能性越来越小了，即使能变成钱，也是在不断贬值的。

所以，为了提高企业利润，我们有了3个重要的成本优化指标：可变成本、库存和固定成本。在不影响有效产出的同时，可变成本、库存、固定成本都可以进行优化。而优化的标准就是不能影响有效产出，甚至要使有效产出持续增加。

因此，成本优化一共有三个方向：优化固定成本、优化可变成本和降低库存。

(一) 优化固定成本

固定成本的高低决定了企业盈亏平衡点的高低，固定成本越低，企业越容易实现盈亏平衡，资金回报率越高。“工欲善其事，必先利其器”，固定成本是企业为了运营而必须投入的支出，贸然缩减固定成本是有风险的，可能使企业的运营能力下降。所以，优化固定成本绝不等于缩减企业的投入，比如用更差的设备、用更低端的人才等，这些都是不可取的。

优化固定成本有两种思路：一是企业在做战略配称系统设计的时候直接考虑进去，比如宜家家居，战略定位是“低价”，在做战略配称系统设计的时候，设计的就是客户自己运输、自己组装，因此相对于其他家居企业而言，宜家在送货、安装方面的固定成本支出就大幅度降低了。纯剪发的理发店，去除了洗发这个环节，这部分的固定支出就没有了。

二是在设计盈利模式时，如果某些固定支出对企业而言是必须的，该怎么办？这种情况下，可以考虑把一次性支付变成多次支付，或者把固定成本变成可变成本。

比如，对于消费者而言，以前需要买一辆单车，这就是固定成本。现在有了共享单车，不用买了，租共享单车，骑半小时付1元钱，这就是固定成本优化，把原本一次性投入的成本变成了按使用量租赁的多次支付。当然，如果是一个需要天天骑自行车的用户，可能一年算下来，租赁的钱也够买一辆自行车了，但仍然是租比买要好，因为节省了维护的成本，使用起来还更方便。

对于企业而言，优化固定成本的目的是优化资金使用率，具体来说，优化固定成本主要有以下三种方式。

第一种是转买为租。以前，企业动辄花数百万元买大型设备，现在更多采用租赁模式。比如，现在很多健身房的健身设备都是租来的。

第二种是租金与销量/使用量挂钩。医院以前基本上都是购买大型医疗设备，现在不仅会租，而且租金还分成两部分：一部分是固定费用；另一部分按使用量付费。很多大型商场也是如此，店铺的租金有两种模式：一种是固定租金；另一种是提成租金，店铺的销售额达到一定量之后，就按店铺的实际销售额提取一定比例作为租金。在节能行业，这种模式用得比较普遍，叫EMC模式（Energy Management Contracting），即用减少的能源费用来支付节能项目全部成本的节能投资方式。比如，节能灯企业想要说服工厂安装节能灯，但工厂并没有这笔投资预算，节能灯企业就会采取EMC模式，先帮工厂把节能灯都免费安装上，然后根据未来几年内给工厂省下来的电费提成一部分给节能灯企业，几年之后，这批灯等于免费送给了工厂。

对于卖方而言，这种模式降低了销售难度，对于买方而言，则有效地降低了固定成本。在未来，企业要有这种思维，反过来考虑和自己的供应商等产业上游是否有可能采取这种合作模式。

第三种是从固定雇佣制到合伙制。对很多劳动密集型企业而言，人员工资在公司固定成本中所占比例很大。从管理会计学的角度来看，员工的固定工资属于固定成本，而员工的提成则属于可变成本。对企业而言，减少固定雇佣，多采取提成激励，甚至是股权激励，形成合伙制，也是一种固定成本的优化。小米公司打造利益共同体就曾这样做，任何人加入公司的时候都会给他3种选择：第一种，可以选择和跨国公司一样的报酬；第二种，可以选择2/3的报酬，然后拿一部分股票；第三种，可以选择1/3的报酬，然后拿更多的股票。最后实践下来，80%的人选择了第二种。

（二）优化可变成本

可变成本主要是指生产材料成本、销售人员的提成奖金之类的成本，其随着业务量的增加而增加。对企业而言，有效产出是一个非常重要的指标，反映着企业的毛利润。

从理论上讲，企业不需要担心可变成本增加，因为可变成本和销售收入是同比变化的。但是，如果可变成本的比例不合理，或者说可变成本的增速超过了销售收入的增速，就意味着可变成本需要优化了。近几年，原材料成本上升是很多企业家头疼的事情，其原因就是可变成本的增速超过了销售收入的增速。

优化可变成本，并不是指偷工减料、偷梁换柱、以次充好。用这样的方式降低成本最终会影响销售收入，是短视的做法，对品牌的长期发展是不利的。

真正地优化可变成本，指的是在不影响产品品质的情况下，降低可变成本；或者在能大幅提高销售收入时，小幅增加可变成本，如可以利用互联网优化供应链、去中介化，进行源头直采、规模集采。

实例分享7-1　网易严选优化供应链，让“好的产品，没那么贵”

电商行业早已形成巨头格局，综合电商市场主要由淘宝、天猫和京东盘踞，二手电商市场有闲鱼，连垂直电商市场也已被各大势力割据。而新入局的网易严选，于2016年4月上线，半年时间注册用户已达到3 000万人，月均销售额已达到6 000万元。2017年4月，网易严选上线一年，单月成交总额已过亿元。

这股电商圈的“清流”是如何脱颖而出的？网易严选的盈利能力又体现在何处？

（1）大卖场的价格，百货店的品质

高性价比是网易严选的亮点之一。网易严选之所以能为消费者提供高性价比的产品，关键在于ODM模式，即Original Design Manufacturer，直译为“原始设计制造商”。这个模式可以为客户提供从产品研发、设计制造到后期维护的全部服务，客户向ODM服务商提出所需产品的功能、性能，甚至只需要提供产品的构思，ODM服务商就可以将产品从设想变为现实。网易严选直接委托“知名品牌”制造方，制造方完成设计与生产后，以“网易严选”品牌进行销售。品质方面，网易严选以大牌制造商为背书。登录网易严选的页面，可发现它的产品几乎都出自“无印良品制造商”“蔻驰制造商”和“CK制造商”等50多个国际知名品牌制造商之手。

价格方面，由于网易严选直接连接制造商和消费者，去掉了大品牌的溢价，挤掉了广告公关成本，剔除了中间环节，使商品价格降到大品牌产品的一半，甚至1/10。

比如，网易严选爆品之一——全棉针织条纹四件套，价格不到无印良品的一半，客户在商品评论中表示使用体验不相上下。因此，高性价比的网易严选被誉为“大卖场的价格，百货店的品质”。

（2）三方共赢

ODM模式剔除了渠道商、代理商和品牌商，优化了可变成本，可以以更低的价格让利给消费者，让消费者成为最直接的获利者。同时，对网易严选和制造商而言，ODM模式带来了更高的毛利率。

网易严选直连制造商和消费者，又冠以自己的品牌“网易严选”，使得它拥有更高的定价权，毛利率比一般的电商平台更高。网易严选的毛利率高于京东、唯品会，甚至高于亚马逊。

对制造商而言，给网易严选供货的毛利率甚至高于大牌代工，主要是因为网易严选订单量相对较小而且供货条件更优。网易严选的某家供货商声称，其给国际品牌代工的毛利率为10%~15%，而给网易严选供货的毛利率则能达到20%。

可见，“直连”优势能给直接相关的三方均带来实实在在的经济利益，这也是企业与供应商共赢的体现。

（3）多家电商模仿网易严选

网易严选模式的迅速崛起，吸引了越来越多的关注，电商龙头纷纷入局，竞相模仿。

2017年4月初，小米低调上线“米家有品”，聚合了小米众筹、非小米品牌产品、部分生态链独立品牌等，包括家居、影音、智能设备、服饰、文创、出行、餐厨等品类，旨在提供“生活中的艺术品”，打造精品生活电商平台。米家有品依托小米生态链，有完整的产品生产、设计、物流、销售产业链，相比网易严选，虽然米家有品的库存量较少，但智能设备品类布局更广。

2017年5月26日，淘宝宣布淘宝平台的自营业务“淘宝心选”开始内测，主打口号为“用心选，放心选”。这是一种和网易严选相近的模式，绕过渠道商直接从制造商手中拿货，再直接销售给消费者，通过减少中间环节进行低价销售。

2017年6月，母婴电商蜜芽上线了“兔头妈妈甄选”，还是采用ODM模式，在原料采购、生产、质检、销售和售后等环节严格把控，做高性价比的母婴用品。易观智库发布的《中国网络零售B2C综合年报2017》指出：“在国内消费升级的市场环境下，以网易严选为代表，通过ODM、C2M（顾客对工厂）等制造方式向上游制造商渗透的品质化电商，将成为网上零售业升级的一个重要趋势。”网易、淘宝、蜜芽等平台都在通过优化供应链加码自有品牌，压低成本，同时寻求另外的利润增长空间，更好地匹配消费者需求，用相对较低的成本提供性价比较高的产品，抢占“头部市场”。

资料来源：佚名.网易严选兴起之路梳理［EB/OL］.［2022-02-05］. https://m.163.com/dy/article/GVFCLQB90511805E.html.有删改.

（三）降低库存

日本企业中有句话是这么说的："库存是万恶之源。"著名的丰田公司成立以来，只在2008年金融危机爆发时亏损过一次，但在2009年就迅速扭亏为盈。2016年，大众从丰田手里夺走了全球销量总冠军的宝座，但丰田的纯利润为2.19万亿日元（约合人民币1 331亿元），大众的纯利润是54亿欧元（约合人民币390亿元），丰田在赚钱能力方面仍然遥遥领先。

价格是由整体市场决定的，企业很难大幅度地提高价格，企业可控的是产品的成本。但在一定的技术条件下，为了保证产品的品质，企业的成本也是固定的。所以，企业的利润来自消灭浪费的能力，做企业比拼的就是谁能把拧干的毛巾再拧干。

避免浪费是丰田管理哲学的核心，丰田认为不产生价值的任何行为都叫浪费。在丰田，一共定义了8种浪费：生产过剩、在现场等候、不必要的运输、过度处理或不正确的处理、存货过剩、不必要的移动搬运、瑕疵、未被使用的员工创造力。

其中，生产过剩是最严重的浪费。因为生产过剩会引发其他的浪费，如加大材料、零部件的消耗，增加货架、货箱、仓库，增加运输成本等。

丰田精益生产模式的支柱是准时生产方式（JIT），是在正好的时间内做正好的事情。丰田追求只在客户需要的时候，按照需要的量来生产和搬用所需要的东西。因此，一旦有客户下订单，丰田便会通过看板管理，指示供货商将这个订单所需要的原材料不多不少地输送给工厂，工人立刻加上零部件，运送至另一个工厂，再由工人进行组装，完成客户订单所需要的产品，以最快的速度递送给客户。

丰田甚至不讲存货管理，而是讲完全消除存货。丰田公司建立了根据客户实时需求调整的"拉式"存货制度，把外部客户和工厂内的客户拉成了一条直线，在公司内部建立了"拉式"补货制度，再进一步发展，把公司内部的信息开放给供应商，供应商可以根据丰田工厂内的存货使用情况即时补货。

在数字化时代，信息化连接技术的普及使我们能瞬联到供应商、瞬联到客户，降低库存的方式比较多样，这里主要介绍三种：第一种，采取定制、众筹等手段尽可能预先获得消费者的真实需求实现订单式生产、备货；第二种，原材料使用信息即时开放给上游供应商，实现原材料供给均衡化、即时化；第三种，运用数据和算法分解生产流程，消除生产过程中的冗余浪费。

二、结构性优化收入

结构性优化收入，不是靠组织及个人的努力和付出多销售、多赚钱，而是从产品组合、产品结构、定价策略等方面着手，提高客单价和整体销售收入。

· 结构性优化收入，不是靠个人的努力和付出多销售多赚钱，而是在结构上优化收入。

· 企业必须进行有效的产品组合，明确不同的产品承担不同的责任和功能。

· 套餐模式是一个常见且有效的策略，企业如果用得好，可以提升销售收入。

收入取决于两个要素：一个是销量；另一个是价格。这两者的重要性却并不一样。

我们假设，有销量提升20%和价格提升20%两种情况，对于企业而言，收入是一样的，盈利情况却完全不一样。当销量提升20%，利润也同比上升20%；而当价格提升20%，利润可能是倍增的。

在营销中，有个经典的4P理论，即产品（Product）、定价（Price）、渠道（Place）、推广（Promotion）。值得注意的是，在这4个P里面，唯一跟收入直接相关的要素就是价格，而且跟产品特征和渠道投入不同，企业可以迅速改变价格。

所以，从结构上优化收入，本质上讲的是企业如何定价的问题。只有做到以下两点，才有可能取得较好的效果。第一，进行有效的产品组合，从结构上搭建清晰的引流产品、利润产品、形象产品，不同的产品采用不同的定价策略。第二，设计有效的套餐模式，让消费者在“占便宜”的感觉中，实现企业销售收入最大化的目的。

（一）方法一：产品组合

一家企业通常不会仅有一种产品，而是拥有多种不同的产品，我们把一组密切相关的产品称为产品线。比如，华为手机的Mate系列、P系列就是产品线。产品线一般是一组具备强相似性、销售给相同的客户或者使用相同的销售渠道、有既定的价格区间的产品。拥有多条产品线和多个产品的企业就必须考虑产品组合策略，通过有效的产品组合使企业的收入结构得到优化。

让哪些产品承担哪些责任、角色？针对不同角色的产品采取怎样的定价策略？对企业而言，这是非常重要的产品战略，直接决定了收入是否最优化。

一般而言，可以根据企业需要把产品划分为形象产品、利润产品、跑量产品、阻击产品4类，它们承担不同的责任，发挥不同的作用。

我们可以把形象产品想象为“巅峰”“女神”“牛人”，其体现了企业独特的产品概念。形象产品的任务是提升品牌美誉度和知名度，提升客户对企业的信心。不言而喻，利润产品承担的任务就是获取利润。跑量产品承担的任务是获取市场份额，保证企业的现金流。阻击产品是用来阻击竞争对手的，其作用就是在竞争对手的产品出来前，抢先占领市场，挤压竞争对手的生存空间。

在互联网时代，很多线上品牌把产品分为活动产品、引流产品、利润产品和形象产品4大类。

活动产品类似于阻击产品，不同的活动，目的也是不一样的，可能是清库存，也可能是冲销量或是实现品牌体验；流量对品牌的重要性不言而喻，引流产品承担的使命就是吸引流量，并且能实现转化；利润产品和形象产品则与传统的概念是完全一致的。

活动产品其实并不在企业规划的产品线中，而仅仅作为一个短期或者不确定的战术产品存在，且根据其活动目的各有不同。如果是为了清库存，那必然是用低价来弥补产品不全、过时给客户带来的不良品牌体验；如果是为了冲刺公司内部的销量目标或是线上平台的销量目标，也要注意，不能为了销量而毁坏客户对品牌的认知和体验；如果是为了让新客户体验到企业的产品，其策略和做法就比较接近引流产品，选择大众普遍接受的产品，给出较大的折扣，让客户能降低决策成本，迅速体验到产品和品牌。活动产品是企业整套产品结构中利润率最低的产品，企业也不能有靠活动产品来赚钱的思想，而应该注重活动产品的售后跟踪，提升产品的复购率和转化率，最终让更多的客户接受利润产品。

引流产品一定要选取目标客户群体里面绝大部分客户可以接受的产品，而非小众产品。引流产品的特点是毛利率趋于中间水平，产品转化率高，相比竞争对手，有价格或其他方面的优势，后期可带来较大的免费流量。

利润产品适用于目标客户群体里面某一特定的小众人群。这些人追求个性消费，因此，这部分产品的卖点及特点必须符合这一小众人群的心理。利润产品前期选款对数据挖掘的要求很高，应该精准分析小众人群的偏好，分析出适合他们的款式、风格、价位区间、产品卖点等多种要素。推广方面也需要以更精准的方式进行定向推广。利润产品是企业操作的核心，产品的毛利也是最高的。

形象产品一般是高端价位、高端技术、高端品质的极小众产品。形象产品的目的不是卖货，而是让消费者感知品牌的高度，拉动旗下利润产品的销售。

在这个新的消费时代，定价早就不是简单的成本加利润了，还需要考虑消费者、竞争对手，以及自己的“排兵布阵”。绝大多数公司是先设计出一种产品，然后再算出定价。世界顶级公司却是倒过来的，先确定好产品的角色和定价，再以此来设计和制造产品。

引流产品如何覆盖更广的客户面，吸引更多的流量，如何跟利润产品有效组合，如何提升转化率，把更多的客户转化到利润产品区，这些都是需要慎重考虑的，定价也不再是一件随随便便的事情了。

产品组合讲的是企业要对以上4类产品有清晰的结构划分，选择合适的产品担任合适的角色，为了使产品能更好地完成相应角色赋予的职责和使命，不同角色的产品的价格策略是不一样的。

(二) 方法二：套餐模式

消费者从来都不是买便宜的，而是来“占便宜”的。价格由什么决定？价值吗？不准确。准确的说法应该是消费者的感知价值，消费者对产品价值的认知决定了价格的上限，而产品的真实成本决定了价格的下限。企业要做的就是不断创造价值，让客户感知到更多价值，以获得更多的客户，获取更大的定价空间。

企业可以将几种产品组合在一起，以低于各项单品价格之和的价格进行销售，这就是我们常见的“套餐”。套餐模式在绝大多数面向消费者的销售领域都可以运用，比如，麦当劳和肯德基将汉堡、薯条、可乐搭配成一个套餐，电信公司将宽带上网、有线电视、固定电话、移动电话等搭配成一个套餐，装修公司将材料、测算、服务等打包成装修套餐。

套餐模式的好处不言而喻，当套餐的组合价格低到消费者觉得“占便宜”了，低价诱惑将促使消费者更迅速地做出购买决策，甚至会使他购买一些原来不打算购买的产品。

套餐模式的操作核心就是将合适的产品搭配在一起，定一个让客户觉得便宜的价格，最终实现销售收入的最大化。

常见的套餐产品搭配有以下两种方式：

第一种方式：同类产品叠加。这适合消费者使用频率高的产品，如香皂、牙膏等。一块立白香皂售价5元，3块香皂打包在一起，售价10元，这个操作比较简单，其实就是一个变相的低价促销竞争策略。

第二种方式：关联产品组合。比如，把洗发水、护发素组合到一起，形成一整套卖给某类细分客户的整体解决方案。这种套餐模式比较灵活，套餐内每个产品的利润率不一样，如何搭配，如何定价，都值得好好研究。这种套餐的产品搭配原理是互补品策略，互补品就是指一组存在相互依存关系的产品，一种产品需求量的增加会促使另一种产品需求量的增加。企业如果善于组合，将互补品搭配为套餐，将大大提高产品销量。

三、收入多频化

收入多频化是指企业想办法让客户从以往的一锤子买卖发展到长期、多次的购买，真正实现客户的终身价值。它研究的是如何增加客户的黏度，合理设计消费的节奏，让客户的每一次购买都不是终点，而是下一次关系的起点。

· 如何让客户多次消费？这是收入多频化所要研究的问题。

· 收入多频化，本质是如何向同一个客户提供更多的客户价值，其核心就在于围绕客户需求不断升级的能力。

· 客户需要的从来不是某个产品，客户需要的是解决他的问题，从这个原则出发，可以发现收入多频化的种种可能性。

收入多频化，是为同一个客户提供更多价值，实现多次交易。收入多频化的核心就是经营粉丝，围绕粉丝群升级产品，开发新产品和服务。

为什么小米、苹果这些公司都很注重粉丝的经营？因为品牌商能够在粉丝身上实现终身获利。雷军说“粉丝驱动一切”，只要粉丝相信这个品牌，他就会购买这一品牌下的一切好产品，同时，还会把品牌信息、新品信息分享给身边的朋友，推荐身边的朋友一起来购买。对于一个“米粉”而言，手机用的是小米，并随着其迭代升级而更新换代；家里用的是小米电视，以及围绕这些核心硬件的小米配件，诸如电源、耳机、音响、后盖贴膜、挂饰、壁纸、储存卡、读卡器等。

实现收入多频化有以下4种方式：

（一）会员制

会员制并不是什么新鲜事物，但在今天，已经发展成了一个新概念——“会员经济”。罗比·凯尔曼·巴克斯特（Robbie Kellman Baxter）曾在《引爆会员经济》（The Membership Economy）一书中给“会员经济”下过一个定义，即在个人和组织或企业之间建立一种可持续且可信任的正式关系。基于此，会员经济更像是一种双边的相互关系，企业要给会员提供更好的服务，会员才会因此反馈更加具有忠诚度的消费行为。

近年来，会员制几乎成了美容美发、健身、大型商超、航空公司等的标配，成为先充值再折扣消费的一种营销手段；对于航空公司、大型商超等来说，其对会员制的运营主要还是持续激励老客户不断消费。

下面，我们通过一些案例来看看国际上优秀的企业是如何进行会员制运营的吧。

实例分享7-2 开市客——靠会员费盈利的另类零售商

开市客（Costco）于1976年在美国成立，是全球会员制仓储批发量贩卖场的创始者，目前全球共有671个卖场，会员数超过7 200万人。开市客的经营理念就是用最实惠的价格向会员提供最优质的商品。

开市客目前排名全美第二，在全球则是第七大零售商。

（1）不靠差价靠会员费盈利

开市客是一家传统的线下零售商，但它跟沃尔玛这些传统的零售商截然不同，准确地说是盈利模式截然不同。

传统零售商的盈利都来自销售商品所获得的差价，所以像沃尔玛这些优秀企业的核心能力就是强大的供应链及物流管理能力，还有高效的内部运营系统。可以这么理解，沃尔玛的利润=价格−成本−费用，沃尔玛的卓越体现在控制成本和费用的能力上。沃尔玛一方面给予顾客“天天低价”，另一方面则保持着25%的销售毛利率。

从表7-1可以看出，2016年，开市客的盈利有70%是来自会员费收入，商品差价部分的盈利则是微乎其微的。据说，开市客内部规定，任何商品的毛利率都不能超过15%。

表7-1 开市客会员费及净利润

年份	会员费（百万美元）	净利润（百万美元）	占比（%）
2016	2 646	3 672	72.1
2015	2 533	3 624	69.9
2014	2 428	3 220	75.4
2013	2 286	3 053	74.9
2012	2 075	2 759	75.2

表7-2是沃尔玛和开市客的商品销售利润率对比，通过对比，不难看出，开市客确实不靠商品差价来盈利。

表7-2 沃尔玛和开市客的商品销售利润率对比

公司	利润占比（%）	成本占比（%）	销售及管理费用占比（%）
沃尔玛	2.96	75.42	21.62
开市客	0.88	88.65	10.47

在亚马逊等电商扩张的大背景下，2006—2016年，开市客的市值仍然上涨了5倍，这一切源于开市客在商业模式上的颠覆和创新。开市客的商业模式不是一个简单的“点子”，而是已经发展成为一个完善的系统，并且越发展越强大。

开市客的赚钱逻辑并不复杂：向会员收取定额的会员费，提供给会员超低的价格和精选的商品服务。

开市客的会员有两种，55美元/年的普通会员和110美元/年的精英会员。精英会员能享受2%的消费现金回馈，其他和普通会员没有差别。

（2）尽力省成本，返给会员

开市客的商品精挑细选，活跃SKU只有3 700种，每个细分品类可能只有1～2种选择，销售都是以大包装为主，因此开市客的单品采购量比沃尔玛这种传统零售商更大；进驻开市客，意味着销量的持续保证，所以供应商非常乐意给开市客更低的价格。开市客削减了豪华的装修和大量的销售人员，从不在媒体上做广告，甚至没有专门的媒体公关团队。通过比较不难发现，开市客用于销售及管理方面的支出比沃尔玛低50%，利润率却只有沃尔玛的30%。节约下来的成本都以低价的形式反馈给了会员，正如其财务执行长理查德·加兰蒂（Richard A. Galanti）所说："我们的经验法则是，将省下来的成本的80%～90%返还给消费者。"

（3）高明的产品组合

另外，开市客非常善于进行产品组合。在它的商品结构中有科克兰（Kirkland Signature）这个自营品牌。目前科克兰已经是全美销量第一的保健品牌。开市客全年销量中的20%来自自营品牌，自营品牌的商品品质好、价格低，成为开市客的引流产品，吸引了更多消费者。科克兰的尿不湿售价为29.99美元，平均每片0.156美元，这几乎仅是三四线品牌的价位，但其品质却一点也不输一线品牌。开市客自带的餐厅卖的热狗，开业二十几年来从没涨过价，一直是1.5美元（加送无限量可乐）。

（4）与传统零售商截然不同的盈利模式

对消费者而言，在开市客买得越多，省得越多，会员费花得越物超所值，因此新会员源源不断，老会员持续续费。2016年，开市客北美会员续费率为90%，全球平均会员续费率为88%，同时会员数还保持每年7%～8%的稳定增长趋势。

开市客应该算是非常特别的一家零售商了，颠覆了零售行业几千年来赚取商品差价的模式，它更像是一个服务商，帮消费者精选合适的商品，以最低的价格获取它们，消费者只需要付给它一定的服务费。

开市客可谓是将会员制发展到了极致，当会员付费之后，开市客和会员之间就形成了一个利益共同体，开市客想的不是怎么从会员身上赚更多的差价，而是如何帮会员以最低的价格拿到最好的商品，获得最好的体验。

资料来源：佚名.开市客丨会员制盈利模式独特，精选+低价引流创效［EB/OL］.［2023-10-25］. https://www.sohu.com/a/117076872_505787.有删改.

（二）产品+耗材

这种模式的核心是通过后续的耗材消费来实现收入的多频化，因为是吉列公司率先采用这种盈利模式的，所以又被称为"吉列模式"。吉列剃须刀的刀架卖得非常便宜，而企业的盈利点则是客户后期更换的刀片；打印机厂商也往往用这个模式，用便宜的机器锁定大量客户，在墨盒等耗材上实现盈利。在这个模式里，锁定客户是前提，如果不能锁定客户，就很难实现盈利。

（三）产品+配件

这种模式的核心要点是，在基础产品上衍生出一系列的配件，通过配件的销售，既可以提升客户的购物体验，也可以增加销售收入。

（四）产品+服务

客户要购买的究竟是什么？真的只是买一个杯子、一部手机吗？很多做产品的企业的思维很容易被产品所主导，而真相是客户真正想要的从来都不是某个具体的产品，而是解决他们的问题，产品往往只是客户解决问题的一个工具而已。所以，对于做产品的企业，如果要实现客户消费的多频化，有一条非常切实可行的路径，那就是“产品+服务”——从解决客户问题的角度出发，开发出各种服务。

四、收入多元化

收入多元化就是拓宽收入的渠道，在目前的产品之外找到其他的收入来源点。这里可以做的，一是进行产品组合，吸引更多的客户；二是前文提到的整合第三方进来，而第三方之所以愿意介入，前提就是企业对自身价值的挖掘。在数字化时代，最有价值的就是流量，目前很多盈利模式的创新，都在这个第三方上，挖掘出客户流量的最大价值。

· 产品混搭是收入多元化做法的初级道，就是让自己的产品出现在更加合理的场景里，让消费者能看到、体验到。

· 引入第三方可以算是收入多元化的中级道，就是挖掘自己手中的流量的价值，找到现有客户群以外的第三方客户。

通俗地说，收入多元化就是“多找几只羊来薅羊毛”，甚至“羊毛出在猪身上”。实现收入多元化，可以有以下两种方式：第一种方式是进行产品混搭，让更多的客户在一个自然的场景内体验你的产品，增加销售机会；第二种方式是获得产品以外的多点收入。在数字化时代，所有的流量都是有价值的，企业必须想办法榨干流量的价值，找到所有愿意使用这些流量的人。

（一）混搭模式

“混搭”这个词大家肯定不陌生，最初用于时尚界，指的是“混合搭配”，将不同风格、不同材质、不同价值的东西按照个人品位拼凑在一起，混合搭配出完全个人化的风格。

“混搭”用在商业模式上，是指将不同行业的产品，根据消费者的消费场景、使用场景融合在一起，从而产生“1+1≥2”的神奇作用。

举个最简单的例子，我们常见的超市或者小卖部都是按照商品类别摆放商品的，以便消费者查找和选择。优秀的企业却能从表面上没有相关性的商品之中发现隐蔽的强关联性，打破货架的局限进行大胆混搭，实现销量的激增。在日本，7-11的店铺经理发现大多数丝袜的购买者是40~50岁的男性（在下班途中，接到妻子“指令”而购买），因此打破了我们认为理所当然的逻辑，在丝袜旁边不是放上口红，而是放上男人们喜欢的啤酒，结果顾客开开心心地拿走了丝袜，也带走了自己最爱的啤酒。

再举个例子，最近我去看电影，发现很多电影院都推出了一项新的服务，在电影开始之前，可以花10元钱租赁一个按摩仪，在看电影的同时，享受背部按摩。电影和按摩仪看起来是风马牛不相及的，但从顾客的角度来看，两者的配合也确实能提升服务的质量，一方面是视觉的享受，另一方面是身体的放松，两者和谐统一。

因此，混搭模式的关键在于跳出自己的行业观念，跳出自己的惯性思维，真正从顾客的角度出发去看问题、想问题，只有这样，才能发现各种混搭的可能性。

实例分享7-3 宜家——混搭模式扩大营收

说起宜家，很多人都知道这是一家来自瑞典的家居企业。但很多人也许不知道，2016年宜家的餐饮营业额达到18亿美元，服务了6.5亿人次，且其中30%的人只是为了去吃饭。这个规模已经接近美国第二大比萨连锁店、全球有10 000多家门店的达美乐比萨。

即使在中国，这家家居企业的副业也做得相当红火。2015年，它的餐饮销售收入为10亿元，占宜家整体销售收入的10%，接待食客3 100万位，占总访客量的41%，销售瑞典肉丸600万份，冰激凌1 200万支。

宜家做餐饮这件事源于其创始人的客户服务理念。1953年3月，宜家在瑞典阿姆胡特开设了一间展厅，展厅分为两层，二楼提供免费咖啡和小圆面包。因为宜家的老板英格瓦·坎普拉德（Ingvar Kamprad）相信，让顾客饿着肚子就做不好生意，为顾客提供食物，他们就能在商场逗留更久，从而促进商场的销量。

从第二年开始，宜家在出口处设立了小茶座供应饮料和点心，后来小茶座逐渐演变为餐厅。再后来，餐厅被挪进商场内部，不必付款出门就可以用餐。对于顾客来说，身处郊区，除了宜家餐厅，似乎也没有别的选择，何况宜家餐厅提供的食物味道还不错。

宜家混搭餐饮值得我们学习的地方，不仅是其混搭的思路，更在于宜家的细节操作，它让餐饮融入宜家家居文化中，且毫不突兀。

宜家的餐饮，仍然秉承了宜家的“低价”文化。宜家食物的性价比很高，宜家餐厅的价格优势一方面来自租金成本较低，另一方面也与尽力节约运营成本有关。

虽然低价，但是宜家餐厅的环境给人的感觉并不低档，宜家餐厅里面所有的布置都来自宜家售卖的家居产品，让人感觉优雅舒适，各种配套非常齐全，有为匆忙吃饭的人准备的吧台桌椅，也有儿童座椅、儿童活动区域，还有咖啡休闲区等。

宜家餐厅的食物理念也和目标客户的兴趣偏好保持一致。宜家家居的目标客户是中产阶层，而中产阶层越来越重视健康。以早餐常见的咖啡和果酱为例，咖啡豆是按照有机食品标准种植的，果酱是低糖的，体现出其对健康的特别关注。而且，宜家在其2016年的新闻发布会上宣布，出于绿色健康的考虑，其餐厅除了瑞典肉丸，还要开始销售鸡肉丸和蔬菜丸。相比瑞典肉丸，蔬菜丸减少了100卡路里的热量和一半的脂肪。同时，宜家餐厅还推出酸奶冰激凌和甜度更低的新饮品，将饮料的糖分含量降低50%。

很多人把宜家餐厅的成功简单地归结于宜家家居的巨大客流量，但是，混搭的关键不仅在于消费场景的融合，更在于理念的契合与运营的用心。没有后者，混搭其实就只是“1+1”的拼凑；有了后者，两者才能相辅相成，共生共赢。

资料来源：佚名.为什么说宜家正在成为一家餐饮公司［EB/OL］.［2024-05-23］. https://mp.weixin.qq.com/s?__biz=MzA3NjQ4ODE3Mg==&mid=2650980766&idx=2&sn=db32d01d98efbdab6cb1e9dfc4f6daa4&chksm=8496ed1db3e1640b7804885a8701c92e527a29c2ef3eceac2dfe4f531b404334e2deb0caaf69&scene=27；陈华.你可能不知道，宜家在中国一年的餐饮销售额有10亿元［EB/OL］.［2023-10-31］. https://www.thepaper.cn/newsDetail_forward_1390988?from=timeline&isappinstalled=0.有删改.

（二）引入第三方

“客户是企业最大的资产”，这句话大家一定不陌生，但不知道有多少人认真思考过这句话的内涵。在数字化时代，这句话有了更丰富、更直观的诠释，企业所拥有的关于客户的任何数据都是最宝贵的资产。

仔细想想红领集团为什么能笑傲江湖，而别的企业去参观学习却表示学不来？因为红领集团最宝贵的资产就是这十多年累积起来的超过200万名客户的体型数据和版型数据，这些数据帮助红领集团在未来服务新客户的时候打版更快，匹配更精准。

还有，Stich Fix为什么越来越强大？Stich Fix拥有客户精准的体型数据、风格偏好数据，而且每个月被推荐服装客户的接受度反馈也在不断加强Stich Fix的数据匹配算法能力，因此可以想象，在未来随着机器算法的进步，Stich Fix的推荐准确率将大大提高，真正做到比客户自己还清楚客户适合穿什么衣服，客户会喜欢穿什么衣服。

在数字化时代，客户数据成为企业的核心资产。工业时代，所有的企业都是通过抢占空间资源来获取消费者流量的。例如，百丽就深谙空间价值，通过多品牌战略抢占终端铺面，成本并不一定是企业自己支付的，还有一部分是由第三方支付的。

素养园地

TST庭秘密——传销的盈利模式

2022年3月，继主播薇娅偷税漏税后，又一起明星犯罪被曝光：TST庭秘密。由明星张庭、林瑞阳夫妇创办的品牌TST庭秘密，其运营主体公司——上海达尔威贸易有限公司因涉嫌传销，公司名下96套房产已被查封，价值高达17亿元！我们可以通过这样的一则小故事，发现明星骗局背后的套路。

在朋友的不断怂恿介绍下，月薪4 000元的小花并没有抵住诱惑，加入了不需要成本就能做的TST庭秘密，开了张蓝底银卡。进入销售群聊后她发现，鸡汤、晒单、教学是群内每天都要上演的“保留节目”。

2016年在是TST庭秘密飞速裂变的时期，据悉截至2021年5月，TST庭秘密拥有会员1 200多万人，旗下相关公司3 000多家，代理商120多万人。

身为微商，每天二三十条的朋友圈是必不可少的，但小花的好友列表只有200多人，久久没有单做。直到一位代购朋友成为了她的“下线”。

小花的“上线”告诉她，只要给别人开了会员，那个人就成了她的“儿子辈”，他再给别人开会员，其他人就会成为她的“孙子辈”，而她所有的“子孙”有了业绩，她都能拿到提成。

如此一来，不用卖产品只管发展下线对小花来说似乎是个不错的办法。

而“上线”给她当头一棒：你不能给别人开卡，开卡后相当于自己是老板，自己必须消费满2 500元后才可以拉人一起做（红卡）。深陷金钱诱惑的小花花费2 600元给自己买了一套护肤品后，在短短两个月内便为20多人开了卡，同时将自己的会员群拓展到了200多人。

而后她发现一个问题便是，自己埋头苦干所获得的返利并不多，多则1 000元，少则300元。此时“上线”又告诉她：那些月入10万元的是“创始人”，只要拉够100个“下线”，并且连续3个月销售额达到10万元即可。

“公司要上市了，成为创始人就等于买了原始股，还能世袭传给孩子”，“上线”对她说道。

刷信用卡、花呗、到处借钱……小花终于成了“创始人”，曾以为这样就可以爬上巅峰的她，实际上还处在无尽的深渊中。

TST庭秘密分为华北、华东、西南等不同的大区，每个大区都有各级“创始人”，“创始人”名下再有20个“创始人”便可以自封集团。前6个月，团队业绩每个月要达到10万元；6个月后，每个月业绩要达到20万元。若连续3个月没有完成考核，就会被剥夺“创始人”资格。

看着自己借钱积压的货卖不出去，小花变成了自己的“上线”。她开始熟练地使用那些拉人的话术，忽悠更多的人入伙，并告知他们“怎样0门槛走上人生巅峰”，渐渐变成加害者……

如此看来，这是个拉人头的循环。根据反传销人士李旭的表述，判断一个企业是否为传销性质，就看三点：加入企业是否要入门费、经营过程中是否存在拉人头行为、盈利模式是否为多层次团队计酬。

而TST庭秘密的红卡模式完全符合这三个重点特征。在小花向石家庄裕华区市场监督管理局举报后，TST庭秘密近3亿元的资金成功被冻结。

为何TST庭秘密的裂变速度如此之快，而且难以被查处？

相比于传统传销，TST庭秘密实行的是网络跨地域传销，速度更快，也更隐秘，在强大的资本加持下，众多会员纷纷入局，自2012年开始，朋友圈成了传销组织拉人头的主战场，直到微信监管升级，很多组织开始开发自己的流量平台，例如，TST庭秘密后续利用自己开发的APP进行拉人头活动。

现如今大家对传销的敏感度很高，但TST庭秘密有着明星背书，能较轻易地获得信任，而网络传销要想销毁证据更为轻松，只要不对公交易，受害者便很难举证。

资料来源：赵敏.代理商揭秘张庭公司套路：不断发展下线，赚“子子孙孙”的提成［EB/OL］.［2021-12-29］. https：//baijiahao.baidu.com/s？ id=1720482738720241296&wfr=spider&for=pc；佚名.三年半营收近百亿，被定性传销的“TST庭秘密”到底有何秘密？［EB/OL］.［2022-04-26］. https：//www.sohu.com/a/541226150_121124370.有删改.

通关练习

一、知识简答

1.企业盈利模式的基本定义是什么？

2.目前我国盈利模式发展分为几个时期？特点分别是什么？

3.盈利模式的内容、特征、作用分别是什么？

4.优化盈利模式的两个维度是什么？

5.优化盈利模式的四大途径是什么？

二、实践操作

请你自选国产品牌，分析其近年来的盈利模式变化，并结合本章理论知识提出优化建议。

第八章　竞争优势保持机制

【学习目标】

1. 知识目标

◎了解聚合的含义和优势保持

◎掌握专家的竞争机制和优势保持

◎熟悉良性循环和生命周期等基本概念

◎掌握不同生命周期的商业模式选择

◎熟悉合作与合并的相关理论知识

2. 能力目标

◎能够正确判断企业内部良性循环和外部良性循环的构建机制

◎能够正确解析合作和合并的不同情况，作出对应决策

3. 素养目标

◎培养学生树立正确的成败观念

◎培养学生具有及时止损的创业意识

【知识导图】

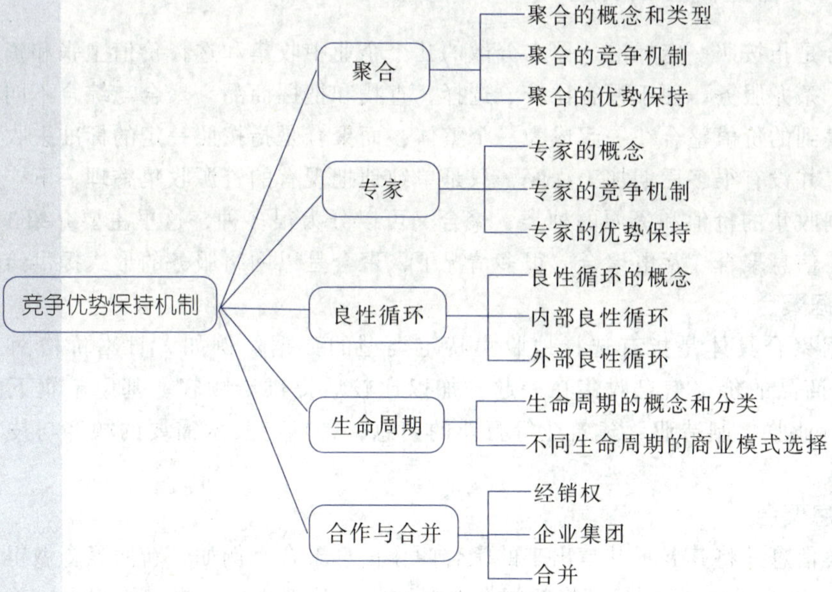

第一节　聚合

案例导入　阿里巴巴平台的企业集聚效应

阿里巴巴平台打破地域限制，将更多的中小企业聚集在一起，资源共享，降低成本，提高企业利润。阿里巴巴平台上的企业在定位市场时，通过较低的成本、持续不断的创新、更好的营销手段、优质的服务对国内市场进行延伸，并扩展国外市场，从而最大限度提升自己的核心竞争力。通过对阿里巴巴上的江苏企业进行研究，发现不同的竞争能力的企业，其专注的核心专业不同，分工存在差异，也使得不同类型的企业定位不同的市场。

资料来源：潘秋瑜.价值链视角下阿里巴巴平台企业集聚效应研究［J］.商业经济研究，2016（5）.

思考：

阿里巴巴是如何实现聚合的？

一、聚合的概念和类型

聚合是指按照一定标准从原本分散的几个企业中收集和选择价值主张和资源，为顾客提供一条龙服务，便于顾客比较、选择、查找和把握商品。聚合与综合不同，综合是指将收集到的价值整合在一起成为一个整体，而聚合是指按照一定的标准去收集整理一些资源，并没有很多后期加工程序，只是单纯地把现有的资源收集整理一下。

根据收集的价值和资源的种类，聚合又可以分为很多种，这里主要介绍3种，即数据聚合、信息聚合、瓦电聚合。很多情况下，聚合是以网络服务的形式提供给顾客的。

（一）数据聚合

数据聚合具体是指有选择地收集特定类型的数据。例如，日本价格网（kakaku.com）将商品的价格信息收集在一起，加以比较后提供给顾客。基恩士旗下的子公司ipros分行业收集制造业、建筑业等行业的信息，帮助有技术需要的顾客与技术所有者进行对接。

（二）信息聚合

收集信息并将其展示共享出来的聚合叫作信息聚合。例如，新闻聚合做得比较好的有Gunosy和SmartNews，都是将新闻有选择地收集整理之后，提供给用户。美国的赫芬顿邮报是一个典型的新闻博客网站，里面的一个专栏BLOGOS，专门刊登名人和政治家的博客。除此之外，还有很多其他种类的聚合网站。在团购聚合网站行业有一个有趣的例子，AllCoupon网站上都是Groupon等各种团购网站的信息。招聘网站，如全球最大招聘信息搜索引擎Indeed是将各个公司的招聘信息集中起来刊登在自己的网站上。学术论文的搜索引提供论文的电子版，用户可以根据学者的姓名检索到其论文。

（三）瓦电聚合

瓦电（Negawatt）聚合是电气行业为了改善需求曲线创建的聚合模式。由于电气无法储存，所以电力供应设备都是按照高峰时期的最高需求建设的。因此，如果能够减少高峰时期的电力需求，就能够大大节省设备资源。一些小型企业或个人是可以在这个时间暂停使用空调和冰箱等电器的，瓦电聚合就负责收集这些人的信息，将其提供给电力公司。

二、聚合的竞争机制

聚合模式是将零散的价值和资源批量提供给顾客，便于顾客比较、挑选、控制。因其信息全面且方便，顾客便不再直接去找原始商家，更倾向于选择聚合网站。从原始商家的角度来看，聚合网站能够吸引到更多的客户，如果把自己商品的信息放在聚合网站，有利于增加客户量。由于这样的良性循环，原始商家也都倾向于与聚合平台合作。而且原始商家与聚合平台之间的合作，仅仅是一种引用其信息的关系，对原始商家来说有利无害。

聚合平台本身要做的，只是收集整理信息的工作，并不参与直接的生产过程，也不需要提供资源，所以投资成本是极小的。聚合模式的出现，也与当今社会信息泛滥，简易信息聚合、机器人搜索引擎以及自动剪辑等技术的发展分不开。另外，智能手机和平板电脑的普及也推动了聚合模式的发展。因为没有键盘，要想在关键词极少的情况下得到想要的信息，就更需要这样的聚合网站。

三、聚合的优势保持

聚合网站能收集到的信息越全面，顾客就越方便，就越能吸引到顾客。顾客增多之后，原始商家都想与聚合网站合作，这是一个良性循环。这种良性循环是竞争对手无法超越的。竞争优势来源于劳动分工原则。“块状经济”本质上是内部分工的外部化或社会化。块状经济通过企业内部分工的外部化使更多的功能操作实现了内部规模经济；而且由于聚合企业的联合需求可形成规模性专业化的生产和服务，又为每个企业提供了丰富的外部规模经济。集群的企业可以通过分工的外部化而负责部分任务。

实例分享8-1　**浙商中拓立足供应链集成服务，协同效应明显**

浙商中拓核心主业为面向产业客户的供应链集成服务，是国内领先的大宗商品供应链集成服务商；公司聚焦于各类基建和制造业客户的供应链需求痛点，融合公司全国线下网络和数智化运营平台，协同整合社会仓储、运输及加工等资源，为供应链客户提供端到端的产销衔接、库存管理、物流配送、生产加工、产业金融、价格管理、生产管理和咨询、数字化等全链条集成化和一站式服务。公司以“让产业链更集约、更高效”为使命，根据产业链上下游的产业形态，聚焦客户在采销、仓储、运输、加工、供应链金融、价格管理等方面的需求痛点，为其提供全方位、多层次、个性化集成服务，帮助客户降本增效，优化产业链整体资源配置。

目前，浙商中拓经营品类已涵盖传统大宗商品、新能源、再生资源等产业链上几十个细分品种，经营网络遍布长三角、珠三角、环渤海、中西部等全国主要区域，共设立66家全资/控股子公司，拥有5家国际化平台子公司，业务覆盖东盟、南美、非洲等地的71个国家和地区，其中“一带一路”国家30个，东盟国家9个。

资料来源：佚名.浙商中拓2023年业绩公布！营收规模首次突破2 000亿元，加速拓展光伏、储能产业链等绿色低碳赛道［EB/OL］.［2024-04-26］. https://www.163.com/dy/article/J0NLFKM90518IJ4K.html.有删减.

第二节 专家

案例导入 凯盛融英，“整合”专家资源触碰红线

2023年5月8日，央视新闻报道称，凯盛融英信息科技（上海）股份有限公司（下称“凯盛融英”）涉嫌窃取重点领域国家秘密和情报，已被国家安全机关会同相关部门进行公开执法。

外交部发言人汪文斌在5月9日的例行记者会上表示，近期中国国家安全机关会同有关部门依法对相关企业进行公开执法，这是依据中国法律开展的正常执法行为，旨在促进有关行业规范健康发展，维护国家安全和发展利益。

官网显示，凯盛融英成立于2008年，是中国领先的行业专家知识信息服务供应商。公司总部位于上海，在北京、苏州、深圳、中国香港、纽约、吉隆坡、新加坡设有分支机构。凯盛融英利用遍布全球的专家网络对信息进行高效的匹配和连接，帮助客户获取有用的知识和信息，针对客户最具挑战性的需求，提供具体、详尽、高度定制化的商业意见。

凯盛融英向客户提供的服务主要是专家访谈、研究服务以及会议服务。其中，专家访谈是主要服务形式，在凯盛融英营业收入中占比接近90%。

实际上，凯盛融英的商业模式不难理解，就是收集各行各业的专家并建库，再将专家服务提供给有需求的企业客户，是一家商业情报咨询机构，为客户“刺探”商业机密。

5月8日晚间，凯盛融英官方微信公众号发布声明称，国家利益高于一切，凯盛融英作为中国领先的行业专家知识信息服务供应商，坚决贯彻国家安全发展观，带头规范咨询行业，持续引领咨询行业健康有序发展。

资料来源：何明俊.涉嫌窃取国家秘密，凯盛融英被查！靠“刺探商业机密”年入6亿，IPO数次折戟［EB/OL］.［2023-05-10］. https://baijiahao.baidu.com/s?id=1765512810389646993&wfr=spider&for=pc.有删减.

思考：

1. 专家在这里起到了什么作用？

2. 成为"专家"对企业在行业中的发展有什么意义？

一、专家的概念

专家是指在某种技艺或学科等专业方面具有渊博知识和精湛技能的人。专家模式是指使自己的企业成为行业内的专家，利用自己独有的知识和技能来吸引更多的订单，订单增多，反过来又能磨炼自己的技术，形成良性循环，从而使企业在竞争中保持优势的模式。

很多咨询公司都想在某行业被誉为"专家"。这样一来，利用"专家"这一名声就能拿到更多的订单。专家遍布策略、会计、供应链、市场营销、信息系统等多个管理领域，以及服务业、制造业等多个行业。再细分还会有服务市场营销、微商的供应链构建等领域。公司所在的领域越小，市场就越小，但是反过来，想成为行业第一也就越简单。

例如，贸易公司和零售行业有很多主打某个领域的公司。它们增加在某一专门领域的备货品种，从而吸引有这些专业产品需求的顾客，这些顾客会对产品提出更加专业的要求，商家便能得到更加专业的知识，使自己成为这个专门领域的行家，从而把生意做大。日本的画材集中地——世界堂出售所有种类的画材，凭借这一点，其吸引了大量顾客。很多旅行社也是根据地方特点在各地设置专门的代理店，如墨西哥代理店、俄罗斯代理店等。这些店能给顾客在这个地方最通用的建议，而且能够有效地调配当地资源，因此能够吸引到很多顾客。

例如，提爱斯信息系统有限公司（TIS株式会社）擅长的是化学领域，英德知市场咨询有限公司擅长司法相关的领域，东洋工程株式会社主攻生产计划和生产实行领域。很多企业都像这样主攻一个领域，最后成为这个领域的专家。

二、专家的竞争机制

采取专家模式能够通过其拥有的专业知识和技能带来更多客户的附着，因此能在行业内保持优势。如果在某一领域拥有了专家级的知识和技能，就能节省许多营销成本。如果我是顾客，一旦有什么需求，我首先想到的一定是去找这个领域最顶尖的企业，所以说如果可以成为行业内最顶尖的企业，顾客会主动与你联系。如果你的企业在行业内是众所周知的专家，那有需求的顾客就都会来找你。顾客在选择企业的时候，要考虑的一个非常重要的因素是，这个企业是否有明显高于其他企业的知识和技能，即这个企业是否是这个领域的专家。公司一旦成为这个领域的专家，有一定的名声之后，就会接到更多的订单，而做的订单越多，公司在该领域积累的专业知识和技能就越丰富，公司就会更加专业，从而带来更多客户，这是一个良性循环。

经营者也希望自己的企业能够成为业内的专家。因为想成为这个领域专家的人才也希望可以在能接受良好指导、能积累经验、有发挥能力的机会的公司工作。如果公司是行业内的专家，就能够吸引更多人才来工作，并且其他公司无法提供给他们这样锻炼的机会，因此他们不会跳槽去其他公司，这会使持续留住人才成为可能。

三、专家的优势保持

专家模式之所以可以让你在行业内保持优势，是因为你的公司牢牢掌握着技术，这些技术不会流向其他公司。一旦成为专家，有了名声，会产生一个良性循环，其他企业便难以望其项背了。

领域越小的企业，采用这种模式越容易产生良性循环，所以专家模式对企业的规模的要求较低。因此，这种模式很适合中小企业。不仅如此，使用这种模式，可以与行业内的大规模领军企业对抗。虽然大型企业可以通过大规模生产降低成本，从而拥有价格优势，但由于你拥有专业的技术，产品靠品质取胜，所以即便定价高一点，同样可以吸引到客户。

一个企业可以在多个领域成为专家，所以比较大的企业也可以采取专家模式。很多时候，如果一个企业在多个领域是专家，即使顾客涉及的并非其中一个领域，顾客也会将其视作该领域的专家。野村综合研究所在金融行业、零售行业的咨询和系统构建方面都是专家，各个行业的客户就都将其看作自己行业的王牌咨询公司。

第三节 良性循环

案例导入 | 金地集团演绎逆势增长

2022年4月最后一周，上市公司年报披露接近尾声，房企成绩单全貌公开。在深度调整下，房企业绩出现明显分化，部分房企陷入流动性困境，财务指标大跌；同时也有房企稳住局面，以持续稳健增长优化财务等指标，筑牢安全防线，金地集团便属于后者。4月24日晚，金地集团发布2021年年报，从数据看，公司各项指标保持了一贯增长态势，即便是行业普遍下滑的利润指标，金地集团亦实现了增长且保持在行业较高水平，用数据证明了实力。

在市场触底，迎接反弹的道路上，房地产行业需要重振信心，金地集团发布的年报向外界证明，在下行中，仍存在优质房企能够稳住局面，巩固自身发展的同时，扫去个别房企暴雷的阴霾，为行业信心重塑注入“强心针”。深入剖析其战略方针，金地集团优选高能级城市布局，坚持城市深耕，提高单城产能助力可持续增长；在利润和权益增厚下持续优化财务结构，提高现金流安全性，打造健康财务体系，赢得资本市场的青睐，拓展融资渠道，实现债务结构优化，打造内外良性循环的发展格局。

资料来源：佚名.打造内外良性循环体系 “优等生”金地集团演绎逆势增长［EB/OL］.［2022-04-26］. https://www.sohu.com/a/541367440_639898.有删减.

思考：

结合你的体会谈谈企业构建良性循环在时代背景下的重要性。

一、良性循环的概念

良性循环是指事物各要素之间形成共同促进的因果关系，各要素之间互相促进（如图8-1所示）。客户增加、交易量增大，会对环境和公司产生正面影响，这些正面的影响，又会吸引更多的客户，扩大交易量。

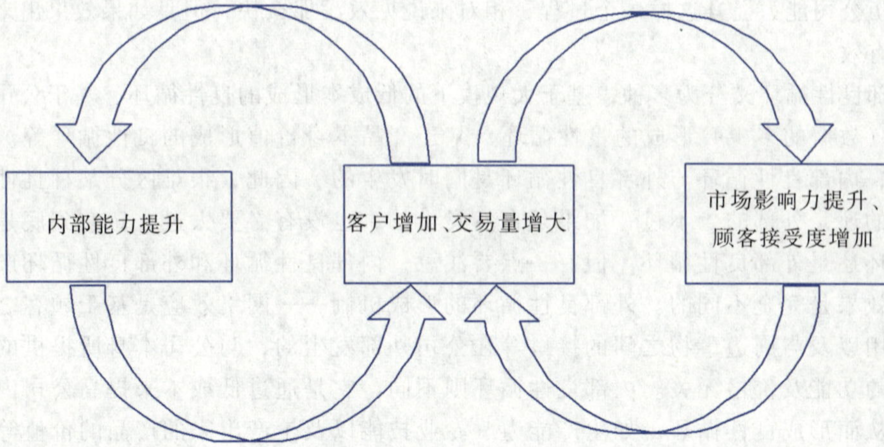

图8-1　两种良性循环

可以说，良性循环是带来重要竞争优势的源泉。在行业内部的竞争中，最棘手的问题是，如何防止竞争对手的模仿，但良性循环的基础规模和经验都难以模仿，能在行业内部竞争中造成很大的不对称性。事实上，要想在行业内部的竞争中获得优势，想尽一切办法扩大规模是重中之重。不仅竞争对手难以模仿良性循环，而且由于内部各要素之间可以相互促进，使强者更强，因此良性循环一旦形成，公司便很难被对手超越。

假设在竞争中，参与竞争的企业利润都接近于零，这时，如果出现了利润高于零的企业，其他企业就会争相模仿其运作方法，使各企业之间基本无差异，这样一来，整个行业的商品价格会降到更低，利润会更少，导致整个行业的企业都没有利润。

但现实世界并非如此，或者可以说更多的情况与上述观点相悖，很多行业都是强者更强。本来占据较大市场份额的企业会占据越来越大的份额，这种现象被称为头重脚轻。之所以出现这种现象，是因为规模大的企业可以更好地运作，而更好地运作又能扩大规模，这是一个良性循环。

那么，良性循环究竟算不算是“机制”呢？良性循环与业务流程不同，不是单纯的业务顺序，而是存在于业务各要素之间的因果关系，比业务各模块的机制更加难以掌控。近年来，良性循环变得越来越重要。首先，我们之后会讲到的网络效应和平台与互联网等信息通信技术的相容性很高，在信息通信技术系统的支持下，会产生更有效的良性循环。其次，随着产业的成熟，创新会减少，模仿盛行，差异化几近消失，很多产业只能谋求良性循环这种不容易被模仿的模式。良性循环大致分为两种，分别是在市场上作为市场推动力的良性循环（外部良性循环）和强化公司内部职能的良性循环（内部良性循环）。

二、内部良性循环

内部良性循环是指在公司内部形成的良性循环。顾客增加使公司的能力增强，公司能力增强又带来更多的客户，这是一个良性循环。与外部良性循环相比，内部良性循环需要经历公司能力提升这样一个过程，相对来说见效没那么快，但是如果效果出来，就会一直有效。

内部良性循环又分为多种，基于大规模下的低成本形成的良性循环、基于公司拥有的信息（数据的多少）形成的良性循环、基于产品本身价值形成的良性循环等。多数情况下，内部良性循环与外部良性循环是同时发生的。因此，很难区分某种良性循环是内部的还是外部的。不过，如果是自然发生的，也没有必要太过在意它到底是内部良性循环还是外部良性循环。但有一点要注意，内部良性循环和外部良性循环产生的机制和效果是完全不同的。外部良性循环的形成机制——网络效应是基于顾客之间的相互作用以及与周边事物之间的接口等在公司外部发生的，与公司本身所提供的商品或服务的功能及价格无关。内部良性循环则不同，它是通过低成本来提高公司内部的能力，从而形成良性循环，如生产能力、专业技能以及生产出来的产品的价值等。我们可以从市场定位的角度将其看作低成本、差别性和专门性等问题，它与传统战略理论紧密相连。

从两者产生机制的不同可以知道，如果要人为地去推动内部良性循环或是外部良性循环形成，发力的点是不一样的。如果想推动外部良性循环形成，要考虑的是如何加强顾客间的相互作用以及对顾客进行操作培训。如果要推动内部良性循环形成，就要在接受委托和与其他公司合作等方面下功夫。内部良性循环是竞争优势得以持续保持的源泉。在考虑如何打败竞争对手时，应该优先考虑作为其内部能力支撑的低成本、差别性、专业性等问题。

三、外部良性循环

外部良性循环是指与公司内部各要素无关的，在市场上形成的良性循环。外部良性循环的典型，是网络效应。网络效应是指在连接到网络的服务上形成的良性循环，顾客数量越多，通信的对象就越多，网络宣传的效果越好，顾客就会增加，从而形成良性循环。例如，有两家电话公司A和B，两家公司设备相同，但双方的设备不能互相通信，A公司的顾客多，B公司的顾客少，顾客在选择要购买哪一家公司的商品时，一定会选择A公司，因为用A公司的设备能联系到的对象多，电话的功用更强。这样一来A公司的顾客会更多，新的顾客在选择公司时就更倾向于选择顾客更多的A公司，由此形成一个良性循环。利用外部良性循环的商业模式主要有：

（一）平台

平台是交易空间或交易场所，存在于现实世界，也存在于虚拟网络空间，引导或促成双方或多方之间交易并收取费用，最终追求利益最大化。在互联网为王的时代，平台的重要性不言而喻。

（二）事实标准

除了平台之外，还有一种表示外部良性循环的模式，即事实标准。所谓事实标准，是指某种产品作为一种事实上的标准产品在社会上被普遍接受。一旦这种产品成为行业标准产品，所有人就都会购买，其公司的标准地位就会更加稳固，从而形成一种良性循环。

第四节　生命周期

案例导入　禧玛诺为何能做到全球市场占有率第一

禧玛诺集团（以下简称“禧玛诺”）由岛野庄三郎（Shozaburo Shimano）创立于1921年，总公司设立在日本大阪府，中文译名禧玛诺是根据创始人姓氏Shimano音译而来的。2021年是禧玛诺成立的第100年，经历这百年的发展，禧玛诺从最开始生产飞轮的小厂，到子公司遍布全球17个国家，禧玛诺已成为一家以专业制造和销售自行车零件、渔具、滑雪板和高尔夫用品闻名的跨国集团公司。那么禧玛诺究竟是如何一步步发展壮大，并制霸全球自行车套件市场的？让我们来一探究竟。

20世纪70年代，当美国自行车热潮带来的市场需求超过欧洲自行车零部件制造商的生产能力时，日本制造商三拓（SunTour）和禧玛诺迅速填补了市场空白。起初，两家公司都能提供从最低端到最高端范围的产品，三拓还专注于改进现有的系统和设计更高端产品，但是禧玛诺却从一开始就重视基础系统的改进与低端市场的产品创新。20世纪80年代，随着禧玛诺推动技术创新和更低价格的市场倾销，传统的欧洲零部件制造商失去了市场地位，也正是在此期间，变速器开始从满足竞技需求的昂贵产品转变为走入寻常用户家的普通产品。

相比三拓，禧玛诺正是因为将新技术应用在低端市场上，使用更坚固的材料，在低端市场逐步站稳脚跟，才能进一步进军高端市场。

资料来源：阿毛君.产业观察丨禧玛诺为什么能做到全球市场占有率第一？[EB/OL].[2021-03-08].https://www.biketo.com/industry/46974.html?all=1.有删减.

思考：

查找资料后谈谈你对禧玛诺在传统制造业领域构建良好生命周期的理解。

一、生命周期的概念和分类

(一) 生命周期的概念

生命周期是指一个人或物、想法、项目等的诞生、成长、成熟、衰退、最后消失的过程。一项业务当中很多要素都是有生命周期的。生命周期与良性循环不同，它不是有意创造出来的东西，而是客观存在的，无论是否利用它去构建商业模式，随着时间的流逝，这个过程都会发生。我们拿军事来举例子，生命周期就是战场上吹的风，或是战斗海域潮水的涨落情况，只要能将其灵活利用，取胜的概率就会增大。

生命周期不像良性循环那样与诸多要素相关，那么难以控制，生命周期是客观存在的，只要用好了，就一定会有效果。生命周期本身并不是公司内部组织，而是与公司相关联的一个流程，我们可以使自己公司的内部组织与之挂钩，这样就能够很好地利用它。

在利用生命周期时，要尽可能地从生命周期的前端就开始参与，这样有利于从整体去把握生命周期。随着生命周期的推进，公司的业务也随之更新，多数情况下，相关联的市场也会依次移动。在生命周期的前端就参与进去，当时可能收益会比较低，但在生命周期后期，收益很大，这样从整体上看，还是提高了收益。从这个角度来看，生命周期模式跟农作物的种植和家禽的养殖很像。

(二) 生命周期的分类

1.顾客与销售渠道的生命周期

这是随着顾客年龄增长或者顾客对产品越来越熟悉产生的生命周期。顾客也是有生命周期的，我们沿着这个生命周期的轨迹，为顾客提供价值不同的产品，可以长久地与顾客保持买卖关系。丰田4S店就采用了这种模式，顾客开始在店里购买的只是普通汽车，但随着顾客收入的增加，可以向其推荐高级轿车。倍乐生给0–6岁的幼儿提供益智服务，待孩子长大之后，又吸引他们来上自己的兴趣班，从而将在同一位客户身上获得的收入最大化。相机和音响的制造商，一般都以低廉的价格出售入门机以吸引顾客，随着顾客技术的熟练，之后会有购买高级机的需求。沿着顾客的生命周期去开展业务，不仅可以降低营销成本，还能将客户终生价值（LTV）最大化。

无论你的顾客是个人还是企业，它在生命周期的初期资金肯定是匮乏的，有很大的资金需求，但是到了后期，资金一定会有富余。所以这就需要我们能够及时地捕捉到这些需求以及支付可能性的变化，获取顾客，使交易变得持久。当然变化不仅限于资金，例如在明星出道初期资助其多参加活动，待其成名之后，这些成本全都可以收回来。

与顾客相同，销售渠道也是有生命周期的。举个简单的例子，对于啤酒厂商来说，餐饮店是它的销售渠道，在其创业初期为其提供资金支持是很好的做法。再如，对于高级医院来说，一般诊所的医生也是它的销售渠道，因为诊所能看的病有限，一旦这些诊所的病人患重大疾病，你跟这些诊所的医生有联系的话，就会直接转到你的医院。所以高级医院会为诊所的医生提供一定的支持。

2.项目生命周期

项目生命周期，是指项目从企划到执行再到跟进的过程。这是服务业常见的商业模式。例如，一个信息通信技术系统构建项目，要经历构建企划、需求定义、系统构建、测试、投入使用一系列过程。一个厂房建设项目，要经历可行性研究、设计购买机器、建设、运行、维修保养一系列过程。如果你参与了这些项目前期的几个过程，就能够了解这个项目，比起其他公司就有更大的机会拿到后面环节的订单。

3.产品生命周期

产品生命周期，是指已经售出的产品在顾客那里持续运行所产生的生命周期。不过即便产品自身不能发送反馈信息，也还是有其他根据生命周期构建的商业模式。对于卖家来说，即便不在价格上下功夫，在出售商品时也应该考虑商品售出之后的维修保养和使用等服务的提供。产品的制造者对产品的设计非常熟悉，且以成本价拥有最标准的零部件，因此相比其他公司能更好地为顾客提供使用和维修保养等服务，而企业自己去维修保养，便于自己了解产品在使用、保养阶段的操作性能和安全性能，能够从整体去把握产品的可用性，还可以将在保养和操作过程中的体验反馈到产品设计中去。保养和操作处于产品生命周期中较后端的位置，如果能够参与到这些服务，企业的发展概率会更高。爱普生与佳能的打印机和墨盒就是其中的典型。“雀巢大使”的咖啡机和咖啡盒、日本田宫的汽车模型以及其所需零部件也是其中典型的例子。

4.资源生命周期

人、技术、信息、设备、原材料等经营资源，也都有各自的生命周期。在这些经营资源发展的前期对它提供支持的话，等到它发展成熟，就能方便介入。

5.业务生命周期

业务也是有生命周期的。很多业务在生命周期前期都会陷入投资资金不足的窘境，一般到了后期，销售额就会提高，虽然利润率不那么高，但是由于前期有过投资，后期不需要再投那么多钱进去，所以到后期收益会很高。企业可以同时去做多个产品或者多项业务，将本来用在其后半周期的资金用到前半周期来，这样不仅可以减轻纳税负担，还可以保证企业整体的持久发展。通过这样一种投资管理，业务整体的价值就能够被全部发挥出来了。这被称为产品投资组合管理。要注意，这里的产品指的不是物理属性的某个产品或服务，而是某一类的产品的市场性。风投企业一般在创业公司发展初期就为其投资，一方面是想引进其新兴技术和商业创意，另一方面也是为了在其生命周期前期就参与整体业务。

6.环境方面的生命周期

环境方面的生命周期也能对业务产生影响，有效利用也能为公司带来利润。企业应尽量及早参与有规定的环境方面的生命周期。像在医疗、医药等在环境影响方面有严格管制的行业，以及涉及环境领域的检查、监控设备和安全设备的生产和销售等必须按照有关规定进行的行业，常常需要出台有关政策和规章制度等。如果企业能够在这些生命周期的前期以协助政府的形式介入政策和规章制度出台，尽早了解到这些规定的相关信息，可为业务的开展找到合适的机会。

还有就是应该尽量早一点参与社会趋势等大环境的生命周期。例如，禧玛诺在山地车刚开始流行的时候，就向市场投放了大量山地车，紧抓这一潮流，获得了压倒性的优势。

二、不同生命周期的商业模式选择

初创期需解决生存问题，成长期发展问题严峻，在行业生命周期的不同阶段，商业模式关注点不同。对于处于开发、引入期的初创企业，在这一阶段，成功的商业模式应该能够提高产品的存活率，取得先发优势，帮助企业顺利进入成长期，享受行业成长带来的高额利润。而对于成长期的企业来讲，该阶段企业将饱受生存与发展的双重考验（当前产品的生命周期呈现快速缩短的趋势，成长期新产品研发势必要经历生存的考量）。成功的商业模式应更注重对成长空间维度的拓展，最大化地为公司创造价值。

选择创业项目要选择好细分行业，并准确把握行业生命周期发展阶段的痛点。在中国，不同的行业处于不同的发展阶段。比如，汽车行业已经进入到了整车销售后的汽车后服务市场，在这个阶段，行业的重点是服务好车主，围绕车主提供个性化定制、维修、金融等售后服务；再比如，中国的生鲜和农业的市场则处于初级阶段，渠道流通、信息、产品品牌、生产品质等方面都存在巨大的机会，对于创业者来说，可以选择多种进入方式。而对于服装等相对成熟的产业，由于产业从生产、渠道到品牌都趋于成熟，则创业的焦点应聚焦于如何提供个性化的消费者服务、如何数字化改造线下门店、如何优化产业上下游流通效率等。

第五节　合作与合并

案例导入　纵向一体化的苹果公司

苹果公司之所以能建立起电子产品帝国，要归功于把生产外包给一个由芯片制造商和其他零部件生产商组成的庞大生态系统的做法。苹果公司与软件开发商、配件制造商、内容提供商一体化对抗安卓系统。而安卓阵营，除与这些商家合作之外，还与硬件制造商合作，形成自己的企业集团。这样一来，苹果和安卓的优势就不能仅凭它们自己的功能决定了，而是要看与它们合作的软件开发商、配件制造商、内容提供商是否优秀。

像Kindle和Kobo这样的电子书设备与内容提供者之间，PlayStation和Xbox等游戏机制造商和游戏软件制造商之间也是这样的关系。另外，像SAP、ERP这种会计和供应链等方面的业务用软件，会与驱动硬件、操作系统、能与之兼容的数据库等相关软件一起被导入企业，形成一个系统集成。然后，这个系统作为一个整体，去与其他的系统竞争。像三井不动产和三菱地所等购物中心的运营商，它的竞争力其实在于，在这个购物中心开店的店铺的质量。在维萨卡（VISA）领域，三井住友等维萨卡发行商，与加盟商和管理公司形成一个企业集团，作为一个整体与万事达卡等竞争对手对抗。

资料来源：佚名.纵向一体化，苹果公司已然成为芯片巨头［EB/OL］.［2020-06-30］. https://www.sohu.com/a/404858590_120625252?_trans_=000013_sjcl_zsmh.有删改.

思考：

苹果公司为什么要和其他开发商、制造商等企业合作？

合作模式主要包括经销权模式和企业集团模式。

一、经销权

经销权模式是指总部发放特许经营权，自己不开展业务，而是与加盟商签约，让加盟商自己出资，总部为其提供商标、运营流程、运营策略、信息技术系统、商品、原材料等，以收取特许权使用费或者委托费等形式获得收入。经销权模式下有总部和加盟商这两个主体，这里主要是从总部的角度来介绍。

很多种类的连锁店用的都是经销权模式。餐饮业的蜜雪冰城、瑞幸咖啡、全家都是使用这种模式的典型，还有酒店行业的华住会和亚朵，房地产业的链家，另外还有家装建材、美容院等行业都有经销权模式。

运输行业也可以使用经销权这种模式。用轻型汽车运送货物的赤帽公司就是采用这种模式来运营的。日本交通株式会社对中小型出租车业主推行经销权模式，加盟企业的出租车都可以以日本交通的商标在路上运行。这样一来，整个集团的运行车辆数上去了，日本交通在日本人民心中的存在感提高，同时，所有加盟公司可以共用一个打车平台，节省了顾客的打车时间，还能专门设置集团专用的上车地点。还有一个让人意想不到的行业——航空业，也使用这种模式。最先开始使用这个模式的是20世纪80年代的英国金狮航空，亚洲航空采取的也是这种模式，它在很多国家都设有经销点，亚航日本就是其中的一家。

在经销权模式中，总部提供品牌和经营模式，加盟商自己出资、自主经营。一般情况下，人员是由加盟商自己雇佣的，但是也有像超级酒店（Super Hotel）这样总部直接派人过去的情况。总部可以从加盟商那里得到特许权使用费、人员培训费、设备的使用和保养费用、商品和原材料的费用等。这些费用比起自己经营来得更加实在，企业采取这种方式可以规避风险。

对于总部来说，这种模式可以完全不考虑资金的问题，迅速扩大事业。企业在发展壮大的过程中，有时对设备的投资以及流动资金的要求会突然增加，但是在经销权模式下，大部分的资金都是由加盟商承担的，所以总部不必有资金方面的负担。而且总部也可以利用加盟商的关系网。对于加盟商来说，虽然必须向总部支付各种各样的费用，但是可以得到总部已经确定好的商业战略和总部的品牌，从而迅速开展自己的业务，在开店初期就可以高价出售商品，销量也不会差，很快就可以获得利润。

经销权模式中的跨国连锁还有很多其他的优点。首先，即便是对外资有限制的国家或者行业，如果是以连锁的形式进行，就容易摆脱这些限制。像航空业就是对外资限制非常严格的行业，但是连锁店的方式就可以行得通。跨国开展业务，可以迅速扩大业务规模，特别是对于想要跨国开展业务但又受限于该国对外资的限制时，连锁店是一个很好的选择。虽然总部会向加盟商收取特许权使用费、设备使用费、原材料费用、培训费等一系列费用，但这并不是在转移利润，有些新兴国家可能担心外资企业把钱都转走，但是这种模式不是这类情况。而且，总部可以在加盟商交税之前就收取费用，不会有逃税的嫌疑。

二、企业集团

企业集团是多个法人企业通过一定纽带，具有多个层次的，并允许跨行业、跨部门、跨所有制、跨国组成的大型经济联合组织。企业集团的形成有两种途径，一是由一家大企业裂变而成，二是由两个以上的企业通过合作形成一个多法人企业。企业集团是为了进一步提高企业合作的效率而产生的，它出于将外部合作内部化的目的，希望在企业联合体内部达成企业间合作的效果。企业集团通过将多个企业的价值主张合并在一起，作为一个集团一致对外。例如，有关微软的企业集团，与微软兼容的应用程序制造商和打印机等相关设备制造商，虽然与微软没有直接的交易关系，但是为了与其他操作系统（OS）对抗，如MacOS和Limu都与微软合作形成一个企业集团。从这个意义上来讲，企业集团可以说是众多合作模式当中最自由的一种。

三、合并

合并，是在同一所有者旗下的多个业务之间的机制。合并，也是在多个业务之间的模式，采用这个模式，比一个业务部门单独作战要有优势得多，从这个角度来看，合并模式与合作模式拥有同样的基础。合作模式是通过多个业务联合来创造价值，合并模式也是如此。在这一点上，两者也是相同的。合并的优势有很多，主要有以下几点。

(一) 控制力增强

合并之后，企业成了这些业务的所有者，对于整个业务机制的控制力要远远高于合作。也就是说，你可以强行地去进行一些交易，或者反对一些交易，将某一项业务和某一项功能强行地融合在一起，将功能强制地分开等，这些做法都可以提高收益。这一点是合作模式完全无法做到的。

(二) 联动机制明显

在合并模式下，财务、经营者资源等可以共享。在整个合并空间内，虽然单个业务之间的商务流程并不是共有的，但财务是一体化的，所以，你可以在这些企业之间构建一个财务机制，使投资者能够获得更大的回报。与财务相同，经营资源也是如此，经营者是最大的经营资源，在合并模式下，经营者可以在企业间自由流动，从而创造出合作模式无法比拟的优势。合并模式的本源是将一项业务有意地降价，吸引顾客，引导顾客进行其他消费从而提高收益。与合作不同，合并并不需要参与其中的每个公司、每项业务收益都提高，只要整体算起来收益提高就可以了。

合并模式的特点是能够创造生产（品牌）与销售双重价值，因此产品、服务结构比较单一的行业（石油、造纸等），产品、服务有很强重复性的行业，地域性很强的商品或服务业，产品易变质、无法国际运输的行业，很难产生双重价值的效果，不适合使用这种模式。重型电机、航空空间等重工业以及烟酒等品牌企业是最适合使用这种模式的。

这种模式能带来的一大好处是：商品、服务的种类和品牌可以增加。所以说，如果收购的是与自己生产同样商品的企业，收购的意义就无法体现出来，应该尽量去收购产品与自己有所不同的企业，这样的收购能为自己带来更大的价值。当然，也不能一概而论，即便是同样的产品，收购之后也能扩大规模，产生其他优势。如果收购完全不同行业的企业，会难以利用它已有的销售渠道，这样的收购没有意义。所以，这种模式用在同一产业的品牌或者生产线上最有用。

这种模式并非收购之后就能产生立竿见影的效果。在收购之后，要对各国的生产部门重新调整，对销售部门进行与新收购的产品相关的培训等。特别是，关于新产品的系统集成、EPC、维修保养等服务，国家之间有语言沟通和文化沟通等各种问题，面向客户时需要一定程度的本土化。

实例分享 8-2　ABB 集团的价值创造

ABB 由两家拥有 100 多年历史的国际性企业——瑞典的阿西亚公司（ASEA）和瑞士的布朗勃法瑞公司（BBC Brown Boveri）在 1988 年合并而成，合并后的 ABB 将业务拆分为四大事业部，分别是电网事业部、电气产品事业部、工业自动化事业部和机器人及运动控制事业部。成立之后，ABB 又收购了欧洲各国的重型电机生产商，将它们的销售功能与生产功能分离，在被收购公司的国家销售 ABB 生产的所有产品，同时，让被收购公司专注于生产自己最擅长的领域的产品，并根据各国的需要销往世界各地。这样不仅提高了产品的质量，而且扩充了产品的种类，使 ABB 最终成为全球性的综合性重型电机生产商。两家公司的合并是 ABB 腾飞的奠基石，使 ABB 在发展的道路上越走越远。

资料来源：佚名 .ABB 中国［EB/OL］. https://new.abb.com/cn/about/abb-in-china；佚名 . 确定你的商业模式（五）.［EB/OL］.［2020-06-07］. https://www.sohu.com/a/400327850_120507192. 有删改 .

素养园地

全家便利店的经销模式——集中采购

全家便利店（如图8-2所示）是世界上最著名的便利店之一，发展速度非常快。内地第一家全家便利店在上海成立后，全家便利店以“Always new & fresh”的理念追求不断创新，始终保持着超过2 500款商品和每年70%的商品更新率，向消费者提供便利生活，致力于引领便利店行业最新潮流。全家便利店经常创造新的价值，提供高质量的商品及服务，打动顾客的心。全家便利店与加盟伙伴、厂商（供货商）、员工共同成长，对所有企业关系者（顾客、厂商、员工、股东）尽责，实现企业永久发展的目标。全家便利店遵守各地法律，以成为社会所信赖的企业为目标。全家便利店时常关心地球的环境，不遗余力，为实现安心、安全的生活，为地区、社会贡献一己之力。全家便利店重视员工每一个人的丰富创造力与挑战精神，宣扬以人为本的企业文化。

图8-2 全家便利店

全家便利店保持认真、负责、诚恳的态度，提供给消费者亲切的购物环境、优质的商品、多元便利的服务。怀着无比的信心开创“全家就是你家”的新世纪，使许多消费者愿意锁定全家，当然，作为一个特许加盟便利店，全家便利店当然也有其独有的销售方式，包括货品的陈列方式、店内的布局以及商品的种类。既然是便利店，当然是以“便利”为首要为消费者考虑的目的，全家便利店为居住在当地的学生族和上班族等创造了舒适、便利的生活。全家便利店售有各种速冻食品、饮料及日常用品。

全家便利店为了控制成本采用招标和集中采购。采购人员根据商店的客户属性、商场商品情报、市场占有率等向社会发出需要采购产品的信息。通过厂商竞标，来筛选最合适的商品，一旦选定产品和生产厂商就可以大量地采购，这样不但可以降低成本，还可以保证产品的品质。在采购商品时，全家便利店与厂商于供货合约中载明销售折扣、商品陈列费等协议事项，以创造更大的采购效益。以商品管理为中心发散到销售管理与供应商管理，由三项管理组成最终公司业绩。全家便利店进行销售数据分析，通过分析查看商品结构状态及整体销售情况，定期制定促销活动计划并落实执行。全家便利店根据实际销售及商品周转情况及时合理订货，在避免断货的前提下减少库存压力，在达成销售业务的基础上控制好整体毛利。

全家便利店采购的流程首先是统一订货，规定每周一订货，每周五统一上报下周补货申请单（新品采购单和退换货申请单），要求各门店于每周五下午之前根据本周的销售情况将补货申请单统一报至采购中心；然后进行物资采购，所有的物资采购（便利店商品及其他用品）都必须在向采购中心递交各门店签字确认的（采购经理、部门经理、财务经理）补货申请单后统一进行；最后验收商品，验收商品应以最小单位为准，特别关注商品的生产日期，超过商品保质期三分之一的商品拒绝进店。各门店商品的退换货时间为商品保质期前30~60天，已不满30天的不予退换。全家便利店的物流系统依照商品属性及保存条件作区分，较一般单一物流中心效率更高。物流中心可以将短有效期的商品于营业尖峰时间前配送到点，使消费者在营业尖峰期能买到最新鲜的商品，以吸引更多消费者到店购物，提高店铺的竞争力。

资料来源：佚名.关于全家便利店的市场调研报告［EB/OL］.［2022-01-20］. https：//www.vfuw.cn/news-5540-1.html；佚名.如何做全家便利店供应商？采购步骤如何［EB/OL］.［2020-09-24］. https：//www.yoshu.com.cn/news/show-4080.html.有删改.

通关练习

一、知识简答

1.什么是聚合？聚合的类型有哪些？

2.专家模式适合什么样的企业？

3.如何构建企业内外部良性循环？

4.生命周期有哪些分类？不同生命周期应该如何选择商业模式？

5.什么叫经销权？如何理解企业合并？

二、实践操作

1.选择一家中小企业，谈一谈如何利用该企业现有资源，构建良好的内外部循环？

2.结合第1题的结论，利用相关理论知识，谈一谈如何延长该企业的生命周期，现阶段该企业属于哪个生命周期阶段？结合当下的市场环境，谈一谈该企业现阶段该如何选择商业模式。

第九章　商业模式变革面临的挑战及未来趋势

【学习目标】

1．知识目标

◎了解商业模式变革中遇到的障碍因素

◎掌握价值颠覆的定义

◎了解电商、共享经济和懒人经济背后价值颠覆的本质

◎掌握平台商业模式的含义

◎了解平台商业模式带来的变革与机会

◎熟悉平台的类型及互联网平台的发展过程

◎熟悉平台生态圈的机制设计

◎了解跨界的本质、关键要素及核心

◎熟悉数字化时代跨界的形式

2．能力目标

◎能运用所学知识进行企业商业模式变革障碍因素的判断

◎学会运用价值颠覆的 3 个维度来判断企业创新的市场价值

◎学会正确选择平台是自建还是融入

3．素养目标

◎培养学生敢于创新的精神，增强不断追求价值颠覆的意识

◎培养学生站在行业全局看待问题的能力，增强全局意识和借力发展意识

【知识导图】

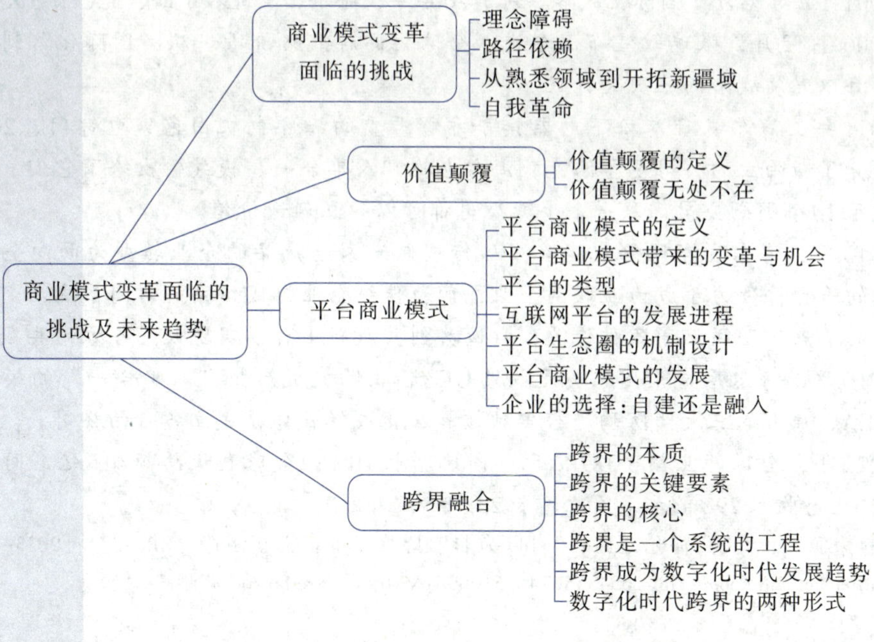

第一节 商业模式变革面临的挑战

案例导入 海尔之路："自以为非"持续变革定义新制造

2019年12月26日，海尔集团创业35周年纪念日在青岛举行，海尔集团董事局主席、首席执行官张瑞敏宣布海尔进入全新战略阶段——生态品牌战略阶段。这已经是海尔的第6个战略阶段，是海尔引领物联网时代的新开端。自以为非，不断自我否定是海尔过去37年历史的特点，也是海尔不断前行的原因。

历时37年，海尔在文化、管理、价值观等方面创造了令世人瞩目的商业智慧。张瑞敏说：人是目的，有生于无。人是文化、管理、价值观的载体。海尔正在以"人单合一"模式为载体，全球赋能，输出文化、管理、价值观。

1985年，当时的青岛电冰箱总厂生产的是"瑞雪牌"电冰箱。一天，张瑞敏接到一封用户的投诉信，说冰箱存在质量问题，时任厂长的张瑞敏当即决定，将76台电冰箱全部砸毁。很多员工边砸毁冰箱，边流泪，痛心疾首之中，质量的观念有了，名牌开始慢慢树起来了。

1992年海尔启动了多元化战略，从冰箱开始进军白色家电、黑色家电、米色家电领域。

2001年海尔启动了国际化战略。到了2005年，海尔已经进入了欧、美、日3大市场。

2006年12月，张瑞敏宣布海尔进入全球化品牌战略阶段。从"国际化"到"全球化"是海尔发展战略的一次大升级。

2011年，海尔从日本松下电器接手亏损严重的三洋电机白色家电部门；2012年，海尔兼并了新西兰的公司斐雪派克，海尔也把"人单合一"模式输出给了它们，斐雪派克变成了10个小微公司，每一个小微公司都可以独立创造价值。

2013年，海尔发布网络化战略：从传统制造家电产品的企业转型为面向全社会孵化创客的平台，致力于成为互联网企业，颠覆传统企业自成体系的封闭系统，变成网络互联中的节点，互联互通各种资源，打造共创共赢新平台，实现攸关各方的共赢增值。

2016年，海尔斥资55.8亿美元收购GEA，收购完成后把"人单合一"的模式输出给了GEA，原有的三大团队均进行单独核算，变成经营体，成立各自的公司。

2021年，全球营业额3 327亿元，同比增长10%；全球利税总额415亿，同比增长14.3%；生态收入292亿元，同比增长23.5%。

资料来源：侯继勇.海尔之路："自以为非"持续变革定义新制造［EB/OL］.［2023-12-30］. https://baijiahao.baidu.com/s?id=1654358674675105951&wfr=spider&for=pc.有删减.

思考：

1.你认为海尔文化最大的商业智慧是什么？

2.在海尔过去发展的37年时间里，你觉得海尔取得成功的原因主要有什么？

正如西天取经需要历经九九八十一难，企业商业模式变革路上也遍布荆棘，挑战重重。在此过程中，企业需要舍弃很多以往赖以成功的经验，需要接受很多以往并不认同的观点，企业家需要有勇气和魄力去应对障碍和挑战。有破有立，不破不立，企业和企业家只有在不断破、立的辩证过程中得到升华，臻于涅槃，才能成就不朽功绩！

企业在商业模式变革中遇到的障碍因素主要有以下几个方面：

一、理念障碍

（一）企业本质

在一些企业管理学经典论著中，企业的本质是为了实现交易成本和管理成本的总和最小化的经济组织。企业都有自己的边界，法律上界定了企业的资产、负债和收益。新制度学派的企业理论认为，企业和市场一样，也是其利益相关者合约关系的总和，是解决利益冲突的合约结构安排。只是有些企业与利益相关者之间有合约刚性，有些则可以动态调整。

不同商业模式涉及的利益相关者类型、层次和权利分配方式不同。同样是外包或连锁加盟，企业与其利益相关者的交易结构可以大相径庭。例如，雷士公司可以免除加盟商的加盟费，还给加盟商赠送加盟店装修费；同样是公司+农户模式，由于企业家的经营哲学、面临的商业环境不同，企业与农户的合约内容差异也会很大。这也就是为什么定位相同的企业，发展规模、效率、速度和风险会差异明显，关键在于企业与其内外利益相关者的合约关系不同。

企业家在进行商业模式改革时，需要打破传统的企业理念和企业边界的思想，将企业边界的界定从法律定义转换到合约定义——利益相关者的合约集，而且是动态合约集。唯有如此，企业才有可能以开放的心态与利益相关者动态竞合。

（二）企业价值理念

如果你问一个企业家，你的企业规模有多大，大多数情况下得到的回答是他的资产规模，或者是销售规模，一些企业制定的五年发展规模目标也往往是资产规模和销售规模。实际上，现代资本市场关注的企业价值是企业的投资价值，即企业预期未来可以产生的自由现金流的贴现值。好的商业模式，体现为企业价值实现的效率更高，即同样的资产规模，能创造出更为充沛和更为持续的自由现金流，从而获得更大的企业价值。

企业经营的本质是投资价值。同样的资产，可以创造更大价值的企业是优秀的企业，能够创造更高价值的企业家是优秀的企业家。同样一块地，如果不能产生新的价值，对企业而言可列为财富，但却不能并入企业的价值。

因此，评价今天一家企业是否成功，其核心标准就是此后它所创造的现金流折现值总和能否最大化，反映到资本市场上，就是高企业价值。做不到高企业价值，再多人力资本、再大资产规模也不值得炫耀，企业家反而应该因为低效率运营而感到惭愧。

（三）控制理念

企业往往很在意控制权。控制的方式很多，包括技术专利、渠道、品牌、股权等。华为一直是5G标准的最大技术贡献者，华为2019—2021年的知识产权收入在12亿元—13亿美元。2021年3月16日，华为在深圳举办“知识产权：保护科技创新的前进引擎”论坛，华为知识产权部部长丁建新表示，华为将根据手机销售价格收取专利费用，并且对单台手机的专利许可费上限为2.5美元。传统意义上，企业获得关键资源能力控制权的方式是控股权。企业之间合作，也都寻求控股地位，经常为谁51%而谁49%产生争议。

法律意义上的股权控制，往往增加管理和监督环节、层次和成本，而效果未必如愿。实际上，企业法律所有权与价值驱动因素控制权并不一致，甚至是分离的。随着企业知识密集程度增加，业务发展和增长机会与有形资产关联度反而降低，而与人力资本和增长高度黏合，但这些人力资源并不能真正由法律上的所有者控制。

国内外不少高科技公司都有过因骨干人员跳槽而出现业务危机的经历。高科技企业的部分核心人员因不满原有公司的管理体制或与企业所有者意见不一，或对利益分配不满，自立门户，另起炉灶。新成立的公司往往与原公司业务非常类似，甚至完全一致，在市场上直接竞争，抢占原公司的客户和市场份额。例如，金蝶软件公司掌握核心技术的人员另立山头，推出同样的软件产品与金蝶软件竞争，曾使金蝶软件公司元气大伤。联想曾把中讯公司下属的电信计费软件部门的管理及技术团队全部挖走，导致中讯公司这一业务瘫痪，引起法律纠纷。

因此，不应过分强调资本意志和控股权。资产或者资源必须能创造现金流才有价值。谁控制资产并不重要，重要的是，谁能更有效地使用资产和资源。

成本低、效果好的控制，是以组织能力等软实力优化商业模式，以价值分享或增值方式吸引利益相关者，而不是依赖控股地位或企业内部严格的管理制度。例如，通过股票奖励计划留住掌握现有产品技术诀窍和经营能力的人员；通过合作投资计划留住开发关键新技术、新产品的关键员工，减少增长机会的流失。

企业需要注重增强软实力和商业模式设计能力。通过动态合约设计，以商业模式的系统优势，与利益相关者形成收益激励、违约惩罚、风险分担的动态合约，有效解决信息不对称、逆向选择、道德危机问题，减少管理环节以及协调和监督成本，把利益对立转为一致，客户、利益相关者、企业股东皆大欢喜，和合共赢。

二、路径依赖

每一次新技术的出现，每一次商业环境的变化，都是一次行业洗牌的机会。传统企业青山埋骨，新兴企业星火燎原，“各领风骚三五年”，商界的改朝换代也许就发生在须臾之间。

竞技比赛的成败，往往只取决于一个小小的弯道。但为什么在商界的多次弯道，往往是新兴企业赶超，而不是传统企业保持领先？答案很简单：路径依赖。每个成功企业都有其赖以成功的因素，由于行之有效，久而久之就成为企业发展的规则，内化成企业价值观和企业文化。当市场出现大的变动时，企业总会依赖以往的成功经验去解决新的问题。然而时代变了，如果还用冷兵器时代那套兵法原封不动地对付核武器时代的敌人，早就过时了。此外，新市场和新环境需要新的资源能力，这又往往是传统企业不具备的。旧资源能力不适应新市场，新资源能力不足，前怕狼，后怕虎，这就是传统企业的尴尬境地。

柯达和富士在数码时代来临时的不同反应正印证了这一点。柯达曾经是一个时代的象征，1976年柯达研制出了世界上第一台数码相机，1991年研发出了130万像素的数字相机。这本该是柯达发力数码、继续引领新时代的最好契机，但是柯达沉迷于自己在传统胶片领域的统治地位，对数码相机的高端技术“秘而不宣”，迟迟不在数码领域发力，企图以此延长传统胶片的生命。2003年才开始宣布全面进入数码业务，收购了6家数码印刷巨头，削减传统胶卷业务规模，但收效甚微，最终导致柯达慢慢成为一个时代的背景。

相比之下，曾经是影视时代小弟的富士，拥抱数码的步伐显得更为激进。1988年富士推出了世界上第一台带存储卡的民用数码相机，并将其在传统胶片领域积累的精密化学、感光材料、涂光、光学镜头和图像处理等核心技术不断延伸到平面扫描、医疗影像、生命科学和高性能材料等领域，为数码时代预备了一系列自主知识产权。虽然富士胶卷业务在绝对数量上仍然保持稳步增长，但是在相对数量上却逐步下降。到2007年年初，富士已经形成了影像业务、信息业务、文件处理业务三大支柱业务领域。

新时代的角逐，需要企业破除路径的依赖，主动迎接变革，企业只有不断使自己拥有关键资源能力，才能在行业中立于长久不败之地。

三、从熟悉领域到开拓新疆域

企业重构商业模式，无论是推翻原有模式重新构建，还是基于已有商业模式进行创新设计，都要面临从熟悉领域到开拓新疆域的挑战。面对全新的疆域，企业有不同的战略选择。

腾讯曾被笑称为“经常模仿人，从未被超越”的互联网公司，一度开拓新疆域时选择的就是“跟随战略”。腾讯决定是否要进入某个新业务有三问：一问，这个新的领域自己是否擅长；二问，如果自己不做，用户会损失什么；三问，如果做了，在这个新的项目中自己能保持多大的竞争优势。通过这三问，腾讯貌似激进其实稳健地进入了门户、博客、输入法、邮箱、网络游戏、社区网站、微信等新疆域，并取得不错的成绩。

互联网的一切应用都是最容易被模仿和学习的。腾讯看到一个新的应用，首先是内部研发，研发赶不上进度就直接挖团队，再不行就直接收购团队。腾讯对新项目的获得能力如此之强，以至于风投在看互联网项目的时候，经常要问创始人一句话：假如腾讯进入这个领域，你有什么办法抵挡?

和开拓新业务相比，开拓新市场的招数就更多了，最常用的就是授权，如动漫行业动漫形象的授权、连锁加盟等。迪士尼把自己的米老鼠、唐老鸭等形象授权给玩具，再和渠道商签订授权协议，把授权生产的玩具放到授权的渠道里售卖。我们平时在超市里看到的迪士尼玩具，既不是迪士尼生产的，也不是迪士尼的渠道在销售，而是迪士尼在借助合作伙伴的资源进行扩张。

对连锁企业来说，品牌运营、管理流程是熟悉的领域，当地的资源分布是比较陌生的疆域，通过授权可以很好地达到用熟悉领域的资源去开拓新疆域的目的。例如，浙江一鸣食品股份有限公司旗下的一鸣奶吧门店采取加盟与直营相结合的经营模式，截至2020年6月末，门店总数达1 699家，遍布全国各地，其中直营门店仅441家。

四、自我革命

每一次商业模式的重构都是一次颠覆，对周围环境的颠覆，对行业惯例的颠覆，对企业积累的资源能力的颠覆。而每一次颠覆，都是一次大浪淘沙，有可能会产生更伟大的企业，带给人们更多的福祉，但也可能会是深渊，将企业带入万劫不复的境地。这个过程需要企业家有勇气、对行业有深度了解以及对未来发展有前瞻性。

既然是颠覆，就要自废武功，要把原来杯子里的污水倒掉，这样才能装进更多的纯净水。2015年4月，张瑞敏向时任国务院总理李克强汇报海尔的变革，他对总理说，创业30年虽然获得了很大的成功，但是今天所有的成功经验和管理模式都可能是海尔继续前行的障碍。海尔从1984年创业开始，都是实行跟进战略，他们从美国引进了生产线，从日本引进了管理模式，从欧洲引进了新的管理经验。他们跟在美国人、欧洲人、日本人的后面，亦步亦趋，绕过他们踩过的坑，然后通过规模优势和成本优势完成了一次次超越。但是，今天的海尔是全球最大的白电企业，他们在全世界已经找不到一家对标公司了。当一个人把一家企业变成了拥有两千亿营业额的、全球最大的白电公司的时候，还有谁敢于自我革命，做没有人干过的事情，把公司的产品结构、组织结构、研发体系全部打散，把一个12层级的管理系统变成一个由平台主、小微主、创客集成的扁平化的管理组织。也正因为张瑞敏具有敢于自我革命的勇气，海尔才在互联网冲击下实现转型升级，2021年Brand Z™最具价值全球品牌榜在戛纳揭晓，海尔连续3年以全球唯一物联网生态品牌上榜，品牌价值较2020年提升41%，而该榜单被誉为品牌界的“奥斯卡”。

打破常规，打破惯例，打破经验，甚至是自废武功，这是企业家重构商业模式必须具备的心智和魄力。

第二节　价值颠覆

案例导入　辰颐物语的"价值经"

辰颐物语（以下简称"辰颐"）是社交电商领域的一匹黑马。从2016年3月到如今，从1个人到40 000多总代、10亿特代、服务1 000万终端客户。辰颐是浙江温州一家以社交电商为核心业务模式的电商平台，产品多为水果、生鲜食材和零食，日化品目前只有洗发水和一款面膜。2016年订单量为700万件，2017年订单量为2 000万件，2018年月均订单量为600万件，2019年月均订单量为800万件，2020年月均订单量为1 000万件……时至今日，辰颐已是微商生鲜行业的中坚力量。

1.辰颐坚持原产地直达。公司拥有4个大型自有种植基地，签约100+种植示范基地，合作果园将近500个，专业生鲜仓库45个。每一款水果都是用心选择最佳种植地出品，赣南的脐橙、全国唯一的云南西柚、荔浦的芋头、海南的金煌芒、越南的甜心芒、六鳌的蜜薯、雷州的木瓜、缅甸的黄河蜜瓜、洛川的苹果……

2.辰颐坚持绿色健康理念。现摘现发，产地直达，不提早采摘，不用药物催熟，不打甜蜜素保鲜剂，不抛光，不打蜡，绿色健康，天然的味道。农产品结果时不打药，摘果后不泡药。种植中，使用物理方法抗虫，避免使用化学类药物抗虫。同时，坚持原生态种植、科学种植。

3.辰颐拥有完善的售后服务体系，坏果包赔。生鲜快递过来，可能会出现售后问题，公司不仅包邮，还包售后服务。

4.私域流量是成功的关键。当其他品牌开始做"私域流量"的时候，辰颐已经拥有了百万级的私域流量会员。无数负责家庭物资采购的中等收入家庭女性，从顾客到辰颐会员，一路追随至今达5年。因为辰颐每款产品从不让顾客失望，辰颐终于取得了一大批忠诚顾客的信任。

资料来源：佚名.辰颐物语怎么样［EB/OL］.［2021-12-29］. https://baijiahao.baidu.com/s?id=1720493048649211043&wfr=spider&for=pc.有删改.

思考：

1.你觉得辰颐颠覆了会员哪些方面的价值？

2.你从该案例中可以看出中等收入群体对水果的消费有何特别的需求？

一、价值颠覆的定义

价值颠覆指的是用技术或者新的商业模式让产品和服务变得更简单、更便宜、更便捷（如图9-1所示）。

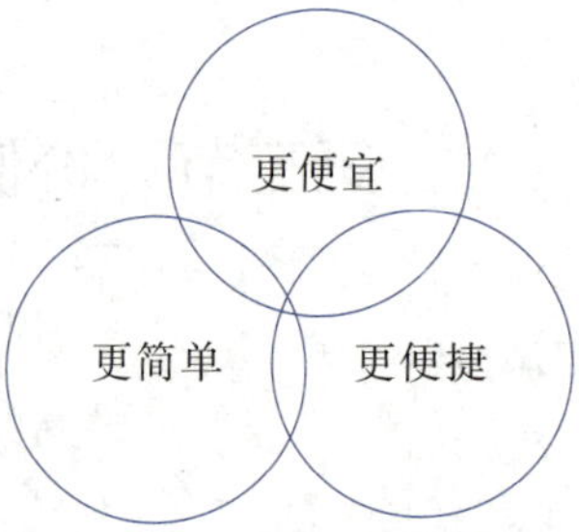

图9-1　价值颠覆的3个维度

（一）更简单

从客户的角度来看，这意味着在产品的使用上从麻烦到方便；从产品功能的角度来看，这意味着产品从复杂到简洁。就未来产品的发展趋势而言，不是把产品的功能变得越来越强大、越来越复杂，而应是越来越简单，越来越容易使用。

更简单并不意味着不专业，相反，更简单往往要求更专业。一个复杂的东西要以简单的方式呈现出来，需要内在技术更加专业、更加强大。更简单是指通过技术上的变革使得复杂性被简化了，从而更容易操作和使用。也正因为这种简化、易操作，因此更多的客户容易接受。

比如，相对专业相机而言，"傻瓜相机"就是一种价值颠覆，它在操作上由复杂变得简单，普通用户也可以直接拿来用。而当手机集成相机功能之后操作变得更加简单，所以当手机像素越来越高、拍照功能越来越强大的时候，大家外出旅游已经可以不带相机了，手机正在逐步淘汰相机这个行业。

（二）更便宜

对消费者来说，不管是低端客户还是高端客户，都希望同样的产品和服务更便宜一点，所以更便宜并不是针对一个市场里的低端客户而言的，而是针对所有的消费者。更便宜不等于低价，也不是打价格战，更便宜是由于技术进步带来效率提升而获得的红利。

使产品更便宜有两种方式。第一种是在产品层面，通过降低成本变得更便宜，可能是利用技术简化产品使成本降低而变得更便宜，也可能是同样的产品利用技术优化成本从而变得更便宜。第二种是商业模式层面的优化，通过改变成本或者收入的整体结构让产品变得更便宜。比如，采用集采、直采等优化供应链的手段，就是利用商业模式的优化使得产品变得更便宜。

无论是第一种方式还是第二种方式，在数字化时代都是很常见的。从某种意义上来说，这些新的模式、新的产品，一出手就针对主流市场，用更低的价格，甚至是免费的方式直接颠覆主流市场。从效率的角度来看，在同样的市场，如果大家的产品是一样的，更高效率的公司将淘汰更低效率的公司。更便宜不是简单地降价，其本质是通过降低成本、优化商业模式来实现与用户达成双赢，所以更便宜在本质上不会降低企业的利润。当然，企业在颠覆市场的过程中，为了打击竞争对手而采用一些极端手法，如免费甚至补贴，则是另外一回事了。

(三) 更便捷

更便捷是针对用户获得产品的便利性和速度而言。更便捷包含两个维度：一是更容易获得；二是更快速获得。比如，微信的存在让社交更便捷；支付宝让人们的支付更便捷；滴滴让我们的出行更便捷；饿了么、美团外卖让我们的用餐更便捷。

电子商务在中国的快速发展，一开始是因为线上渠道相对于线下渠道有成本优势，于是人们享受到了更便宜的产品和服务。近几年，电商的便捷性越来越好，很重要的原因是基于数字化技术的快速物流系统建立了，目前从仓储到干线、支线，再到最后1千米的配送，基本上全程都已经数据化了。电商的送货速度越来越快了，消费者的体验也越来越好了。例如，京东实现了一天两配、当日达、次日达、限时送达；而随着菜鸟网络的不断推进，天猫在物流速度上也逐渐积累了优势。

价值颠覆，其本质就是颠覆者在这三个维度上的发力，要么更简单，要么更便宜，要么更便捷，可以三者兼而有之，也可以先做到其中一种或两种。当这种价值颠覆发生的时候，可能就会直接冲击原来成熟的主流市场，而并不一定会从新兴的市场或低端市场起步。所以，我们看到的都是短短几年时间里，新的行业巨头不断崛起，旧的巨头纷纷谢幕。

二、价值颠覆无处不在

从战略路径来看，价值颠覆发生的顺序首先是零售行业，接下来是供应链行业，最后是生产行业，传统行业几乎没有幸免者。

(一) 电商崛起的核心逻辑是价值颠覆

对零售行业来说，价格便宜是硬道理。从传统的零售渠道来看，几乎每一种新业态的崛起都是由于价格。20世纪60年代，在美国形成的连锁零售与大卖场超市就是打破了原有的零散杂货店格局，这使得中间商加价率有50%~80%的大幅下降，然后沃尔玛靠天天平价做成了当时世界上最大的超市。开市客能在沃尔玛的“封锁”下生存下来并且发展壮大，靠的就是比沃尔玛更便宜的价格。德国生鲜巨头阿尔迪横扫天下，依然靠的是价格。电商本质上做的仍然是零售体系，所以电商崛起核心靠的也是价格，不管是国内还是国外，都是同样的逻辑。

中国电商之所以比美国电商的渗透率更高，一个很重要的原因是，中国传统零售渠道的效率远远低于美国。中国原有的零售渠道环节多，供应链水平差，因此产品加价率高。当淘宝在中国出现的时候，其价格优势是远超美国同行亚马逊的。而在日本，因为线下零售体系效率非常高，线上的价格优势远远不如中国这般巨大，所以线上难以撼动线下。

我国的电商除了最核心的价格优势之外，还是有很多其他方面的优势的，如24小时在线、没有营业时间限制、选择多、没有货架限制、可以在家中坐等送货上门等。正因为如此，线上渠道在逐步成为零售最核心的渠道。当然，行业不同，目前电商的渗透率也不一样，不可否认的是，电商的崛起已经是大势所趋。

虽然电商的崛起并不意味着线下实体店必然被淘汰，但线下零售店的功能必须发生改变，不能只依靠空间价值来卖货，必须更多地承担服务、体验等工作。线上渠道颠覆线下渠道的核心逻辑就是更便宜，这就是电商崛起背后的价值颠覆。

（二）共享经济背后的价值颠覆

近年来共享经济发展迅猛，一度成为资本竞相追逐的热点，从滴滴打车到共享单车，到共享充电宝，再到共享雨伞……各种打着“共享经济”名号的项目如雨后春笋般袭来。共享经济起源于美国，现已席卷全球。美国银行发布的材料表明，在华尔街专业人士眼中，共享经济几乎是21世纪所有商业模式的背后破坏者，并且指明共享经济还有近万亿美元的市场等待挖掘。就中国市场而言，共享经济经过短短几年的时间发展规模已超千亿元，遍及金融、生活服务、交通出行、生产能力、知识技能、房屋租赁等众多领域。

1.什么是共享经济

“人人为我，我为人人”的共享经济，就是将自己暂时不用或者受限制的资源共享给别人，以提高资源利用率，并从中获得回报。例如，个人闲置的资产（汽车、住房、设备）、时间（非工作时间的业务时间）、技能（理发、美甲、烹饪）都可以通过第三方平台分享出去，获得一定的回报。共享经济的本质是弱化资产的“拥有权”，强化资源的“使用权”，把资源更多地利用起来，从而产生更大的价值。

2.共享经济背后的价值

共享经济对消费者的第一个价值在于更便宜。从众多已经在成功运作的共享经济项目来看，以低价切入市场是一种普遍的做法，这也是大多数共享经济项目的核心特征。“如果我们只是要组装一个书柜，完全没有必要为了这30分钟的工作去买一个新的电钻。”共享经济将闲置资源再利用，对物品分享者而言，既没有失去所有权，还通过与别人的分享创造了价值，获得了收益。对使用者而言，共享其实就是“以借代买”“以租代买”，租和借当然要比买更便宜。

共享经济对消费者的第二个价值在于更便捷。例如，共享单车和共享电瓶车解决了消费者最后一千米的交通问题，到处可见的共享单车或共享电瓶车给消费者带来了极大的便利性。类似的项目还有共享充电宝、共享雨伞、共享篮球等。共享经济正是因为在消费者层面实现了价值颠覆，其快速发展也就顺理成章了。

随着数字化技术的不断进步，共享经济平台的能力会越来越强，他们利用资源的效率会越来越高，规模会越来越大，提供服务的速度也会越来越快，所以他们在价值颠覆这条道路上会走得更远。当支付越来越简单、当获得越来越便捷、当获得的成本越来越低的时候，我们会发现，同样的收入，用共享的理念，可以享受更好的生活。

（三）懒人经济蓬勃发展背后的价值颠覆

科技在给我们的日常生活带来极大便利的同时，也催生出了越来越多的“懒人”。对现代人来说，若不想出去吃饭也不想做饭，可以叫饿了么外卖；若不想搞卫生又爱干净，可以上58到家找家政人员；若不想洗衣服，可以选e袋洗；若不想自己烧菜，可以选择私厨平台找好厨师。还有众多的“懒人产品”，如扫地机器人帮你扫地、拖地，懒人衣柜帮你把衣柜里的衣服放好，全自动炒菜锅把调料、油、菜全放进去就可以自动炒菜，水果分割器可以自动帮你把西瓜、苹果切成漂亮均匀的小块……所有的“懒人产品”，本质上是让人们的生活变得更简单。

懒人经济背后是人们生活需求、消费习惯的改变，不但催生了各种“懒人产品”的蓬勃发展，也催生了O2O市场的快速发展。O2O兴起之初，初创企业为了快速拓展市场大多选择“烧钱”，对用户进行补贴以获得流量。比如，网约车推出1元打车服务，私厨花几元可以让星级大厨上门做菜等。这种靠补贴的方式确实在短期内获得了很大的流量，但是当补贴活动做完，如果产品本身的体验感差，用户量就会急速下降。应该说，这些O2O创业企业的战略发力点搞错了，O2O上门服务的核心应该是更便捷的价值颠覆，而部分O2O企业却把核心放在了价格上，人为地把一些便捷体验并不突出的服务项目搞成一派繁荣的假象。其实，价格便宜并不会降低消费者对服务本身的要求；而且O2O平台为了维持低价必须不断烧钱，这又影响企业在服务上的投入，部分O2O企业消亡也就不足为奇了。

O2O模式为消费者提供的核心价值是更便捷而不是更便宜，而越来越多的“懒人”也愿意为他们的“懒”付费，关键是这个“懒”要让消费者的体验感十足，不能仅仅让消费者“懒”了3分、5分，起码得“懒”上50分、100分。

任何行业的颠覆，表面上看起来是新的技术、新的产品或者新的模式，但是背后无一例外都是价值层面的颠覆——更简单、更便宜、更便捷。

第三节　平台商业模式

案例导入　腾讯的小程序在新零售显身手

2017年1月9日，张小龙在2017微信公开课Pro上发布的小程序正式上线。对于腾讯来说，小程序看似只是一个开放平台，实际上却承载了其产业互联网以及智慧零售的核心战略。小程序前身是微信公众号第三方应用，基于去中心化理念，微信采取独特的应用标准来规范第三方应用的创建、发布和运营，开发者基于微信小程序可以搭建轻量级应用，用户无须下载安装，就能用小程序找到所求，所见即所得。

作为国民级超级App，微信流量溢出效应明显，小程序成为溢出通道。对于腾讯来说，小程序不只是可以深挖微信价值，也是产业互联网战略落地的支点。腾讯推出七大“工具箱”：公众号、小程序、微信支付、腾讯广告、企业微信、大数据、安全能力，可见小程序是产业互联网中重要的基础设施。

随着流量红利的消失，电商平台的扣点高、成本高、留存难等问题日益明显，越来越多的商家和企业开始不再依赖单一平台，而是多平台发展，甚至去平台化。企业和商家拥抱小程序这样的“去中心化”平台，运营自有流量。曾经宣称不给小程序入口的微信，事实上给了小程序几十个入口，流量溢出效应明显，小程序成为低成本流量洼地，这正好迎合了企业和商家去平台化的需求。

小程序具有开发维护成本低、应用门槛低、快速获客、提升用户体验等特性，天然适合本地生活服务、电商零售等行业的高频、刚需场景，这些，事实上都是新零售场景。

资料来源：佚名.小程序和新零售，双双涉入深水区［EB/OL］.［2024-05-06］. https://baijiahao.baidu.com/s?id=1632773896375119400&wfr=spider&for=pc.有删改.

思考：

1.微信作为社交平台，你认为开发小程序的作用是什么？

2.作为一家商业企业，如何判断是自建平台更好，还是借助腾讯等大公司开发的大平台发展更好？

2017年1月，阿里研究院发布《数字经济2.0报告——告别公司，拥抱平台》，该报告指出，人类已经由数字经济1.0时代进入数字经济2.0时代，在数字技术的影响下，平台经济体迅速崛起。该报告预测，未来5年，全球将出现首个交易额和市值过万亿美元的平台经济体；未来20年，平台经济或将成为全球“第五大经济体”，将为全球1 000万家小企业的盈利和发展提供支持，为全球20亿消费者提供服务，创造1亿元就业机会。这份报告还指出，2016年12月23日是一个拐点，因为这一天十大平台经济体的总市值超过了十大传统跨国公司的总市值。我们从表9-1中可以看到，十大传统跨国公司的平均年龄为129岁，而十大平台经济体的平均年龄仅为22岁，但是十大平台经济体的总市值已经远远超越十大传统跨国公司的总市值。

表9-1 平台经济体与跨国公司的市值对比

平台经济				跨国公司			
名称	国家	市值（亿美元）	成立时间	名称	国家	市值（亿美元）	成立时间
苹果	美国	7 808	1976	伯克希尔·哈撒韦	美国	4 341	1956
谷歌	美国	6 491	1998	强生	美国	3 596	1886
微软	美国	5 619	1975	埃克森美孚	美国	3 322	1882
脸书	美国	4 841	2004	摩根大通	美国	3 277	1859
亚马逊	美国	4 721	1995	富国银行	美国	2 697	1852
阿里巴巴	中国	3 946	1999	雀巢	瑞士	2 623	1867
腾讯	中国	3 811	1998	沃尔玛	美国	2 455	1962
普利斯林	美国	997	1998	美国电话电报公司	美国	2 394	1877
百度	中国	784	2000	宝洁	美国	2 325	1837
网飞	美国	781	1997	通用电气	美国	2 233	1892

数据来源：阿里研究院。

通过这个对比，我们可以看到：数字化时代，平台开始崛起，世界上最强大的企业几乎都是平台型企业。值得欣慰的是，中国的三大平台企业进入全球十大平台经济体行列，与美国企业共同“瓜分”了这个榜单，这意味着在数字化时代的起跑线上，中国已经走到了世界前列。

一、平台商业模式的定义

平台商业模式是指利用科技连接起生态系统中互动的人、机构和资源，创造意想不到的价值并进行交换。除了阿里巴巴、百度、腾讯，还有滴滴、优步、亚马逊、当当等。每个大平台都专注于某一独特的行业和市场，并且利用平台的力量改变了全球经济的一部分。

平台是一个听起来简单但是具有变革性的概念，它彻底地大范围改变了商业、经济和社会。实际上，只要任意一个行业中，信息是重要的组成部分，那么这个行业就是平台革命的候选人。这里包括一些产品本身是信息（比如教育和媒体）的企业，也包括任何能获得顾客需求、价格变动、供需情况和市场趋势的企业，几乎涉及各行各业。

因为平台最重要的价值是由社群用户创造的，所以平台商业必须将它的工作中心从内部活动转向外部活动。在这个过程中，公司运作模式发生了根本性颠覆——从市场营销到信息技术、运营、战略等，更关注业务外部的人、资源及其作用，以此来补充或替代存在于传统商业模式内的要素。

二、平台商业模式带来的变革与机会

为什么数字化时代平台商业模式如此强大？对一家公司来说，收入规模取决于客户群体的大小，也就是我们现在常说的流量和流量变现的能力。而全球34亿的互联网用户，几乎都掌握在这些超级互联网平台手里。例如，2020年阿里巴巴经济体全球活跃消费者9.6亿人；腾讯微信月活跃用户数达到12.25亿。平台商业模式带来的变革与机会主要有3个方面：

（一）产业价值链的重组——从单边到多边

平台连接了生产者和消费者，弯曲了原本垂直的价值链条。多样化的供给正巧与多元化的需求匹配起来。许多平台企业本质都是一个轻资产公司，无须进行自我研发和囤积产品。他们不需要拓展自己的生产力，仅需将多边不同群体的供给和需求聚拢起来并对其进行投资，建立一个相当于互动媒介的体系，以实现盈利。

（二）关系网的增值性

传统的经济现象将消费时所获得的价值观视为个人层面的东西，与他人无关；然而在现实中却存在着这样一些产品和服务，当使用者越来越多时，每一位用户所得到的消费价值都会出现跳跃式增加。这就是典型的“网络效应”。

网络效应指的是通过使用者之间的关系网络的建立，达到价值激增的目的。网络效应在平台商业模式中可以发挥极大的效应，而平台商业模式也需要利用网络效应持续增强竞争力。多数平台企业不仅能够拓展单一群体之间的关系规模，还能够连接双边（或多边）使用群体，让不同的群体也能通过平台相连而达到为彼此增值的目的。每个人在使用这些平台的产品或服务时，或许并非怀着为他人创造价值的心态，但实际结果却是整体价值的提升。

（三）发掘新的商业机会

第一，摒弃产业链是单向、垂直的看法。平台企业必须同时吸引截然不同的两方（或多方）用户（信息需求者与提供者）以维持事业的发展。百度、谷歌就是从传统的技术供应商摇身一变，转为服务提供商，互联网上无论是企业还是个人，都成了他们的目标顾客。

第二，由传统的制造加工商转变为从产品需求与供应之间的连接点寻找盈利契机。

第三，挖掘消费市场中潜在的网络效应是转型和盈利的关键。平台企业不仅是提供渠道的媒介、提供机会的中间商，它的核心利益是建立起一个完善的生态渠道，让有利益相关性的诸多群体彼此交流互动，实现价值的飞跃。

三、平台的类型

（一）2B平台和2C平台

平台商业模式本质上就是在买卖双方之间搭建沟通、交易的渠道或平台，降低买卖双方的交易成本，以此来获取回报。因此，做平台有个基本前提，就是买卖双方的数量都要大，任何一方如果数量不够，平台的生存空间就没了。就像卖机票这项业务，如果航空公司不断整合，独立运营的航空公司数量不断减少，在携程网上的卖家数量就不够，携程想单纯从卖机票这项服务上赚钱就不太容易了。

我们可以简单地把平台分为两类：以消费者为中心的2C平台和以企业为中心的2B平台。

所有围绕消费者并为其提供服务的平台统称为2C平台，2C平台又可细分为B2C平台和C2C平台，如图9-2所示。B2C平台指的是平台一端连的是企业，另一端连的是个人，如天猫、拼多多等平台。C2C平台，指的是平台两端连接的都是个人，如淘宝、闲鱼、腾讯QQ、微信等。当然，企业也可以以个人身份在淘宝上开店，这实际上把淘宝变成了一个混合型的2C平台。

我们把为企业提供服务的平台称为2B平台，它也再细分为C2B平台和B2B平台（如图9-3所示），如猪八戒网这种平台就属于C2B平台。在现实生活中，最常见的还是B2B平台，如慧聪网、环球资源网等。

（二）互联网平台与传统平台

平台商业模式和平台思维其实并不新鲜，在传统商业时代，早就有人用线下平台商业模式经营自己的生意了。比如，百货公司——综合型的B2C平台；红星美凯龙——家居行业的B2C平台；广交会——综合型的B2B平台；农批市场——农业行业的B2B平台；跳蚤市场——综合型的C2C平台；英语角——社交类的C2C平台……

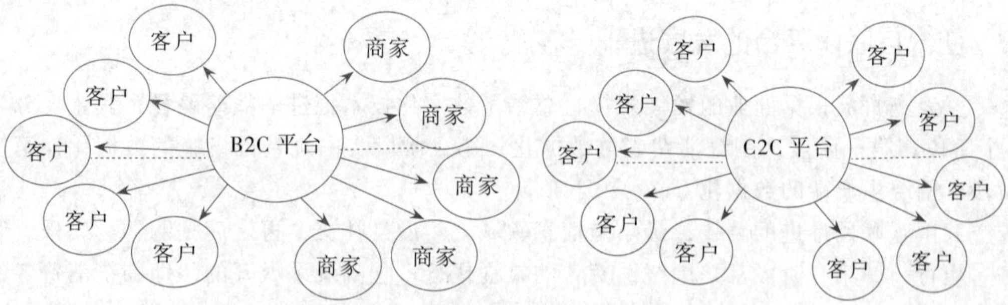

图 9-2　2C 平台的两种基本类型

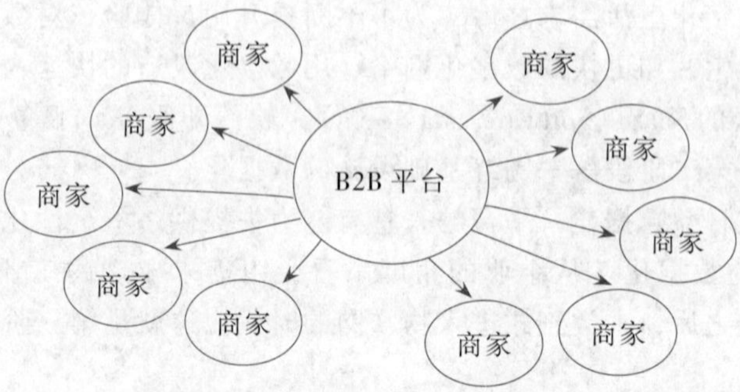

图 9-3　B2B 平台的基本模式

但是传统商业时代的线下平台商业模式有两个限制，无法得到充足的发展。第一个限制是物理空间。广交会、农批市场等都要有实实在在的物理空间来经营这个平台。物理空间的大小直接决定着平台的大小，发展平台必须要重资产。第二个限制是流量限制。任何一个物质世界的平台流量都是有限的，当然这种限制既有来自有限的物理空间，也有来自有限的经营时间。例如，广交会应该是传统平台里流量比较大的了，但其一天的流量也不超过 20 万人次。要发展平台就是投更多的钱，通过加法的方式进行增长。因此，在传统商业时代，实体平台一直做不到超级大的规模，根本不能与传统的大品牌公司相提并论。

在数字化时代，平台商业模式的两个限制被打破了。互联网直接消灭了物理空间这个维度，在互联网上空间是无限的。例如，在线下，广交会服务的厂家和客户是有限的，但在线上，只要平台的服务器容量足够大，所有人都可以在同一时间登录同一个平台，理论上可以服务无限多的厂家和客户。同时，互联网平台还不受营业时间的限制，可以 24 小时开放。当空间限制和流量限制打开之后，用户数量过亿的超级平台就出现了。

但残酷的是，互联网是一个没有边界的、一体化的虚拟世界，在这个世界里，同一细分品类的平台将赢家通吃，二元法则会被打破，取而代之的是唯一法则。在互联网之外的竞争，品类第二名虽然没有第一名那么风光，但还是活得挺“滋润”的。互联网企业之间的竞争则不然，同一品类、同一定位的平台，第二名几乎是无法生存的。

四、互联网平台的发展进程

学者鲍舟波根据商业的发展规律，总结了数字化技术推进的战略路径，其主要分为3个阶段：第一阶段，围绕消费者的数据化；第二阶段，围绕基础设施的数据化；第三阶段，围绕生产端的数据化。

我国互联网推进的路线，最早是信息领域，然后是社交，再之后是购物、娱乐、服务、出行……第一阶段都是围绕消费者的衣食住行、吃喝玩乐展开的，即围绕消费者的数据化。

紧随消费者数字化生活需求之后，为了不断提升用户体验，对数字化时代基础设施的更高要求自然产生，如更快的数字化网络、用数字化改造的快速物流系统、数字化的金融系统、基于云的SaaS（Software as a Service，软件即服务）服务平台、共享的大数据平台等。这就是第二阶段——围绕基础设施的数据化。

随着基础设施日益数据化，平台越来越有能力去提供一些个性化的服务，这些需求直接倒逼供给侧的数据化。从企业的角度来看，由需求驱动的工业4.0才真正有了价值。当这一步完成之后，人类正式进入物联网的时代。这就是第三阶段——围绕生产端的数据化。

数字化技术推进的过程，也是一个个平台崛起的过程。随着消费者数据化的推进，崛起的是2C平台；而随着生产端数据化的推进，崛起的是2B平台。目前2C平台的大格局已定，而2B平台的发展仍方兴未艾。完成了这3个阶段，数字化进程基本结束，万物皆产生数据，万物皆可互联，人类也因此进入全面的人工智能时代。

五、平台生态圈的机制设计

企业要打造平台生态圈，需要考虑如下7方面机制的设计。

(一) 定位多边市场

建立平台企业的第一步，便是确定这些不同的用户群体是谁，以及他们的原始需要是什么。因此，平台企业需要同时制定能够纳入多边群体的策略，做好为每一方使用者服务，这样才能真正有效地壮大其市场规模。但值得注意的是，当一个平台企业对某一群体采取策略性开放措施，这一群体就将成为生态圈中一个独立的边；反之，若该群体的个体完全由平台企业私有，则不能算作独立的边。

(二) 激发网络效应

在人们接触平台生态圈的瞬间，他们便被多种精心策划的配套机制团团包围，这些机制吸引他们入驻到平台内，与其他用户互动，让他们久留而不想离去。如何设计适合自己的产业与服务群体的整套机制是门艰深的艺术，其中的成败关键便是如何运用网络效应。总结一下，激发网络效应的核心还是人们的社交心理需求，手段包括投票、评比、点评、分享、转发与共享、直接参与、等级评定。

(三) 筑起用户过滤机制

某些成员的加入会降低其他使用者的效用和意愿。不慎纳入不良用户，甚至可能导致欺诈等严重行为。而一旦平台企业建立生态圈的初期即拥有完善的配套机制，便不用再惧怕用户群体规模大幅度增长时可能带来的一些问题。

也有平台企业制定出一套激励机制，让提供真实个人资料的用户获得更多的回报。在提升用户自身信誉的同时，也“诱导”他们更深地陷入平台生态圈。在这样渐进式的引力作用下，用户很快就被拉入生态圈的循环作用中。因此，这套体系不仅通过身份和实际值来促进个体用户与平台的成长，也开启了群体方的交流、互动和评比。因此，建立一套机制体系，使生态圈里的多方参与者能评论彼此的表现，是最有效的用户过滤机制。我们可以看到，当今电子商务平台建立的用户彼此评分机制，均是为了健全交易机制，区分优劣产品、协助精确配对。

（四）设定付费方和被补贴方

双边模式代表平台生态圈所连接的两组使用群体被视为两个不同的市场。这两个市场都可能带来收益或产生支出。补贴就是平台企业对于某一方群体提供免费的服务，借以吸引该群体成员入驻自己的生态圈，并以此为筹码，转而吸引另一方群体。平台企业为一边市场提供费用上的补贴，借以激起该群体中的人们进驻生态圈的兴趣，我们将此群体称为被补贴方。反之，平台另一边的群体则能带来持续的收入以支撑平台的运营。

（五）赋予用户归属感

一系列的互动机制打造了环环相扣的体系，促进了平台中的双边群体在与对方交流中找到各自的归属，并与对方一起扎根于此生态圈。传统零售业吸引顾客不停光顾，依赖的是商品、服务、便利等顾客价值，平台型企业核心仍是给顾客提供愉悦的互动体验。

（六）开放式策略和管制式策略选择

这与平台企业的战略选择有关。开放式策略在初期阶段更容易吸纳多边进入，但容易造成后期管理危机；而管制式策略在初期可能需要很大的推动成本，需要有顶级的价值点设计，但后期在封闭系统中的自循环效率更加突出，像苹果公司，一直坚持自身的操作系统，不与其他系统兼容，经历过生生死死才成功。如果没有苹果手机的超级体验，可能今天苹果仍是一家游走于边缘的公司，封闭管制可能还会受到诟病。

（七）确定关键盈利模式

盈利模式是企业在不同时期需要给出的战略决策，免费、收费及向谁收费是核心的话题。要生存、要盈利是所有平台最后都必须回答的关键问题，滴滴打车用免费模式补贴了用户和出租车司机很久，到今天我们仍没有看到更好的盈利模式。从本质上说，打车软件只是提供了快捷沟通的工具，平台的打造还需要更多的机制设计，单价过低、缺少补贴源头等因素，决定了打车软件只能是其他平台的一项功能，而很难有反向功能嫁接。找到平台的双方并不难，难的是如何设定最后的走向。对很多平台来说，盈利模式的关键到最后都以巨大的流量来实现某边或多边收费，但能不能最终实现，取决于平台的积累。

六、平台商业模式的发展

（一）2C平台商业模式的发展

2C平台的发展可以细分为以下3个阶段，如图9-4所示。

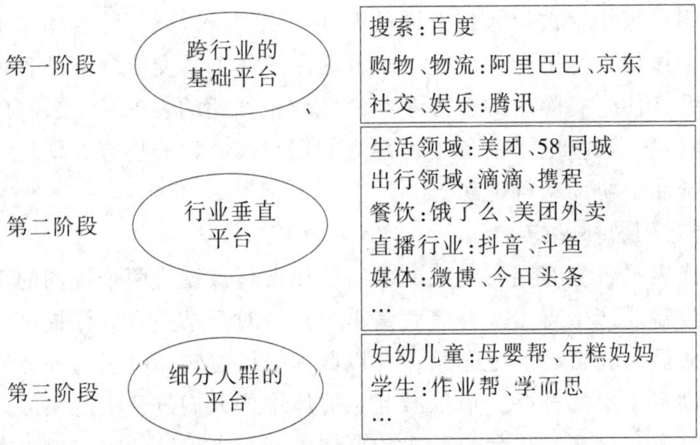

图9-4　2C平台发展的3个阶段

1.第一阶段：跨行业的基础平台

从逻辑上讲，2C领域一共有4个大赛道：连接人与信息的基础平台、连接人与消费品的基础平台、连接人与人的基础平台、连接人与服务的基础平台。

目前来看，中国的互联网三大巨头（BAT）已经占领了3个大赛道，百度是连接人与信息的基础平台，阿里巴巴的淘宝和天猫是连接人与消费品的基础平台，而腾讯的QQ和微信则是连接人与人的基础平台。这3家企业构成了中国数字化时代的基础平台，3个最底层的流量入口占据了用户的大量时间，难以替代，也难以超越。作为基础平台，都是跨行业的，价值大多在千亿元之上。目前在连接人与服务的赛道还有较大市场发展空间。

2.第二阶段：行业垂直平台

基础平台有一个特点，其一律都是由互联网技术公司主导的，这与线上电商要解决的主要是互联网技术问题有关。但是在服务领域，完全不懂服务行业的互联网技术公司不可能再那么轻易地获得成功，因为服务是个性化的，每项服务都有不一样的标准、流程、偏好等。

连接人与服务看起来是个大赛道，其实这个大赛道又细分成了无数小赛道，很难出现一家平台公司一统天下。比如，生活领域有美团；求职领域有前程无忧、智联招聘、猎聘；分类信息领域有58同城；打车领域有滴滴；在线旅行社领域有携程、去哪儿；餐饮领域有饿了么、美团外卖；直播领域有虎牙、YY、天鸽互动；陌生人社交领域有陌陌；知识服务平台领域有得到、樊登读书会……

服务的属性决定了在连接人与服务这个大赛道崛起的应该是各个具备不同服务类型的、分散的、小而专的行业垂直平台。和基础平台相比，行业垂直平台的应用场景是单一的，比如，消费者只会在点餐的时候打开饿了么，用完即走。和基础平台比起来，行业垂直平台的价值要差一个级别，大多在百亿美元级别。相对来说，使用场景多、盈利模式成熟的平台，市场价值要高些。

在这个赛道，围绕客户端的行业垂直平台发展到今天，大部分格局已定，每一个平台的竞争对手多以合并收场，如滴滴和快的的合并等。此外，随着技术的发展和消费者需求的出现，行业垂直平台经常会有新的风口形成，每一个新的风口出现后，在资本的推动下，2~3年就会结束竞争，最后形成赢家通吃的局面。

3.第三阶段：细分人群的平台

还有一类平台是针对某些细分人群产生的一些功能独特、小而美的平台。例如，针对学生的平台作业帮、针对孕妇的平台母婴帮等。这类平台通常不仅仅是售卖针对某独特人群的产品或服务，其本身还是一个针对某细分人群的超级社群。

这个平台的机会永远都存在，人以群分，未来永远有针对某些特定人群提供一些特殊服务的平台机会。

（二）2B平台商业模式的发展

1.2B平台的发展阶段

2B平台的发展主要分为以下2个阶段。

（1）第一阶段：B2B1.0阶段，以跨行业B2B平台为主。

如果把B2B的电子商务看成信息流、资金流和物流的合集，那么初创期的阿里巴巴和慧聪网之类的B2B平台其实只是做了信息流这个环节，而物流与资金流需要深入行业运营的每一个细节中，熟悉这些细节需要大量的行业经验积累。1999年成立的阿里巴巴，只是把企业的供求信息放到网上，提供信息的匹配而已。所以，在这个阶段，此类平台有很大的局限性。第一，其盈利模式单一，互联网上的大量信息都是免费的，想通过供求信息这类费用赚钱是比较难的。第二，能够在平台上发布信息的企业数量有限，做不大。

（2）第二阶段：B2B2.0阶段，以行业垂直平台为主。

一个行业的平台只有做到信息流、物流和资金流三流合一，才能大幅提升这个行业的效率，这个行业的电商化才真正有价值。B2B2.0阶段就是三流合一的产业互联网阶段。

在B2B2.0阶段，真正的主角并不是这些跨行业的平台，而是从行业里成长起来的行业垂直平台，如钢铁行业的找钢网、电子元器件行业的科通芯城等。以科通芯城为例，图9-5是它的平台商业模式，从中可以看到其提供直销和平台的功能。一方面，科通芯城通过集采获得价格优势，直销给蓝筹客户和中小型客户；另一方面，平台也开放给其他小型供应商。显然，这种结构的行业垂直平台不是行业外的互联网公司轻易可以做到的，这就给了传统行业中的龙头企业一个向互联网转型的机会。

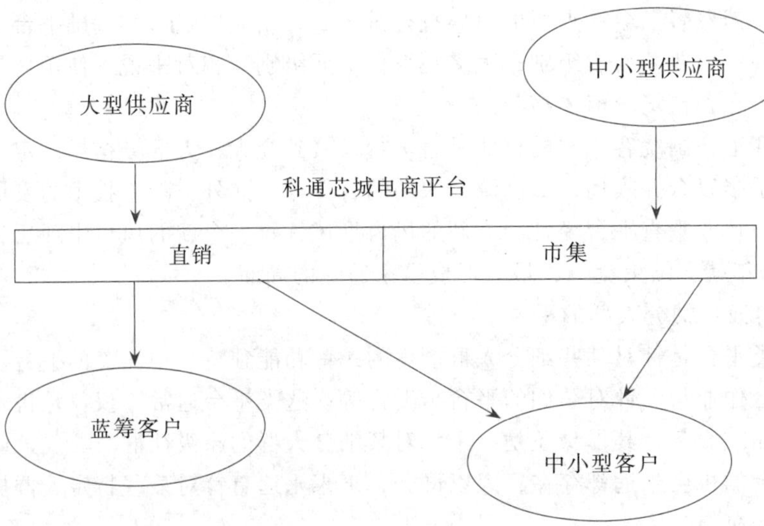

图9-5 科通芯城平台商业模式

从B2B平台的发展机会来看，随着数字化时代的发展，取代大批量、大规模生产方式的是个性化、定制化的柔性生产，这对供应链造成的影响是：生产企业的采购将发生变化，其周期越来越快、量越来越小、非标准化需求越来越多。这意味着B2B平台有着巨大的发展空间。然而到目前为止，大量传统行业的B2B平台迟迟未见动静。这主要有两方面原因：B2B平台的交易通常比较复杂，互联网科技公司在B2B平台几乎个个都栽过跟头，没有传统企业行业专家的参与，几乎不可能把这类平台做成；另一方面，产业链条上的传统企业对互联网有着天然的抗拒和躲避，其本身反应也比较迟缓。

而纵观B2B平台从1.0阶段到2.0阶段的发展，我们可以看到，随着数字化时代在基础设施方面的推进，特别是类似菜鸟网络这种全国性快速物流服务平台的建立，以及这种供应链金融服务平台的不断推进，B2B平台三流合一的大机遇时代已经到来了。谁能整合上下游需求，增进产业链上的信息透明度，降低供应链成本，提高产业链整体效率，率先行动，谁就有可能构建起一个行业B2B平台，也就有可能成为这个行业的数字化生态主导者。

B2B平台的市场将是一个几十万亿元级别的市场，远远超过面向消费者的平台的市场交易量。在那么大的交易量里面，平台只要有1%的货币转化量的能力，就是一个几千亿美元的市场。随着数字化时代在基础设施方面不断推进，相信这个市场最终会爆发。对大多数传统企业来说，这是一个巨大的转型机会。大部分行业的产业链都会有一个平台生态的出现，这个热潮在未来5~10年将成为投资的新风口。

2.2B平台商业模式的关键成功要素

2B平台商业模式的关键成功要素有以下几点：

（1）平台两端要足够分散。

平台两端的集中度不能太高，越是分散的行业，原本的效率就会越差，平台的价值也就越大。一般来讲，凡存在线下专业市场的行业都适合做垂直平台，因为它们都符合两端分散的特点，如服装辅料平台、电子元器件平台等。

（2）要由行业内专家来运作。

隔行如隔山，只有行业内的专家才清楚行业的特殊规则，因此，面向企业的平台最好是由行业内的专家来运作。本质上，做行业垂直平台的真正难度不仅仅在于互联网技术，还包括行业的经验和资源。根据埃森哲的研究和估计，起码有60%的B2B领域的数字化将是由产业链内部专家来完成。

（3）必须满足价值颠覆的原则。

对平台的用户来说，平台的存在一定是交流和交易更简单、更便宜或者更便捷的，能给平台参与者带来实实在在的好处。就像面向消费者的电商平台，人们之所以会选择在线上购物，就是因为线上的东西更便宜，且找东西更方便。所以，一个B2B平台要成立，一定要能解决客户的某个痛点，能为客户提供实实在在的价值。

（4）整合第三方服务，最终实现三流合一。

未来，一个行业垂直平台要实现三流合一，必须将第三方的服务整合进来，如物流、供应链金融，没必要所有的事情都自己来做。只有这样，才可以大幅提升行业的效率，行业垂直平台才真正有意义，围绕平台的行业生态才能真正建立起来，而未来每个行业都会有一个数字化的生态系统。

（5）平台企业的核心是数据和算法。

由于大量的参与者集中在一个平台上，因此一方面规模效应出来了，另一方面为信息流的统一带来了好处，可以用算法作更好地匹配，提高行业的效率，解决行业的痛点。例如，物流行业之所以效率不高，是因为每天都有大量的空车在全国各地空跑，如果把物流的运输公司和第三方货运代理整合在一个平台上，通过智能算法匹配，就可以让公路上空载的车慢慢消失，可以想象这将带来多大的价值。

七、企业的选择：自建还是融入

在数字化时代，平台商业模式将是最为核心的商业模式之一，平台无处不在。从图9-6中，我们可以看出，不论是原材料的供应商，还是制造商、品牌商、分销商，任何一种企业都将被整合到各类平台中。企业的销售端将被整合到B2C平台中，企业的供应链将被整合到B2B平台中，企业可以使用各个平台上的物流服务、金融服务，甚至是基于大数据的精准营销服务。未来，平台无处不在，绝不会有“孤岛”型企业的存在。

未来的企业是应该选择自建平台，还是融入别人的平台中呢？我们一起来了解一下这两种平台商业模式。

（一）自建平台

自建平台的好处是不言而喻的，可以掌握更多的话语权，未来可以建成行业的平台生态圈，获得更大的利润及更多的可能性。但是自建平台到现在，竞争已经进入白热化阶段，容易做的几乎都被做完了，剩下的都是有难度的了。对于很多中小成长型企业而言，此时再想自建平台，难度非常大。

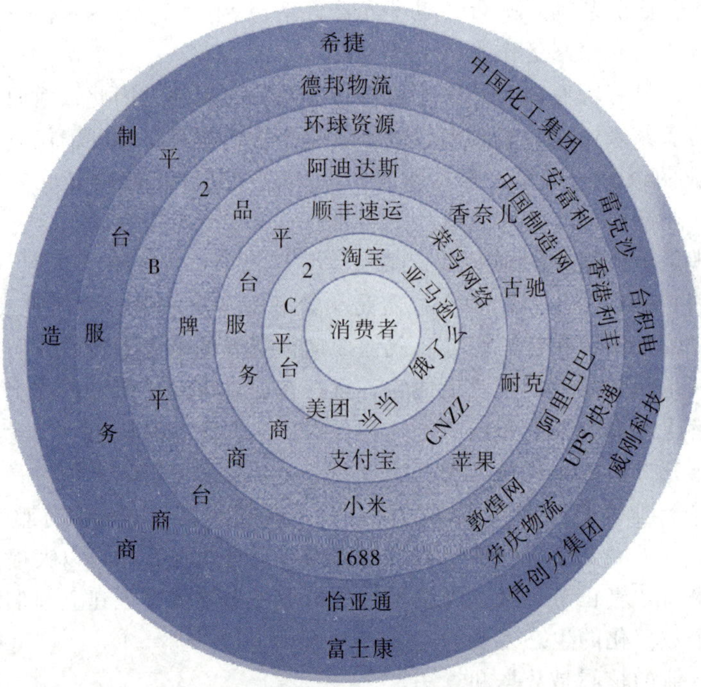

图9-6 平台经济体模型

资料来源：鲍舟波.未来已来——数字化时代的商业模式创新［M］.北京：中信出版社，2018.

现在自建平台需要具备以下4方面的能力：第一，需要有较强的产业链整合能力；第二，需要有足够的资金支持，因为流量在不断增加；第三，需要有在细分行业打硬仗的能力，未来所有平台的竞争将非常激烈和残酷；第四，需要对行业有深度的认识和长时间的培育，平台是对一个行业的再造，要想自建好，不仅要找到一个切入口，更重要的是，需要不断提升平台两端客户的数字化运用能力。

对于企业而言，要自建平台商业模式，尤其需要注意以下两点。第一，自身角色要转变。企业不再是一个生产者或者销售者，而应该是整合者、协调者和管理者。例如，电商平台连接了商家和消费者，在促成交易的同时，还有一套好的平台治理机制来协调、管理他们之间的关系，以保证产品和服务质量。第二，平台的服务对象不再是单边群体，而是多边群体，也就是说企业要为平台上的所有成员创造价值。例如，微信的服务对象不仅是消费者，还有开设公众号的自媒体、出售商品的商家和投放广告的广告主。

对于中小成长型企业，一无行业实力，二无技术实力，三又资金紧张，在选择自建平台时务必谨慎。

（二）融入平台

对于大多数中小成长型企业来说，更明智的选择是融入第三方平台，做一个专业型选手。融入第三方平台的优点很明显，企业可以借助平台上的资源优化自身的价值创造能力，大幅改善企业的资源获取能力和效率。甚至借助第三方平台，企业可以把一些非核心业务外包，从而获得成本优势。比如，第三方众包物流平台“达达”，可以使企业配送成本由原来的15元下降到3元左右，这对商家来说既可以减轻运营成本，同时提高了配送效率。

第三方平台打破了中小成长型企业经营空间的限制，使企业之间没有了地域之分。当小企业或个体接入平台后，他们将更加灵活，可以在世界范围内寻找客户及合作伙伴，参与全球竞争。根据埃森哲对100家中国中小企业的调查，有94%的中小成长型企业表示它们已经或计划和第三方平台合作，有93%的中小成长型企业认为第三方平台在其未来的业务发展中将发挥着重要或者非常重要的作用。而中小成长型企业和第三方平台合作的主要目的是，提高获客能力，降低营销推广的成本，以及获取供应链服务。

融入第三方平台的劣势也同样明显，那就是企业将只是第三方平台的一个“配套商”，游戏规则将不掌握在企业手里。一旦第三方平台改变游戏规则，就会给企业的经营带来很大的风险，甚至有时候企业还会受到第三方平台的胁迫。当然，成熟的第三方平台也不会天天改变规则，它的发展方向也是要为平台的所有使用者创造更大的价值。大平台和中小企业之间总是会存在利益不一致的时候，所以企业选择进驻什么样的平台需要谨慎。

未来，整个世界将被平台分割，每个平台都将形成自己的生态。在数字化新世界，数据将是最核心的能源，数据也是控制这个新世界的基础能源。而这些数据流淌在一个个平台上，这些平台又把这个新的世界里的人、产品、渠道商、供应商、生产商等所有商业要素连接在一起，然后进行有机地组合，高效地完成商业的交易活动。

实例分享9-1　京东商业模式分析

京东集团，以线下起家，后转战电商平台设立了京东商城，在自营式网络零售领域已经处于国内领先地位，在B2C电商平台领域，与天猫商城一起被列为国内巨头。2014年5月22日，京东集团顺利在美国NASDAQ证券市场挂牌上市，是中国首家在美国申请IPO成功的自营电商企业。经过多年的迭代，京东集团已经从“自营模式”转向以“自营为主，以平台为辅”的商业模式。

京东集团围绕为网络大众消费者及第三方平台商家提供多、快、好、省的价值主张，构建了4个方面的核心优势。

1. 最大的自建物流和仓储系统。京东集团的物流集成设施是全中国电商领域中规模最大的，具有中小件、大件、冷藏冷冻仓配一体化服务电商物流仓储系统，在全球也处于领先地位。截至2017年年底，京东集团就已经在全国建有8大物流中心，占地总面积达到1 000万平方米，大型仓库的数量是486个，京东的物流配送队伍已经拥有9万人，目前主要业务有京准达、极速达、211限时及次日达等。

2. 自主研发的信息系统。京东的信息系统主要包括了管人、管钱、管物的功能。管人是依靠公司人力资源系统，管钱是依靠公司的财务信息系统，管物是依靠库存管理、物流管理等信息系统。京东集团的信息系统非常强大，它把下单、支付、发货流程细分为34个环节，这个系统小到可以监督配送员用了多少胶带和纸箱，大到可以直接在线向供应商下订单。在京东集团把控流程中，尽可能多的环节用以提升供应链的效率和服务品质。

3.渠道商业化，重视合作方。2012年与2013年，京东集团启动了渠道商业化战略，不再跟经销商合作，而是与品牌商直接合作，京东对供应商的付款周期在40天左右，与供应商形成了互利共赢的局面。

4.打造完美的用户体验。京东集团自成立以来，持续不断地完善用户体验，主要包括三个方面：第一，坚守正品行货、不卖假货的底线；第二，实行低价销售；第三，打造无缝的完整服务链条。产品、价格、服务，是三个决定用户体验的因素，京东集团依靠自身物流系统、信息系统、财务系统的支撑，将三者有效地进行了融合，打造了完美的用户体验。

资料来源：佚名.案例分析：京东商业模式解析［EB/OL］.［2024-06-11］. https://zhuanlan.zhihu.com/p/73204258?utm_source=qq.

第四节　跨界融合

案例导入　稻花香从野蛮生长到被迫改革

稻花香作为一个农民创办的企业，由1992年年产千吨的乡镇酒厂发展而来。这个阶段产能的快速扩张，加之地方酒企的相继崛起，酒企特别是地方酒企由“产能为王”开始转向“渠道为王”时代，即谁的产品能快速直接地抵达更多消费者，谁就能占领更大的市场份额。此时稻花香发起“蝗虫行动”：100个人、100辆车、100个司机，一次铺货一个乡镇，寸店必争，寸土必争，每一个地方只要有稻花香车队经过，哪怕是不卖酒的夫妻店，也要放一箱酒。就这样，先乡村后城镇，先中小城市后大城市，先区域占领后整体覆盖，先稳取后集中攻坚，稻花香逐步夺取整体上的优势和主动权，从而实现从弱到强、由小到大。1999年，稻花香销售收入高达8亿元，位列全国白酒行业综合实力第十强。2011年，稻花香酒入选“中国新八大名酒”，集团销售收入突破100亿元，成为湖北农产品加工业中首家过百亿的企业。

2012年塑化剂事件、“禁酒令”等政策，对白酒业造成了冲击。产能下滑、酒企缩减，以及消费观念的转变，让白酒业进入“品牌为王”的时代。此时，酒企比拼的不仅是品质、渠道，更要比拼品牌影响力。在这样的背景下，一些全国知名品牌如五粮液、泸州老窖和一些区域龙头品牌如洋河等，利用品牌影响力不断向全国扩展，挤压地方品牌的市场空间，稻花香的优势已经不再明显。稻花香也意识到这一变化。稻花香的应对之策是，打造以白酒为主业，以物流、配套、文化旅游为辅的“一主三辅”产业集群，一体发展。2013年7月，三峡物流园开业；2015年8月，小微企业创业园破土动工；2016年5月，稻花香文化旅游产业项目试运营。2016年年底，稻花香集团再迈新台阶，年销售收入突破500亿元。

自2017年至2019年，稻花香白酒营收的占比分别为4.6%、4.75%和4.85%，连续三年不足5%，一家白酒企业的主业居然表现得如此不尽如人意。2020年上半年，稻花香酒业营业收入为10.62亿元，同比下降22.76%，其中白酒收入为9.3亿元，同比下降25.12%。这到底是品牌创立之初的先天不足，还是早期野蛮生长的策略留下的后遗症？想要跻身白酒中高端市场的稻花香主业不红成为不可回避的事实。

资料来源：杨越.从野蛮生长到被迫改革，千亿稻花香路在何方？[EB/OL].[2021-07-14]. https://new.qq.com/rain/a/20210714A01C2I00.

思考：

1.你觉得稻花香在“禁酒令”政策出台的时代背景下，发展多元化战略的选择是否正确？

2.对于一家以白酒发家并为主业的企业，白酒营收占比仅不足5%，你认为是否合理？

一、跨界的本质

“跨界”这个词很时髦，我们几乎可以在各个领域里听到，例如，在综艺节目中有“跨界喜剧王”“跨界歌手”“跨界明星”等，在企业经营中我们可以经常听到“跨界营销”“跨界供应”“跨界思维”等。

从企业战略角度来看，企业跨界的本质其实就是企业多元化，它只不过是企业多元化的一种更为与时俱进、形象的说法而已。

“多元化”这个词是1957年由美国的战略学家伊戈尔·安索夫（Igor Ansoff）提出的。企业多元化是指企业在原主业范围以外的领域从事生产经营活动，它是与专业化相对的一种企业发展战略。从经营状况来看，多元化与专业化区分的标准是“某类产品销售额占企业销售总额的比例”。当这一比例为95%~100%时，我们称其为企业专业化；当这一比例小于95%时，我们则称其为企业多元化。

企业多元化可分为4种类型：水平多元化、垂直一体化、同心多元化、混合多元化。水平多元化，是指针对同类客户开发出新产品；垂直一体化，是指企业向产业链的上游或者下游拓展业务；同心多元化，是指以企业原有能力为基础的多元化，又可细分为销售技术相关型、销售相关型、技术相关型3类；混合多元化，是指向不相关的行业发展。

其中，前3种类型都属于相关多元化，第4种则属于非相关多元化。而跨界，指的是多元化中的同心多元化和混合多元化。

二、跨界的关键要素

有些企业通过跨界获得了巨大的成功，而有的企业却倒在了跨界的道路上。透过现象看本质，跨界问题的本质是一家公司该如何获得增长。一家公司的增长可以通过4种增长战略（如图9-7所示）来实现：一是自身专业化，指将公司能力聚焦在产品、地域和客户扩张方式上；二是横向一体化，指水平地并购、整合自己的竞争对手；三是相关多元化，其包括水平多元化、垂直一体化和同心多元化；四是非相关多元化，又称混合多元化，指进入与自身企业不相关的行业。

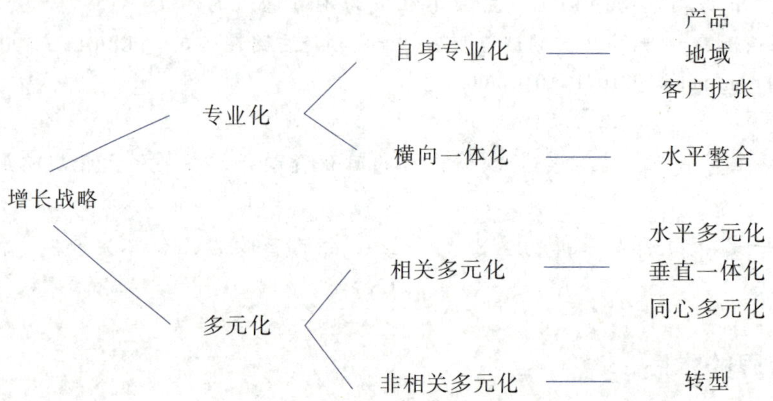

图9-7　公司的4种增长战略

企业跨界要考虑两个关键要素：一是企业的发展阶段；二是企业的资源和能力。

（一）企业的发展阶段

企业要不要跨界，究竟要做哪种形式的跨界，这是由企业自身的发展阶段决定的。

在初创期，企业应该为生存而奋斗，领导者的全身心投入和资金平衡是企业增长的关键。因此，企业这时不应该进行任何跨界，而必须聚焦，做减法，实现自身专业化。不管企业家或合伙人多有经验、多有能力，外面的机会多么诱人，都必须专注在企业的核心业务上。

当企业在行业内建立了一定的市场地位后，其生存有了保障，一般而言，将迎来成长期。这时企业的产品已经被市场认可，客户数量在不断增长，企业应该把注意力放在运营绩效的提升上，追求收入和利润的双重增长，完善公司内部管理、业务运作机制，并建立起相应的管理制度与流程。在能确保现金流和主业发展所需资金的情况下，企业可以尝试进行水平整合（横向一体化），整合更多的资源、产品来为客户提供更多的选择。这时的跨界，本质上仍然是为了加强企业在主业上的竞争优势。

接下来是成熟期。对企业而言，这就犹如人到中年，企业地位开始稳固，应注重创新精神的培育，以避免企业僵化、老化，此时企业可以尝试进行相关多元化（包括垂直一体化、同心多元化）。垂直一体化是指企业在产业链上的延伸，进一步扩大企业的竞争优势；同心多元化则是基于核心技术的优势，向其他新的市场进军。在成熟期做一些相关多元化，对企业而言也是非常有必要的，能帮助企业保持较强的活力，从而进入可持续发展阶段。

在可持续发展阶段，企业的竞争力比较明显，主业现金流非常充沛，企业可以开始考虑非相关多元化，也就是进入跟客户、主业以及自身资源毫不相关的一些行业。这个时候的非相关多元化是基于对未来的趋势把握，是为了防止企业盛极而衰所作的战略部署。如同复兴集团董事长郭广昌所言："当一个生意门庭若市的时候，也就是该考虑转型的时候了。"

（二）企业的资源和能力

随着发展和壮大，企业掌握的资源和能力也在不断由弱变强。企业能不能跨界，还要看企业掌握着什么样的资源和能力。例如，企业有没有跨界行业的相关资源，有没有实力担当的领头人和团队等。

联想分拆曾进行过两次跨界，结果却迥然不同。联想进入互联网、信息技术服务和数码产品领域的相关多元化本以为成功把握比较大，反而失败了，2003年联想不得不卖掉网站，于2004年将其信息技术服务与亚信重组。而联想另一个非相关多元化，即成立联想投资和融科智地，进军投资和房地产领域，却非常成功，一直发展到现在。同一家公司，同样的阶段，两次跨界，为何以为更容易的相关多元化失败了，更难的非相关多元化反而成功了呢？

联想高层曾对失败的跨界进行复盘，结果认为，当时的战略分析和战略判断都是正确的，在执行上出了问题。其原因在于领军人物杨元庆的能力太优秀了，他对电脑市场有超强判断力，其团队养成了依赖杨元庆作决策的习惯，但是他的时间有限，这就导致决策拖延。正是因为有这次跨界的经历，柳传志退居幕后，并总结出他应该做的两件工作：判断能不能投资——选择机会；选拔领军人物。

三、跨界的核心

未来的商业世界是"无边界"的，是否有足够的开放性是评估企业跨界能力的一个关键因素。颠覆性创新如果只是在一个封闭的内部系统内进行，则很难实现。开放是跨界的核心。只有以高度开放的心态去深刻地洞察企业的跨界战略，才能深入思考和设计具有创新性的商业模式。

马云曾表示，阿里巴巴的目标不是去做一个"帝国"，而是更希望去构建一个生态系统。在开放的互联网世界，只有把企业的内部生态圈延伸出去，和外部的生态系统进行协同、交互，跨界的力量才能有效地推动创新。

开放是融合的前提，也是跨界思维的核心。在现代开放的商业生态系统中，只有通过跨界才能发现与外界其他要素之间的联系，进而探索跨界合作的规则。

四、跨界是一个系统的工程

无论是"互联网+"的模式还是行业跨界的模式，系统重组能力都是跨界成功与否的关键所在。跨界需要在组织系统实现新的组合，而非物理意义上领地的拓展或简单的行业延伸。这要求企业能整合内外部资源，开拓固化的组织边界和原有的系统结构。就像碳元素一样，可以组成石墨，也可以组成砖石，结构变化的本质是产生一种全新的物质。

如果企业没有足够强大的系统重组和系统再生能力，而只是为了跨界而跨界的话，那么盲目进入陌生的领域，将会陷入非常危险的境地。真正成功的跨界必须能颠覆组织的内部系统。即使在思维、战略上进行了跨界，如果组织管理各方面没有系统地调整，跨界成功率也不高。

另外，跨界的过程需要强大的创新动力来推进，只有具备高度协同化、动态化、灵活可变的柔性组织，才能在系统重组的过程中达到"动态调适"的效果，并输出强大的创新动力实现成功的跨界。

五、跨界成为数字化时代发展趋势

对于一家企业来说，跨界不是想不想的问题，而是时机和能力的问题。从企业所具备的资源和能力来看，要考虑有没有好的领军人物，有没有技术资源，有没有客户资源。

在传统的工业时代，跨界相对比较难，成功的企业很少，原因有以下两点：第一，工业时代的大规模生产，其产业链的分工很精细，甚至每一个零部件都存在专家级别的企业，因此很难跨界；第二，行业与行业之间的边界非常清晰，每个行业都有自己的特性，隔行如隔山。在工业时代，我们可以看到大量专业化的公司获得成功，如格力电器、万科地产等；而盲目跨界的公司则不断倒下，如春兰空调跨界进入摩托车、房地产、新能源等领域而陷入衰退。

但是在数字化时代，跨界已经成为一种普遍的发展趋势。数字化时代的跨界之所以变得容易了：一方面是因为行业的边界被数据和算法击穿，数据和算法能力可以迅速累积行业经验；另一方面，不管是客户资源、技术资源还是资本资源，对企业来说，在数字化时代获得资源变得容易了。

本来泾渭分明的行业在数字化时代有了共同的属性，那就是数据，数据直接击穿了行业的边界。不管是哪个行业、哪个环节，当被信息化了之后，整个行业的大量数据就被存储下来；随着大数据挖掘技术的发展，不管是哪个行业，都可以通过这些数据和各种算法来分析、优化行业的效率。这种以数据和算法为核心的分析能力和优化能力，将远远超过过去被人掌握的行业经验，外行干掉内行将不再是痴人说梦。

除了行业经验外，数字化时代的企业获得资源也比之前容易多了。比如，云计算已经成为互联网创新创业的基础平台，为年轻的创业群体提供了更便捷的创业工具和环境。

因此，与工业时代主要基于物质资产（高资本投入）的创业不同，大数据时代的创业更多地基于创意和数据（低资本投入）进行，这就意味着更多的小企业和普通创业者基于共享、高效、低成本的互联网技术平台（阿里云等）和商业平台（淘宝、应用商店等），能更容易、更快速地启动一项新的业务、新的公司，并且在很短时间里获得大量的客户资源。他们一旦圈定客户，则有极大的动力去延伸其产品和服务，增加自身更多的盈利点。例如，互联网O2O公司“e袋洗”，一开始做的仅仅是洗衣服务，当其用户达到一定数量级，立刻就延展到了奢侈品养护、清洗家纺、洗鞋等业务上，甚至一度延伸至社区服务。

除了创业工具和环境的利好，中国的资本也在助推数字化时代新兴企业的发展。只要风口出现，资本将蜂拥而至。数字化时代是一个有中心、无边界的时代，在这个时代跨界将成为大趋势。

六、数字化时代跨界的两种形式

数字化时代的跨界形式主要有两种：一是产品智能互联导致的跨界融合；二是客户被大量聚集导致的跨界融合。不管是哪种跨界融合，最后都将形成以平台为核心的生态模式。

（一）智能互联导致的跨界融合

物联网的重要特征就是万物都将智能化，都将互联，智能互联产品将会扩展至整个行业。未来的竞争焦点会从独立的产品到包含相关产品的系统，再到连接各个子系统的整个系统。比如，未来一个家庭里所有的电器和家居用品都会被连接起来，构成智能家居系统。这时候就绝对不是单个产品如何产生数据，如何监控自身运作，如何智能控制自身的问题。每个产品必须融入整个智能家居系统中，相互配合，甚至是完成结合人的数据的采集。当这些数据被采集在一起的时候，会有智能程序分析人的喜好和习惯，然后反过来控制所有的设备为人提供完美的体验。因此，谁控制智能家居系统，谁就控制了整个家居生态，而只生产单个产品的品牌很有可能向原始设计制造商（ODM）转型。大家所熟知的小米，就是用这种方式为未来的智能硬件生态系统布局。

（二）客户被大量聚集导致的跨界融合

这种形式是数字化时代最常见的跨界形式。互联网这几十年发展下来，很多事情都在变，但是有一件事情永远没变过，那就是先得有客户，然后才有钱。每一个风口出现，在资本的支持下，就会出现疯狂的免费或者补贴大战，其背后有两个目的：一是迅速地把用户习惯培养起来；二是迅速地扩大自己的市场份额，把对手拖死。资本看的是客户数据的增长量，只要这个数据一直在增长，资本就敢持续烧钱，继续战斗下去。因为一旦成功，那就会有巨额的回报。所以，互联网公司的基因一开始就绝对地以客户为中心，所有的产品迭代、所有的营销努力都是为了让客户不要拒绝自己公司的产品。

实例分享9-2　喜茶携手百雀羚

2020年12月，喜茶宣布与百雀羚合作推出了一系列联名款产品，既包括联名款喜雀礼盒、喜茶会员卡，也包括线下喜茶门店的特别菜单、茶饮的杯套。这场跨界合作，遍布线上线下。“致敬经典”是喜茶先确定好的合作主题，百雀羚是喜茶的第一个合作对象。从一系列联名款产品中，一眼就可以感受到浓浓的民族复古风：老上海元素、穿旗袍的女人、窗花，等等，很是百雀羚。

其中，喜茶在运用这些元素的同时，也没有掩盖掉产品本身。外包装上印有“致敬经典”“芝士茶”“百雀羚”这些词汇，以及联名百雀羚的会员卡限量500张。从餐饮券的设计也能感受到，这还是很喜茶，而不是让人感觉一头雾水。

在喜茶的微信小程序“喜茶灵感铺”中上线10分钟内，会员卡就售罄。在沪琛策划的这款联名产品设计中，有“阿喜”“阿雀”两个虚拟角色，同时在文案中也有喜茶“打开市场的经典产品”芝士茶、百雀羚的“奇迹水”等产品的展示。在喜茶的微信公众号上，同步推出了以喜茶、百雀羚合作为主题的短篇故事。这场联名合作，耗时1个月左右，而最终也确实吸引了不少眼球。喜茶一年半前进入上海，与上海本土美妆品牌百雀羚的合作（如图9-8所示），是一次比较大的推广活动，其目的就是加强消费者对喜茶的认知。

图9-8　喜茶与百雀羚的合作

资料来源：佚名.喜茶携手百雀羚，跨界营销还能这么玩？[EB/OL].[2023-12-26]. https://ishare.ifeng.com/c/s/v002PQxB4rRsnHML01U7MltAzVQtXFfbr6u-_8cKgivgrIvY.

素养园地

褚时健的匠人精神

为什么柳传志卖桃子、潘石屹卖苹果大家不买单，而褚时健卖橙子成功了？

褚时健并没有什么不可告人的诀窍。2015年9月，褚时健之子、知名企业家投资人褚一斌曾准确地概括道，父亲的每一次成功，都离不开企业精英的思维+匠人精神。褚时健曾说：“无论做什么都要有敬畏心。要是果子不好吃、品质不高，人家凭什么真金白银买你一个老头子的账？”

一生大起大落，悲壮如山，直到耄耋之年，老爷子的骨子里还是透着那股牛劲儿。有人问他：“褚老，你希望留给自己的墓志铭是什么？”属兔的褚老，缓慢而坚定地回答了5个字：褚时健，属牛。

为挑好肥料，一个80多岁的老人蹲在养鸡场的地上，把臭得年轻人都不敢碰的鸡粪抓在手里捻一捻，看看水分多少、掺了多少锯末，他眼睛又不太好，几乎要把鸡粪凑在脸上！

在褚时健山上的房间里，堆了一大摞关于柑橘种植的图书，这十几年书都被他翻得起了角，书里是密密麻麻的眉批、标注。褚时健说，有太多的学问书里根本讲不到，所以要靠不断的摸索、实践。他经常下到地里，跟橙子"对话"，一坐就是半个小时，了解株距、施肥、日照、土壤和水，就这样，他现在对这些了如指掌。正是褚老身上那种难得的工匠精神，成就了他以"小"赢"大"的人生。

资料来源：佚名.褚时健：匠人已逝，匠心不灭［EB/OL］.［2024-06-17］. https://www.sohu.com/a/299556982_100097866.

通关练习

一、知识简答

1. 企业商业模式变革中可能遇到的障碍因素有哪些？

2. 什么是价值颠覆？价值颠覆的3个维度是什么？

3. 电商、共享经济和懒人经济背后价值颠覆的本质是什么？

4. 什么是平台商业模式？

5. 平台商业模式将带来哪些变革与机会？

6. 如何设计平台生态圈的机制？

7. 什么是2B平台和2C平台？其未来发展还有哪些机会？

8. 跨界的本质、关键要素及核心分别是什么？

9. 数字化时代跨界的形式有哪些？

二、实践操作

1. 请找一家感兴趣的知名企业，分析其成功背后颠覆了哪些价值？

2. 以小组为单位，对国内外1家知名企业跨界成功或失败的案例进行深入分析，并撰写案例分析报告，字数不少于500字。

主要参考文献

[1] 今枝昌宏. 商业模式教科书 [M]. 王晗，译. 北京：华夏出版社，2020.

[2] 梁宇亮. 商业模式4.0：重塑未来商业逻辑 [M]. 北京：人民邮电出版社，2018.

[3] 荆涛. 商业模式：商业的实质与未来 [M]. 北京：中华工商联合出版社，2017.

[4] 胡世良. 移动互联网商业模式创新与变革 [M]. 北京：人民邮电出版社，2013.

[5] 三谷宏治. 商业模式全史 [M]. 马云雷，杜君林，译. 南京：江苏文艺出版社，2016.

[6] 林桂平，魏炜，朱武祥. 透析盈利模式：魏朱商业模式理论延伸 [M]. 北京：机械工业出版社，2014.